KLOIBER · HANDBUCH DER KLASSISCHEN
UND ROMANTISCHEN SYMPHONIE

RUDOLF KLOIBER

Handbuch der klassischen und romantischen Symphonie

Dritte, verbesserte Auflage

BREITKOPF & HÄRTEL · WIESBADEN

1981

ISBN 3-7651-0017-X

Printed in Germany

Meiner geliebten Frau zugeeignet

INHALT

VORWORT

Das vorliegende Buch befaßt sich mit der Symphonie der klassischen und der romantischen Stilepoche, und zwar mit den Werken der Meister, die die Entwicklung durch die Ausgestaltung der Gattung mit unvergänglichen Schöpfungen bestimmend getragen haben.

Die zyklische Form der Symphonie wurde von den Wiener Klassikern – also von Haydn, Mozart und insbesondere von Beethoven – zur vollen Höhe entwikkelt. Die Symphoniker der Romantikerzeit verwerteten Beethovens Anregungen für die Weitung der Form und des musikalischen Ausdrucks durch die Bereicherung der harmonischen und klanglichen Mittel, durch die Ausstattung mit einem subjektiven, gefühlsbetonten Inhalt, durch die Einbeziehung folkloristischer Wirkungen sowie durch die Verbindung der klassischen Gestaltung mit Stilelementen der von Liszt und Wagner vertretenen neuromantischen Richtung. Der Verlauf dieses über etwa 150 Jahre sich erstreckenden Schöpfungsprozesses ergibt in stilistischer Hinsicht eine gewisse geschlossene Periode, die mit dem symphonischen Schaffen von Brahms und Bruckner ihre Abgrenzung erfahren hat. Denn die Werke der nachfolgenden Komponisten – wie zum Beispiel die Symphonien von Gustav Mahler, die eine Erweiterung und damit zugleich eine Auflösung des Begriffes „Symphonie" bewirkten – leiten eine neue Epoche ein und führen an die Schwelle der „Moderne".

Die Ausführungen dieses Buches erstrecken sich nur auf Kompositionen der absoluten Musik. Daher blieben die symphonischen Werke von Berlioz, Liszt und zum Teil auch von Richard Strauss hier außer Betracht, obwohl ihre Entstehung in den behandelten Zeitraum fällt. Denn sie folgen in Form und Inhalt einem außermusikalischen Vorwurf und gehören deshalb in den Bereich der Programmusik.

Die Fülle des Stoffes läßt eine Aufteilung in zwei Bände ratsam erscheinen. Aus dem überreichen symphonischen Schaffen J. Haydns und W. A. Mozarts konnte aus Raumgründen nur eine Auswahl Berücksichtigung finden; sie beschränkt sich auf die Symphonien der beiden Meister, die im Musikleben unserer Zeit einen bevorzugten Platz einnehmen.

Bei der Behandlung der einzelnen Werke konnte ich in weitgehendem Maße meine Einführungen zu den Programmen meiner Symphoniekonzerte verwerten, so daß die vertretenen Anschauungen überwiegend aus den Erfahrungen der Aufführungspraxis resultieren. Es wurde versucht, jeweils in gedrängter Darstellung alles Wissenswerte über Entstehungsgeschichte und stilistische Stellung anzuführen, das für den Fachmann wie für den Laien von Interesse ist Dadurch soll mühsames und zeitraubendes Suchen in einer weitverzweigten Fachliteratur erspart werden.

Dr. Rudolf Kloiber

VORWORT
zur zweiten Auflage

Rudolf Kloiber hatte geplant, sein „Handbuch der klassischen und romantischen Symphonie" in der 2. Auflage in den allgemeinen Ausführungen durch Ergänzungen zu erweitern und um weitere Symphonien Haydns und Mozarts zu bereichern. Ferner war an einen zweiten Band gedacht worden, der die Reihe der Symphonien in die neuere Zeit hinein – von Gustav Mahler bis zu Paul Hindemith etwa – fortsetzen sollte. Diesen und anderen Plänen des Verfassers bereitete ein plötzlicher Unfalltod ein jähes Ende.

In der Hinterlassenschaft des Autors fanden sich Vorarbeiten zu weiteren 27 Haydn-Symphonien. Zu neun Symphonien (6, 7, 8, 22, 26, 44, 93, 99 102) waren die Ausarbeitungen vollständig abgeschlossen, bei fünf (30, 43, 48, 69, 82) waren die Ausarbeitungen des Textes abgeschlossen, bei neun weiteren (49, 53, 55, 60, 63, 73, 83, 96, 98) waren die bibliographischen Angaben ausgearbeitet, die Texte aber nur bis zu Entwürfen gediehen; bei drei weiteren Symphonien (84, 86, 87) war es nur bis zur Formulierung des Einleitungssatzes gekommen, eine Symphonie (59) war lediglich für eine Ausarbeitung vorgemerkt. Zu diesen 18 Symphonien waren schließlich die Formschemata anzulegen und Notenbeispiele auszusuchen. Für die Vervollständigung dieser hinterlassenen Vorarbeiten des Autors konnte der Verlag Musikdirektor Ulrich Haverkampf gewinnen.

Die Neuauflage zeichnet sich gegenüber der ersten Auflage ferner aus durch die noch von Rudolf Kloiber selbst vorgenommenen Umstellungen, Erweiterungen und Neufassungen bei einigen Kapiteln, durch Ergänzungen bibliographischer Daten und Einfügung der Hoboken-Nummern bei den Haydn- und der Deutsch-Nummern bei den Schubert-Symphonien.

Der Verlag schätzt sich glücklich, mit dieser Neuauflage einen Wunsch des Verstorbenen erfüllen zu können. Er hofft, daß das „Handbuch der klassischen und romantischen Symphonie" mit dieser Bereicherung um vielfach bedeutende Werke des Altmeisters Haydn sowie mit den Texterweiterungen dem Wunsch vieler Musikfreunde entgegenkommt, die sich für einen Konzertbesuch oder für ein Abhören von Schallplatten und Tonbändern oder für eine Rundfunkdarbietung gründlich vorbereiten wollen.

Wiesbaden, im Sommer 1975

Der Verlag

ABKÜRZUNGEN

Gr.	= Gruppe
H.	= Hauptthema
T.	= Takt
Th.	= Thema
Fl.	= Flöte
Picc.	= Piccolo (kleine Flöte)
Ob.	= Oboe
Eh.	= Englischhorn
Kl.	= Klarinette
Bkl.	= Baßklarinette
Fag.	= Fagott
Kfag.	= Kontrafagott
Hr.	= Horn
Trp.	= Trompete
Pos.	= Posaune
Bt.	= Baßtuba
Kbt.	= Kontrabaßtuba
Tbn.	= die sogenannten Wagnertuben
P.	= Pauke
Schl.	= Schlagzeug
Hrf.	= Harfe
Str.	= Streicher
Br. & H.	= Breitkopf & Härtel, Wiesbaden
BVK	= Bärenreiter-Verlag, Kassel
U.E.	= Universal-Edition, Wien
GMfr	= Gesellschaft der Musikfreunde, Wien
NB Budapest	= Nationalbibliothek Budapest
NB Wien	= Nationalbibliothek Wien
PrStB	= Preußische Staatsbibliothek Berlin, jetzt Deutsche Staatsbibliothek Berlin
Ub Tüb	= Universitätsbibliothek Tübingen, Depot (ehemals Preußische Staatsbibliothek Berlin)

Die in Klammern hinter den Werktiteln angegebenen Namen bedeuten: Widmung.

ZUR GESCHICHTE DER SYMPHONIE

In der Barockzeit waren neben dem von Corelli begründeten Concerto grosso, in welchem dem vollen Orchester eine Gruppe von Soloinstrumenten, das Concertino, gegenübertritt, und neben dem Solokonzert die Hauptformen der Instrumentalmusik die viersätzige Kirchensonate (Sonata da chiesa), die dreisätzige Kammersonate (Sonata da camera) und die mehrsätzige Suite. Der Name Sonata (Canzon sonata) kommt von sonare = tönen, spielen; er wurde als Titel für ein instrumentales (gespieltes) Stück im Gegensatz zu einem gesungenen, der Kantate (Cantata), gebraucht. Als Kirchensonate wurde ein Werk ernsten Charakters bezeichnet, das teilweise fugiert war und die Satzfolge Langsam-Schnell-Langsam-Schnell aufwies. Dem gegenüber stellte die Kammersonate mit der Satzfolge Schnell-Langsam-Schnell ein Musizierstück für ein oder mehrere Instrumente mit Generalbaßbegleitung dar, das, entsprechend der Bedeutung des Wortes camera = Zimmer, für die gepflegte, gesellschaftliche Unterhaltung in den Räumen eines Schlosses oder Palastes bestimmt war. Gleichen Zwecken diente auch die Suite (italienisch: Partita), bei der teils liedartige Sätze, teils Tanzstücke gegensätzlichen Charakters in der gleichen Tonart aneinandergereiht sind. Schließlich spielte noch die Einleitungsmusik zu Oper und Oratorium eine bedeutsame Rolle. In Italien wurde sie Sinfonia genannt. Ihre von Alessandro Scarlatti begründete Form war dreiteilig: auf einen homophonen Allegroteil folgte ein Mittelsatz in langsamem Tempo, worauf wiederum ein Allegro abschloß. Die von Lully zwar nicht erfundene, aber ausgestaltete Form der Französischen Ouverture hatte die umgekehrte Tempofolge: nach einem langsamen Teil in pathetischem Charakter kam ein fugiertes Allegro, dem eine meist verkürzte Reprise des 1. Teils folgte. Die Französische Ouverture fand eine bevorzugte Verwendung. Sie wurde auch vielfach der Suite als Einleitungssatz vorangestellt, wobei nicht selten das ganze Werk den Titel Ouverture (statt Suite) erhalten hat. Um 1700 bahnte sich ein Stilwandel an. Die Grenzen zwischen den einzelnen Formen der barocken Instrumentalmusik, die an sich schon immer fließend waren, verwischten sich mit der Zeit mehr und mehr, und aus der Mischung der strukturellen Elemente, insbesondere von Kammersonate und Suite, entwickelte sich eine neue zyklische Form: die Symphonie, bei der drei bis vier in sich geschlossene Sätze durch eine gewisse innere Bezogenheit aufeinander sich zu einer höheren Einheit verbinden. Der erste bedeutende Verfechter dieser neuen Form war um 1750 der in Mannheim wirkende Böhme Johann Stamitz (1717–57), der Begründer der sogenannten „Mannheimer Schule", welcher zusammen mit Franz Xaver Richter (1709–89), Christian Cannabich

(1731–98) und Ignaz Holzbauer (1711–83) einen neuen Instrumentalstil mit einer neuartigen Ochesterbehandlung (subtile klangliche und dynamische Wirkungen) schuf, die in der musikalischen Welt Aufsehen und Bewunderung erregten. In diese Entwicklung hat Josef Haydn entscheidend eingegriffen.

DIE FORMEN DER KLASSISCHEN UND ROMANTISCHEN SYMPHONIE

Die Form des 1. Satzes, die als *Sonatensatzform* oder *Sonatenhauptsatzform* bezeichnet wird, ist dreiteilig: Der erste Abschnitt, dem oft eine Einleitung in langsamem Tempo vorangestellt ist, bringt die Aufstellung von zwei Themengruppen (bei großdimensionalen Werken drei Themengruppen); er wird daher *Exposition* genannt. Dem in der Haupttonart stehenden 1. Thema folgt nach einem verbindenden Zwischensatz ein in Charakter und Tonart (meist Dominante oder Parallele) kontrastierendes 2. Thema, woraufhin ein Nachsatz *(Epilog)* die Exposition abschließt. Der Mittelteil wird aus dem Themenmaterial der Exposition gestaltet und in freier Verarbeitung durchgeführt; er trägt die Bezeichnung *Durchführung*. Sodann erfolgt eine Wiederaufnahme *(Reprise)* des ersten Teils, wobei meist Kürzungen und kleine Veränderungen gegenüber der Exposition vorgenommen sind und das 2. Thema nunmehr ebenfalls in der Haupttonart erscheint. Ein aus dem Themenmaterial gebildeter Anhang, die *Coda* (= Schwanz), schließt den Satz ab.

Der 2. Satz ist vielfach in *Variationenform* gestaltet, bei der zunächst das Thema eingeführt und es daraufhin in einer Reihe von Wiederholungen verschieden variiert wird. Die Haupttonart wird bei den Variationen beibehalten; sie ist aber gelegentlich nach Moll bzw. nach Dur abgewandelt (Minore — Maggiore). Sonst steht der 2. Satz in *Sonatensatzform* oder in *Liedform*. Bei letzterer unterscheidet man zwei Grundformen: die zweiteilige und die dreiteilige Liedform. Die zweiteilige Liedform gliedert sich in zwei Abschnitte, deren erster das Themenmaterial aufstellt und nach einer verwandten Tonart (meist Dominante oder Parallele) moduliert. Im zweiten Teil führt eine Zwischenperiode zur Haupttonart zurück, woraufhin der erste Teil ganz oder teilweise wiederholt wird. Die dreiteilige Liedform besteht aus drei Abschnitten, wobei zwischen den Hauptsatz (1. Teil) und dessen Reprise (3. Teil) ein gleichgewichtiger, thematisch selbständiger Mittelsatz in fremder Tonart (2. Teil) gesetzt ist.

In der dreiteiligen Liedform sind auch die Formen des 3. Satzes abgefaßt: Menuett oder Scherzo. Für diesen Satz war in der Symphonie vor Beethoven ausschließlich die aus der Suite übernommene stilisierte Tanzform des *Menuetts* gebräuchlich, eines ursprünglich höfischen Tanzes in gemessenem Tripeltakt, der um die Mitte des 17. Jahrhunderts von Lully für Ludwig XIV. entwickelt worden war. In dem Menuett der Barockzeit wurde der zwischen den Hauptsatz und dessen Wiederholung eingerückte kontrastierende Mittelteil häufig nicht von dem Orchestertutti, sondern nur von drei Soloinstrumenten (z. B. 2 Oboen und 1 Fagott) vorgetragen. Nach diesem Usus erhielt der Mittelsatz die Bezeichnung „*Trio*", die generell ein Formbegriff geworden ist. Beethoven führte an Stelle des Menuetts das *Scherzo* in die Symphonie ein. Scherzo, in wörtlicher Übersetzung Scherz, ist ähnlich wie Capriccio die Bezeichnung für ein Stück von launischem, schnellbewegtem und rhythmisch pikantem Charakter. Der Name Scherzo findet sich schon in der frühen Instrumentalmusik, und auch bei J. S. Bach kommt er in der Partita a-moll (BWV 827) vor. Die von Beethoven entwickelte Form des Scherzos ist vom Menuett abgeleitet.

Der 4. Satz, das Finale, ist gewöhnlich in Sonatensatzform oder in Rondoform gestaltet. Das *Rondo,* das auf die uralte Form des Tanzliedes mit Refrain zurückgeht, ist überwiegend nach dem Schema A-B-A-C-A-B-A gebaut, d. h.: es folgen der Reihe nach auf die Hauptgruppe mit dem Rondo-(Refrain-)Thema zunächst eine Zwischengruppe, sodann eine 1. Wiederholung der Hauptgruppe, daraufhin eine stärker kontrastierende, oft durchführungsartig behandelte 2. Zwischengruppe, dann wieder eine Reprise der Hauptgruppe und der 1. (seltener der 2.) Zwischengruppe sowie schließlich eine nochmalige Wiederkehr der Hauptgruppe mit Coda.

Den ersten und letzten Satz bezeichnet man als *Ecksätze,* die dazwischenliegenden als *Mittelsätze.* Bei letzteren ist die Anordnung gewöhnlich: Langsamer Satz — Menuett bzw. Scherzo; bei manchen Werken ist die Reihenfolge auch umgekehrt.

Jede Symphonie steht in einer bestimmten Tonart, der Grundtonart, nach der das Werk auch benannt ist: zum Beispiel „Symphonie in C-dur" oder „C-dur-Symphonie". In der Grundtonart sind stets die Ecksätze sowie auch Menuett oder Scherzo gesetzt, während der Langsame Satz immer eine verwandte Tonart aufgreift (Dominant-, Unterdominant-, Paralleltonart). Die Komponisten der romantischen Epoche durchbrechen häufig das strenge Prinzip und wählen für jeden der beiden Mittelsätze fremde Tonarten.

FRANZ JOSEPH HAYDN

getauft 1. April 1732 in Rohrau (Niederösterreich), † 31. Mai 1809 in Wien

Biographisches

Joseph Haydns Vater Matthias, der wie seine Vorfahren das Handwerk eines Wagnermeisters ausübte, spielte ein wenig Harfe, wozu er und seine Ehefrau Anna Maria geb. Koller Lieder sangen. Der Schulrektor Johann Matthias Franck, ein Verwandter der Familie, hat das historische Verdienst, die außergewöhnliche musikalische Begabung Joseph Haydns frühzeitig erkannt zu haben. Bereits 1737 nahm er das fünfjährige Kind an seine Schule in dem niederösterreichischen Städtchen Hainburg. Hier erhielt Joseph seinen ersten Musikunterricht. 1739 wurde er von Domkapellmeister Georg Reutter d. J. als Sängerknabe in den Chor von St. Stephan zu Wien aufgenommen, in den mehrere Jahre später auch sein Bruder Michael eintrat. Als Joseph Haydn im November 1749 wegen einer geringfügigen Verfehlung aus dem Kapellhaus von St. Stephan ausgestoßen und mittellos auf die Straße gesetzt worden war, folgte für ihn eine harte Zeit wirtschaftlicher Nöte. Dessenungeachtet vervollkommnete er seine musikalischen Fachkenntnisse zunächst bei dem als Komponist wie als Gesangspädagoge hochangesehenen Nicola Antonio Porpora, dessen Schüler er bei den Gesangslektionen zu begleiten hatte und von dem er auch gelegentlich Unterweisungen im Tonsatz erhielt. Vor allem aber studierte er eifrig die neuesten theoretischen Unterrichtswerke: den „Gradus ad Parnassum" des Wiener Hofkapellmeisters Johann Joseph Fux (1725 lateinisch, 1742 deutsch), das Lehrbuch „Der Vollkommene Capellmeister" (1739) des Hamburger Musikgelehrten Johann Mattheson und David Kellners „Treulicher Unterricht im General-Baß" (1732). Im Besitz des technischen Rüstzeugs wandte sich Haydn in seinem dritten Lebensjahrzehnt der Komposition jener Gattungen zu, welche die Hauptgebiete seines Schaffens werden sollten: 1755 komponierte er für seinen Gönner Karl Joseph Freiherr von Fürnberg seine ersten Streichquartette und 1759 für den Grafen Karl Joseph Franz von Morzin (1717—83), bei dem er im gleichen Jahr eine feste Anstellung als Kammerkomponist und Leiter der Hauskapelle gefunden hatte, auf Schloß Lukavice bei Pilsen, dem Sommersitz seines Herrn, seine 1. Symphonie. Kurze Zeit, nachdem der junge Meister im November 1760 die vier Jahre ältere Wiener Perückenmacherstochter Maria Keller geheiratet hatte, mit der er eine wenig harmonische Ehe führen sollte, verlor er seine Stellung, da Graf Morzin seine Kapelle wegen finanzieller Einsparungen auflöste. Doch schon wenige Monate später erfolgte eine schicksalhafte Wendung. Am 1. Mai 1761 trat Joseph „Heyden", wie sein Name in dem Anstellungsvertrag noch geschrieben war, in den Dienst des kunstbegeisterten Fürsten Paul Anton Esterházy, der seit 1759 in Eisenstadt (Burgenland) residierte. Haydn war zunächst als ,,Vice-Capel-Meister" dem seit 1728 am fürstlichen Hof wirkenden Gregor Joseph Werner unterstellt, der ein fruchtbarer und nicht unbedeutender Komponist gewesen ist. Nach dessen Tod (1766) rückte er zum ,,Ober-Capel-Meister" auf. Das Anstellungsverhältnis währte bis zum Lebensende des Komponisten. Der Sorge um den Broterwerb enthoben, war er jetzt in der Lage, sich ausschließlich seinem künstlerischen Schaffen zu widmen, vor allem aber konnte er dank einer ihm ständig zur Verfügung stehenden Kapelle, die im Laufe der Zeit von ursprünglich zwölf auf dreißig Musiker vergrößert wurde, ,,Versuche machen, beobachten, was den Eindruck hervorbringt und was ihn schwächt, also verbessern, zusetzen, wegschneiden, wagen". Seit Fürst Nikolaus I. (1762–90), der Prachtliebende, sein 1766 vollendetes Prunkschloß Esterház südlich des Neusiedler Sees bezogen hatte, verbrachte Haydn den größten Teil des Jahres in der Abgeschiedenheit des Landlebens. Dennoch blieb er in einem lebendigen Kontakt zur großen Musikwelt, da er regelmäßig seinen Herrn zu längeren Aufenthalten in dessen Stadtpalais nach Wien begleiten durfte. Als ,,Haus-Officier" hatte Haydn eine selbständige und verantwortungsvolle Position. Denn es unterstand ihm das gesamte Musikwesen am fürstlichen Hof nicht nur in künstlerischer, sondern auch in administrativer Hinsicht.

Geschichtliches

Obwohl Haydn sich vertraglich verpflichtet hatte, seine für den Fürsten komponierten Werke weder abschreiben noch veröffentlichen zu lassen, konnte er nicht verhindern, daß geschäftstüchtige Verleger über Kopisten sich Kompositionen von ihm verschafften und diese druckten, ohne seine Erlaubnis eingeholt und ohne ihn dafür honoriert zu haben. Mit dem zunehmenden Ruhm des Meisters ist es sogar vorgekommen, daß Kompositionen unter seinem Namen erschienen sind, die gar nicht aus seiner Feder stammten. So ist es heute kaum mehr möglich festzustellen, wieviele Symphonien Haydn geschrieben hat. Als Quellenmaterial dienen der Forschung neben den erhaltenen Autographen und Stimmenabschriften vor allem der von dem Komponisten in den Jahren 1760 bis 1770 angelegte und von seinem Kopisten Johann Elßler 1805 weitergeführte ,,Entwurf-Katalog" sowie das von dem Wiener Musikliebhaber Franz Bernhard Ritter von Kees 1790 bis 1792 erstellte Verzeichnis Haydnscher Kompositionen, der sogenannte ,,Katalog Kees."

In der von dem Wiener Musikhistoriker Eusebius Mandyczewski besorgten Gesamtausgabe bei Breitkopf & Härtel (Bd. I–III: 1907/08; Bd. IV: 1933) sowie in dem 1957 von dem holländischen Musiksammler Anthony van Hoboken herausgegebenen Werkverzeichnis sind 104 als echt anzusehende Symphonien aufgeführt. Im Laufe der Zeit haben alle größeren Musikverlage Partituren oder Bearbeitungen von Haydn-Symphonien veröffentlicht. Dabei nahm jeder Verleger eine der Reihenfolge der eigenen Herausgabe entsprechende Zählung der einzelnen Werke vor. Auf diese Weise ist die verschiedenartige Numerierung zu erklären. Die Zählung in den Werkverzeichnissen von Mandyczewski und Hoboken entspricht zwar auch nicht immer der Reihenfolge der Entstehung, sie hat sich aber in der Praxis allgemein durchgesetzt.

In den Jahren 1963 bis 1968 brachte der amerikanische Musikwissenschaftler Howard Chandler Robbins Landon in dem Verlag Universal-Edition, Wien, eine Kritische Ausgabe sämtlicher 104 Symphonien Joseph Haydns unter Hinzufügung zweier als ,,A" und ,,B" bezeichneter Frühwerke heraus. Bei dieser in Partitur vorgelegten Gesamtausgabe sind die neuesten Forschungsergebnisse berücksichtigt.

Stilistische Stellung

Haydns symphonisches Schaffen läßt sich in drei Perioden gliedern, die folgende Zeitabschnitte umfassen:

1. Periode (1759 bis etwa 1780): Ausgang von den sogenannten Wiener Vorklassikern und allmähliches Ausreifen der von Erfindungsreichtum getragenen symphonischen Gestaltung.

2. Periode (1781—89): Ausbau der symphonischen Form gleichzeitig mit W. A. Mozart unter gegenseitiger künstlerischer Befruchtung der beiden Meister.

3. Periode (1790—95): Vollreife. Fixierung des Typus der klassischen Symphonie.

Als Haydn 1759 seine 1. Symphonie schrieb, hatte sich auch in Wien ein Kreis angesehener Musiker bereits mit der Komposition von Symphonien beschäftigt: Georg Reutter d. J. (1708—72), Georg Christoph Wagenseil (1715—77), Matthias Georg Monn (1717—50), Florian Leopold Gaßmann (1729—74), die Böhmen Jan Zach (1699—1773), Wenzeslaus Wodiczka (1715—74) und Joseph Mysliweczek (1737—81), der Bayer Placidus v. Camerloher (1718—82) u. a. An diese Komponisten, die als Wiener Vorklassiker bezeichnet werden, knüpfte Haydn in seinem symphonischen Schaffen zunächst an. Dazu kam der Einfluß Carl Philipp Emanuel Bachs, dessen großer Kunst der Themenverwandlung der Meister nach seinen eigenen Worten „sehr vieles" verdankte; ferner wirkten befruchtend der moderne Orchesterstil der „Mannheimer", aber auch die leichten Allegros der neapolitanischen Opernsinfonia mit sonatenmäßiger Struktur. Aus diesen Elementen gewachsen, weisen die ersten Symphonien Haydns noch ein bescheidenes Gepräge auf. Wohl ist die Sonatensatzform bereits durchwegs eingeführt; doch erfährt die motivische Arbeit im Verlaufe der 1. Periode, welche die in der Zeit von 1759—80 entstandenen Symphonien umfaßt (Nr. 1—72), erst allmählich eine kunstvollere Behandlung. Dominierend ist die reiche melodische Erfindung in einem volkstümlich heiteren Ton. Die Zahl der Sätze ist abwechselnd drei oder vier, also ohne oder mit Menuett; manchmal wird eine Symphonie mit dem Menuett abgeschlossen. Die Orchesterbesetzung besteht überwiegend aus 2 Oboen, 2 Hörnern und Streichern. Bisweilen kommen noch 1 bis 2 Flöten und 1 bis 2 Fagotte hinzu, seltener ein zweites Hörnerpaar, 2 Trompeten und Pauken. Die zusätzlichen Bläser konnte Haydn von der Fürstlichen Feld-Musik (Blasmusikkapelle) erhalten. Aus der Reihe der frühen Symphonien ragen einige Werke hervor, die von dem feinen Klangsinn des Meisters zeugen. Zu diesem Kreis gehören zunächst die 1761 entstandenen sogenannten Tageszeiten-Symphonien.

1. Periode (1759 bis ca. 1780)

DIE TAGESZEITEN

SYMPHONIE NR. 6

D-dur Hob I/6

„Le Matin"

Sätze: Adagio-Allegro/Adagio-Andante-Adagio/Menuet/Finale (Allegro)
Orchester: 1 Fl., 2 Ob., 1 Fag., 2 Hr., 1 Solovioline, 1 Solovioloncello, 1 Solokontrabaß, Str. (Cembalo)
Aufführungsdauer: ca. 21 Minuten
Verlag: Br. & H.; Doblinger (1965); U. E.
Autograph: Stimmen: GMfr und NB Wien

Bald nach seinem Stellungsantritt in Eisenstadt (Mai 1761) schrieb Haydn für seinen Fürsten Paul Anton Esterházy einen Symphonienzyklus, der den Titel „Die Tageszeiten" erhalten hat: Le Matin (Der Morgen) - Le Midi (Der Mittag) - Le Soir (Der Abend). Es handelt sich bei diesen drei Werken nicht um eigentliche Programm-Symphonien. Beinamen, die aus gewissen deskriptiven musikalischen Charakterzügen resultieren, waren zur damaligen Zeit häufig, und auch von Haydns Symphonien erhielt eine ganze Reihe Bezeichnungen, die nicht vom Komponisten stammten, sondern im Laufe der Zeit den Werken zugelegt wurden. Dagegen kann sehr wohl angenommen werden, daß bei den „Tageszeiten" der junge Meister mit Absicht seinen Musikern zahlreiche solistische Aufgaben zugewiesen hat: einerseits, um seinem Herrn die technischen und musikalischen Qualitäten der Spitzenkräfte seines Orchesters vorzuführen; und anderseits, um den

Arbeitsgeist seiner Mitarbeiter anzuspornen und ihrer Musizierfreudigkeit Auftrieb zu verleihen. Die Anwendung des Solo-Tutti-Prinzips bestimmte zugleich auch die formale Anlage der drei Symphonien, bei denen barocke Stilelemente (Concerto grosso) sich mit neuartigen symphonischen (Divertimento, Cassation, Solokonzert) mischen. Dem 1. Satz geht erstmals eine Adagio-Einleitung voran, ein Verfahren, das Haydn auch in seinen weiteren Symphonien wiederholt angewandt hat. Die Sonatensatzform ist in den frischen, lebhaften Ecksätzen kurz und konzentriert behandelt. Der solistische Aufputz vermittelt bei dem Andante in der barocken Reprisenform und besonders bei dem Menuett, wo im Trio das Fagott-Thema von einem Solokontrabaß (Violone) begleitet wird, abwechslungsreiche klangliche Wirkungen. In bezug auf den Untertitel („Le Matin") kann die Steigerungswelle vom pianissimo zum fortissimo in den sechs Einleitungstakten als stilisierte Darstellung des Sonnenaufgangs aufgefaßt werden; in ähnlicher Weise symbolisieren die den Langsamen Satz umrahmenden kurzen Sätzchen über auf- und absteigende Tonleitern möglicherweise die Solmisationsübungen, mit denen der Instrumentalist beziehungsweise Sänger sein Tagewerk beginnt.

Formübersicht:

1. Satz (Sonatensatzform/Haupttonart D-dur)
   Einleitung: T. 1–6
   Exposition: T. 7–47
   1. Gr. T. 7–28: H. T. 7–14

   2. Gr. T. 29–35
   Epilog T. 35–47
   Durchführung: T. 48–86
   Reprise: T. 87–118
2. Satz (Zweiteilige Reprisenform/Haupttonart G-dur)
   Einleitung: T. 1–13
   1. Teil: T. 14–43: H. T. 14–17

   2. Teil: T. 44–103
   Reprise der Einleitung: T. 104–112 (etwas verändert)
3. Satz (Menuett/Haupttonart D-dur; Trio: d-moll)
   Hauptsatz: T. 1–34: H. T. 1–8

Trio: T. 35–64
Reprise des Hauptsatzes: T. 1–34
4. S a t z (Sonatensatzform/Haupttonart D-dur)
Exposition: T. 1–55
1. Gr. T. 1–28: H. T. 1–8

2. Gr. T. 29–44
Epilog T. 45–55
Durchführung: T. 56–83
Reprise: T. 84–123
Satz-Coda: T. 124–135

SYMPHONIE NR. 7
C-dur Hob I/7
„Le Midi"

Sätze: Adagio-Allegro/Recitativo (Adagio-Allegro-Adagio) – Adagio/Menuetto/Finale (Allegro)
Orchester: 2 Fl., 2 Ob., 1 Fag., 2 Hr., Solovioline I und II, 1 Soloviloncello, 1 Solokontrabaß, Str. (Cembalo)
Aufführungsdauer: ca. 24 Minuten
Verlag: Br. & H.; Doblinger (1965); U. E.
Autograph: NB Budapest

Bei dem zweiten Werk des „Tageszeiten"-Zyklus besticht vor allem die delikate instrumentale Behandlung des Langsamen Satzes. Er besteht aus einem einleitenden Akkompagnato-Rezitativ der Solovioline, dem ein in Form der Dacapo-Arie gestaltetes Duett zwischen Violine und Violoncello solo, umspielt von zwei Flöten, folgt. Kurz vor Abschluß des Satzes ist eine längere Solokadenz der beiden Streichersolisten eingebaut. In dem anmutigen 1. Satz tritt einem Unisono-Thema der Streicher und des Fagotts eine Terzen-Sequenz der beiden Oboen als 2. Sujet gegenüber. Bei dem Menuett, in dem auch die Hörner solistisch hervortreten, führt im Trio thematisch ein Kontrabaß solo. Der lebhafte Finalsatz ist ganz auf die Kontrastwirkung zwischen Soloflöte und zwei Soloviolinen einerseits und dem Tutti anderseits gestellt.

Formübersicht:

1. S a t z (Sonatensatzform/Haupttonart C-dur)
   Einleitung: T. 1–10
   Exposition: T. 11–61
   1. Gr. T. 11–40: H. T. 11–17

   2. Gr. T. 41–55
   Epilog T. 56–61
   Durchführung: T 62–104
   Reprise: T. 105–149

2. S a t z (In Form einer Dacapo-Arie/Haupttonart G-dur)
   Einleitung: (Akkompagnato-Rezitativ der Solovioline): T. 1–29
   Hauptsatz: T. 1–16: H. T. 3–5

   Mittelsatz: T. 17–23
   Hauptsatz Da capo: T. 24–35
   Solokadenz: T. 36–51
   Coda: T. 52–53

3. S a t z (Menuett/Haupttonart C-dur)
   Hauptsatz: T. 1–30: H. T. 1–4

   Trio: T. 31–54: H. T. 31–34

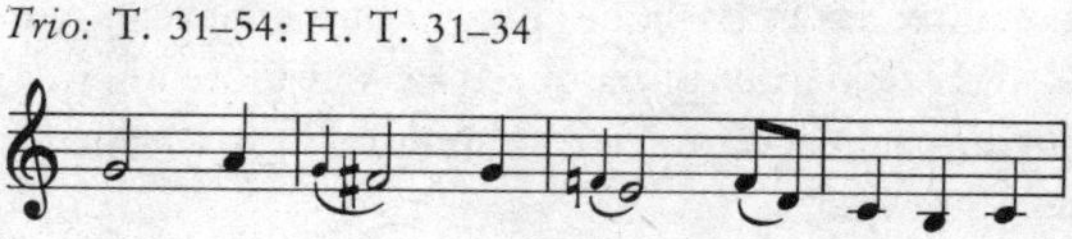

Reprise des Hauptsatzes: T. 1–30
4. Satz (Sonatensatzform/Haupttonart C-dur)
Exposition: T. 1–52
1. Gr. T. 1–21: H. T. 1–10

2. Gr. T. 22–37
Epilog T. 38–52
Durchführung: T. 53–84
Reprise: T. 85–125
Satz-Coda: T. 125–131

SYMPHONIE NR. 8
G-dur Hob I/8
„Le Soir"

Sätze: Allegro molto/Andante/Menuetto/La Tempestà (Presto)
Orchester: 1 Fl., 2 Ob., 1 Fag., 2 Hr., Soloviolline I und II, 1 Soloviloncello, 1 Solokontrabaß, Str. (Cembalo)
Aufführungsdauer: ca. 21 Minuten
Verlag: Br. & H.; Doblinger (1965); U. E.
Autograph: Stimmen: GMfr und NB Wien

Der heiter-beschwingte 1. sowie der graziöse 2. Satz der den „Tageszeiten"-Zyklus abschließenden Symphonie bringen zunächst sonnige Abendstimmung zum Ausdruck. Im Trio des Menuetts tritt wiederum ein Violone (Kontrabaß) solistisch hervor. Der Schlußsatz ist „La Tempestà" überschrieben. Es ist bewunderungswürdig, wie treffend Haydn mit einfachen Mitteln Sturm und Gewitter tonmalerisch zu zeichnen wußte: das Prasseln des Regens durch die kontinuierlichen Streichersechzehntel, das Zucken der Blitze durch zackige Flötenfiguren, die Stöße von Wind und Sturm durch die wuchtigen Zweiunddreißigstel-Schleifer der im forte unisono geführten Streicher.

Formübersicht:

1. S a t z (Sonatensatzform/Haupttonart G-dur)

Exposition: T. 1–93

1. Gr. T. 1–50: H. T. 1–8

2. Gr. T. 51–74: H. T. 51–58

Epilog T. 75–93

Durchführung: T. 94–172

Reprise: T. 173–206

Satz-Coda: T. 207–247

2. S a t z (Zweiteilige Reprisenform/Haupttonart C-dur)

1. Teil: T. 1–48: H. T. 1–4

2. Teil: T. 49–129

3. S a t z (Menuett/Haupttonart G-dur; Trio C-dur)

Hauptsatz: T. 1–36: H. T. 1–8

Trio: T. 37–82

Reprise des Hauptsatzes: T. 1–36

4. S a t z (Sonatensatzform/Haupttonart G-dur)

Exposition: T. 1–58

1. Gr. T. 1–14: H. T. 2–6

2. Gr. T. 14–50: H. T. 14–18

Epilog T. 50–58
Durchführung: T. 59–91
Reprise: T. 92–141

SYMPHONIE NR. 22
Es-dur Hob I/22
„Der Philosoph"

Sätze: Adagio/Presto/Menuetto/Finale (Presto)
Orchester: 2 Eh., 1 Fag., 2 Hr., Str. (Cembalo)
Aufführungsdauer: ca. 23 Minuten
Verlag: Br. & H.; Doblinger (1963); U. E.
Autograph: Partitur und Stimmen: NB Budapest

Die Es-dur-Symphonie Nr. 22 wurde laut Eintragung in Haydns Autograph im Jahre 1764 komponiert. Es ist nicht überliefert, wann und wo sie den Beinamen „Der Philosoph" erhalten hat. Dagegen haben sich auf Schloß Harburg (Bayern) Manuskriptstimmen einer späteren Fassung erhalten, bei der der 1. Satz der Urfassung fehlt und dafür ein Andante grazioso zwischen den 2. und 3. Satz eingeschoben ist. Ob diese Bearbeitung, die um 1773 entstanden sein dürfte, vom Komponisten selbst stammt, ist zweifelhaft. Denn abgesehen davon, daß hier an die Stelle der Englischhörner zwei Flöten treten, entsprechen bei dem neu hinzukomponierten Andante Taktart (3/8) und zweifach geteilte Violen nicht dem stilistischen Bild Haydnscher langsamer Sätze.

Die Symphonie Nr. 22 ist der Satzfolge nach in Form der barocken Kirchensonate (Langsam-Schnell-Langsam-Schnell) angelegt, die Haydn bei seinen frühen Symphonien wiederholt angewandt hat. Der strenge und grüblerische Charakter des 1. Satzes mit seinem zwischen Hörnern und Englischhörnern aufgeteilten choralartigen Hauptgedanken, der von den Achteln der Streicher mit gedämpften

Violinen unisono und staccato kontrapunktiert wird, dürfte dem Werk den Beinamen ,,Der Philosoph" erbracht haben. Einen starken Gegensatz zu dem Adagio bewirkt das diesseitige Element der belebten Presto-Sätze (2. und 4. Satz). Das Trio des Menuetts ist mit den Terzen- und Sextenklängen der Englischhörner und Hörner pikant gewürzt.

Formübersicht:

1. S a t z (Sonatensatzform/Haupttonart Es-dur)
   Exposition: T. 1–22
   1. Gr. T. 1–13: H. T. 1–10

   2. Gr. T. 14–22
   Durchführung: T. 23–43
   Reprise: T. 44–68
2. S a t z (Sonatensatzform/Haupttonart Es-dur)
   Exposition: T. 1–38
   1. Gr. T. 1–21: H. T. 1–8

   2. Gr. T. 22–38: H. T. 22–25
   Durchführung: T. 39–68
   Reprise: T. 68–98
3. S a t z (Menuett/Haupttonart Es-dur)
   Hauptsatz: T. 1–32: H. T. 1–8

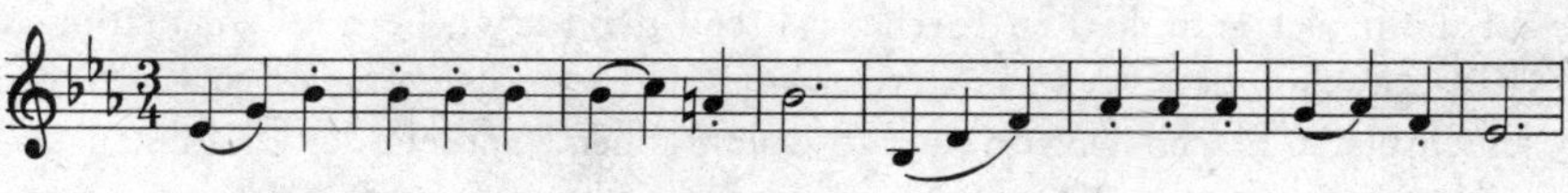

   Trio: T. 33–52
   Reprise des Hauptsatzes: T. 1–32
4. S a t z (Sonatensatzform/Haupttonart Es-dur)
   Exposition: T. 1–45

1. Gr. T. 1–27: H. T. 1–8

2. Gr. T. 28–45: H. T. 28–39
Durchführung: T. 46–75
Reprise: T. 76–119

SYMPHONIE NR. 26
d-moll Hob I/26
„Lamentatione"

Sätze: Allegro assai con spirito/Adagio/Menuet
Orchester: 2 Ob., 1 Fag., 2 Hr., Str. (Cembalo)
Aufführungsdauer: ca. 21 Minuten
Verlag: Br. & H.; Doblinger (1963); U. E.
Autograph: Ms.-Stimmen, Schloß Harburg (Bayern)

Die Symphonie Nr. 26, von der sich Ms.-Stimmen auf Schloß Harburg erhalten haben, ist wahrscheinlich im Jahre 1768 entstanden. Ihr Beiname „Lamentatione" resultiert aus der Verwendung liturgischer Motive: im 1. Satz ist das von der 1. Oboe und den 2. Violinen vorgetragene 2. Thema nach einem alten Passionschoral gebildet, der von den Staccato-Achteln der 1. Violinen kontrapunktiert wird und den erregten Synkopen des 1. Hauptgedankens kontrastierend gegenübergestellt ist. Das Adagio ist über die gregorianische Melodie „Incipit lamentatio" gestaltet, auf die in der katholischen Kirche während der Karwoche die Lamentationen (Klagegesänge) des Propheten Jeremias gesungen werden. Das Thema wird bei seinem ersten Erscheinen von einer ausdrucksvollen Kantilene der 1. Violinen umspielt. Mit einem elegischen Menuettsatz wird die kleine Symphonie ihrem ernsten Charakter entsprechend leise verklingend abgeschlossen.

Formübersicht:

1. Satz (Sonatensatzform/Haupttonart d-moll – D-dur)
Exposition: T. 1–44

1. Gr. T. 1–16: H. T. 1–8

2. Gr. T. 17–39: H. T. 17–25

Epilog T. 39–44

Durchführung: T. 45–79

Reprise: T. 80–133

2. S a t z (Zweiteilige Reprisenform/Haupttonart F-dur)

1. Teil T. 1–36: H. T. 1–16

2. Teil T. 37–80

3. S a t z (Menuett/Haupttonart d-moll; Trio D-dur)

Hauptsatz: T. 1–48: H. T. 1–8

Trio: T. 49–80

Reprise des Hauptsatzes: T. 1–48

SYMPHONIE NR. 30

C-dur Hob I/30

„Alleluja"

Sätze: Allegro/Andante/Finale (Tempo di Menuet, più tosto Allegretto)
Orchester: 1 Fl., 2 Ob., 1 Fag., 2 Hr., Str. (Cembalo)
Aufführungsdauer: ca. 12 Minuten
Verlag: Br. & H.; Doblinger, Wien (1965); U. E.
Autograph: NB Budapest

Die Symphonie Nr. 30 ist im Jahre 1765 entstanden. Dank der ihm seit 1761 zur Verfügung stehenden Esterházyschen Kapelle konnte der Meister „Versuche machen" und gleichzeitig auch Musiker der Kapelle zu intensiver Arbeit anregen, indem er ihnen solistische Aufgaben zuteilte. Im 2. und 3. Satz ist die Flöte konzertierendes Soloinstrument. Der Name Alleluja, der bereits auf zeitgenössischen Abschriften angegeben ist, kommt von der in dieser Symphonie verwendeten gregorianischen Osterweise des Alleluja, bei der Haydn aber anstelle der Terz von der 1. zur 2. Note des 1. Satzes die damals übliche modernisierte Fassung der Quart verwendet hat. Das Alleluja ist das Thema des 1. Satzes. Die Trompeten und Pauken wurden von Haydn möglicherweise später hinzugefügt; sie sind im Kees-Katalog angeführt, aber in keiner der Abschriften angegeben. Das Menuett und das Finale sind zu einem Satz verschmolzen, der „Tempo di Menuet" genannt ist.

Formübersicht:

1. Satz (Sonatensatzform/Haupttonart C-dur)
   Exposition: T. 1–37
   Hauptsatz T. 1–11: H. T. 1–6

Überleitung T. 11–20
Seitensatz 21–29: H. T. 21/22

Epilog T. 30–37
Durchführung: T. 38–57

Reprise: T. 58–73
Coda: T. 74–81
2. Satz (Zweiteilige Reprisenform/Haupttonart G-dur)
1. Teil: T. 1–29: H. T. 1–8

2. Teil: T. 30–71 (T. 36–44 Variation)
3. Satz (Mischform-Menuett/Rondo – Haupttonart C-dur)
Hauptsatz: T. 1–32: H. T. 1–8

1. Zwischensatz: T. 33–52: H. T. 33–36

2. Zwischensatz: (durchführungsartig) T. 53–70
1. Reprise des Hauptsatzes: T. 71–102
2. Reprise des Hauptsatzes: (H.) T. 102–110
Coda: T. 110–115

SYMPHONIE NR. 31
D-dur Hob I/31
„Mit dem Hornsignal – „Auf dem Anstand“

Sätze: Allegro/Adagio/Menuet/Finale (Moderato molto - Presto)
Orchester: 1 Fl., 2 Ob., 1 Fag., 4 Hr., Solovioline, Solovioloncello, Solokontrabaß, Str. (Cembalo)
Aufführungsdauer: ca. 28 Minuten
Verlag: Br. & H.; Doblinger (1964); U. E.
Autograph: NB Budapest

Eine reizvolle künstlerische Reverenz entbot Haydn der Jagdleidenschaft seines Herrn mit der Symphonie Nr. 31, die die Untertitel „Mit dem Hornsignal“ (das wahrscheinlich auf alte, osteuropäische Signale zurückzuführen ist) und „Auf dem Anstand“ trägt. Das Werk ist 1765 entstanden und wurde im gleichen Jahr in

Eisenstadt zur Uraufführung gebracht. Während der 1. Satz mit dem Signal des Horns (T. 9–15) den Aufbruch der fürstlichen Jagdgesellschaft und mit dem pulsierenden Elan der schmetternden Hörner das fröhliche Treiben symbolisiert, wechseln im 2. und 4. Satz, stilisiert durch die Soloinstrumente, die verschiedenen Tiere – zuletzt ein mit dem Solokontrabaß charakterisierter brummender Bär – vor den auf dem Anstand sitzenden Jägern. Den unbeschwerten Divertimento-Charakter der Symphonie unterstreicht nicht nur der abschließende Variationensatz, sondern auch das reiche Solistenaufgebot: Soloviotine, Soloviolonceilo, Solokontrabaß (Violone), Soloflöte und ein solistisch geführtes Hornquartett.

Formübersicht:

1. Satz (Sonatensatzform/Haupttonart D-dur)
Exposition: T. 1—62
1. Gr. T. 1—40: H. T. 9—17

Zwischensatz T. 17—40
2. Gr. T. 41—54: H. T. 41—49

Epilog T. 55—62
Durchführung: T. 63—118
Reprise: T. 119—154
Satz-Coda: T. 154—160

2. Satz (Sonatensatzform/Haupttonart G-dur)
Exposition: T. 1—35

1. Gr. T. 1—20: H. T. 1—4

Zwischensatz T. 13—20
2. Gr. T. 21—26: H. T. 21—25

Epilog T. 27—32; Epilog-Coda T. 32—35
Durchführung: T. 36—58
Reprise: T. 59—75
Satz-Coda: T. 75—78
3. S a t z (Menuett/Haupttonart D-dur)
Hauptsatz: T. 1—40: H. T. 1—8

Trio: T. 41—76: H. T. 41—44

Reprise des Hauptsatzes: T. 1—40
4. S a t z (Variationenform/Haupttonart D-dur)
Thema: T. 1—16

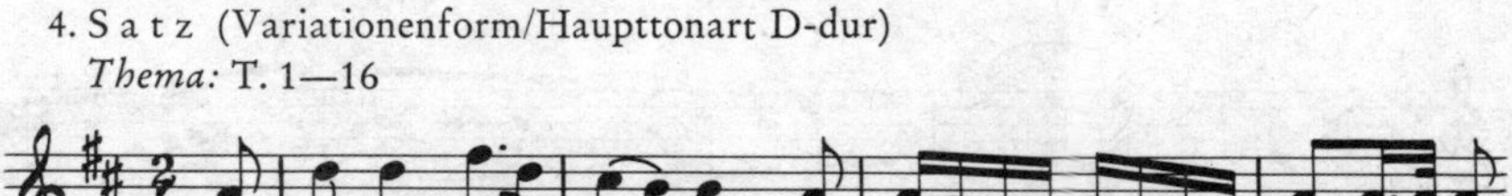

Variationen: 1—7: T. 17—128; Überleitung T. 129—135
Satz-Coda: T. 136—170

SYMPHONIE NR. 43
Es-dur Hob I/43
„Merkur“

Sätze: Allegro/Adagio/Menuetto/Finale (Allegro)
Orchester: 2 Ob., 1 Fag., 2 Hr., Str.
Aufführungsdauer: ca. 23 Minuten
Verlag: Br. & H.; Doblinger (1965); U. E.
Autograph: Ms.-Stimmen, Archiv Thurn und Taxis, Regensburg

Die Symphonie Nr. 43 ist etwa 1771 entstanden. Der Beiname Merkur ist ungewisser Herkunft, womöglich handelt es sich um eine Zwischenmusik bei einer Theateraufführung in Esterház. Bemerkenswert sind die Überraschungswirkungen in der Durchführung des 1. Satzes. Das melodiöse Menuett machte das Werk populär.

Formübersicht:

1. S a t z (Sonatensatzform/Haupttonart Es-dur)
   Exposition: T. 1–98
   Hauptsatz T. 1–14: H. T. 1–8

Überleitung T. 14–59
Seitensatz T. 60–89: H. T. 60–68

Epilog T. 90–98
Durchführung: T. 99–161
Reprise: T. 162–254

2. S a t z (Zweiteilige Reprisenform/Haupttonart As-dur)
   1. Teil: T. 1–48: H. T. 1–10

2. Teil: T. 49–120

3. S a t z (Menuett/Haupttonart Es-dur)

Hauptsatz: T. 1–38: H. T. 1–8

Trio: T. 39–58: H. T. 39–42

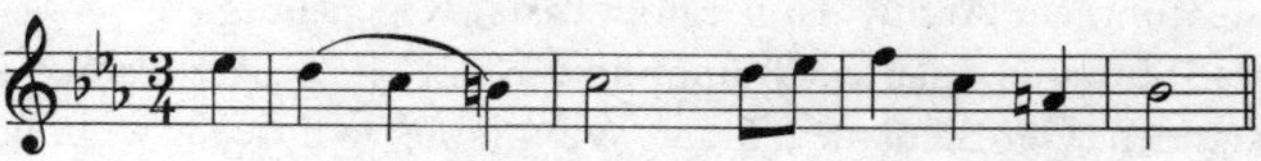

Reprise des Hauptsatzes: T. 1–38

4. S a t z (Sonatensatzform/Haupttonart Es-dur)

Exposition: T. 1–64

Hauptsatz T. 1–15: H. T. 1–10

Überleitung T. 15–33

Seitensatz T. 34–52: H. T. 34–38

Epilog T. 53–64

Durchführung: T. 65–105

Reprise: T. 105–161

Coda: T. 162–202

SYMPHONIE NR. 44

e-moll Hob I/44

,,Trauersymphonie"

Sätze: Allegro con brio/Menuetto (Allegretto)/Adagio/Finale (Presto)
Orchester: 2 Ob., 1 Fag., 2 Hr., Str.
Aufführungsdauer: ca. 24 Minuten
Verlag: Br. & H.; Doblinger (1966); U.E.
Autograph: Ms.-Stimmen: Archiv Thurn und Taxis, Regensburg

Die nur in Ms.-Stimmen erhaltene Symphonie Nr. 44 ist schätzungsweise im Jahre 1771 entstanden. Der Beiname ,,Trauersymphonie" wurde ihr wohl wegen des elegischen Charakters ihrer Mollthemen beigelegt. Bemerkenswertt ist, daß das Menuett an die zweite Stelle der Satzfolge gerückt ist. Ihm folgt ein Adagio in Dur, dessen abgeklärte und teilweise variierte Kantilene durchgehend von den gedämpften 1. und 2. Violinen vorgetragen wird. Von dem Erfindungsgeist des Meisters zeugt die kunstvolle kontrapunktische Behandlung der Thematik in den Ecksätzen und vor allem bei dem Menuett, dessen Hauptsatz im ,,Canone in Diapason" (Kanon in der Oktave) zwischen den Violinen und den Baßstimmen gestaltet ist. Mit seinen affektgeladenen Partien in den schnellen Sätzen steht das Werk an der Schwelle jener Periode, die von der Forschung gewöhnlich als Haydns ,,Sturm- und Drangperiode" bezeichnet wird.

Formübersicht:

1. Satz (Sonatensatzform/Haupttonart e-moll)
Exposition: T. 1–61
1. Gr. T. 1–34: H. T. 1–8

2. Gr. T. 35–41
Epilog T. 42–61
Durchführung: T. 62–100
Reprise: T. 101–140
Satz-Coda: T. 141–157

2. *Satz* (Menuett/Haupttonart e-moll; Trio E-dur)
Hauptsatz: T. 1–60: T. 1–8

Trio: T. 61–88
Reprise des Haupsatzes: T. 1–60
3. Satz (Zweiteilige Reprisenform/Haupttonart E-dur)
1. Teil: T. 1–40: H. T. 1–8

2. Teil: T. 41–82
4. Satz (Sonatensatzform/Haupttonart e-moll)
Exposition: T. 1–74
1. Gr. T. 1–28: H. T. 1–8

2. Gr. T. 29–59
Epilog T. 60–74
Durchführung: T. 75–118
Reprise: T. 119–166
Satz-Coda: T. 167–187

SYMPHONIE NR. 45
fis-moll Hob I/45
„Abschieds-Symphonie"

Sätze: Allegro assai/Adagio/Menuet (Allegretto)/Finale (Presto–Adagio)
Orchester: 2. Ob., 1 Fag., 2 Hr., Str.
Aufführungsdauer: ca. 26 Minuten
Verlag: Br. & H.; Doblinger (1966); U.E.
Autograph: NB Budapest

In den siebziger Jahren schrieb Haydn einen Stil von leidenschaftlichem Charakter, der seine Impulse vor allem von einer prägnant konturierten Melodik her empfängt. Ein typisches Beispiel für diesen Schaffensabschnitt, der oft als die „Sturm- und Drangperiode" des Meisters bezeichnet wird, ist die 1772 entstandene „Abschieds-Symphonie". Von dramatischem Ausdruck erfüllt ist der 1. Satz mit seinem über zwei Oktaven abstürzenden Hauptthema, mit seiner erregten Synkopen-Rhythmik, mit seinen wuchtigen Streicher-Unisoni, seinen spannungsgeladenen Generalpausen und seinen schroffen dynamischen Gegensätzen. Die Einführung eines selbständigen ariosen Nebengedankens in der Durchführung ist ebenso neuartig wie der kühne Abschluß des Werkes mit einer Adagio-Coda in Liedform. Auch die Tonart fis-moll — Fis-dur ist für eine Symphonie der damaligen Zeit ungewöhnlich. Die Bezeichnung „Abschieds-Symphonie“ bezieht sich auf den letzten Satz, bei dem nach und nach die einzelnen Instrumente pausieren, bis das Werk schließlich mit den Terzen und Sexten zweier gedämpfter Geigen ausklingt. Auch hier fehlt der Untertitel bei den ersten Ausgaben, er erscheint erst im Jahre 1784. Hinsichtlich der programmatischen Auslegung des Schlusses existiert eine Anekdote in verschiedenen Varianten: Fürst Nikolaus hatte 1772 seinen Sommeraufenthalt auf Schloß Esterház besonders lange ausgedehnt. Die von ihren Familien getrennt lebenden Musiker wollten endlich wieder nach Hause. Haydn wagte nicht, bei seinem Herrn wegen Beurlaubung der Musiker vorstellig zu werden. Daher ließ er bei der Uraufführung seiner fis-moll-Symphonie die einzelnen Spieler, sobald sie ihren Part beendet hatten, vom Podium abtreten, bis schließlich er allein zurückgeblieben war. Der Fürst soll die Absicht verstanden und daraufhin die Beurlaubung der Kapelle bewilligt haben. Nach anderen Versionen sollen die Drohung des Fürsten, die Kapelle aufzulösen, oder Streitigkeiten mit den Haus-Offizieren oder eine Kränkung durch den Fürsten Haydn zu dieser musikalischen Intervention veranlaßt haben. Ob sie tatsächlich stattgefunden hat, ist allerdings nicht verbürgt.

Formübersicht:

1. S a t z (Sonatensatzform/Haupttonart fis-moll)

Exposition: T. 1—72

1. Gr. T. 1—55: H. T. 1—8

Zwischensatz T. 29—55

2. Gr. Th. T. 56—65

Epilog T. 65—72
Durchführung: T. 73—140 (selbständiger Nebengedanke T. 108 ff.)
Reprise: T. 142—204
Satz-Coda: T. 204—209
2. Satz (Sonatensatzform/Haupttonart A-dur)
Exposition: T. 1—76
1. Gr. T. 1—45: H. T. 1—8

Zwischensatz T. 17—45
2. Gr. T. 46—71: H. T. 46—52

Epilog T. 72—76
Durchführung: T. 77—126
Reprise: T. 127—185
Satz-Coda: T. 186—190
3. Satz (Menuett/Haupttonart Fis-dur)
Hauptsatz: T. 1—40: H. T. 1—10

Trio: T. 41—76: H. T. 41—46

Reprise des Hauptsatzes: T. 1—40
4. Satz (Sonatensatzform/Haupttonart fis-moll — Fis-dur)
Exposition: T. 1—56
1. Gr. T. 1—20: H. T. 1—8

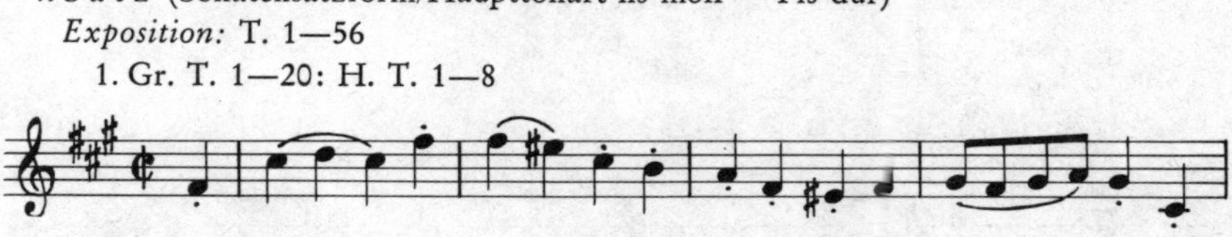

2. Gr. T. 21—45: H. T. 21—24

Epilog T. 45—56
Durchführung: T. 57—97
Reprise: T. 98—150
Satz-Coda: T. 151—257 (in Art einer Liedform mit selbständigem Thema)

SYMPHONIE NR. 48
C-dur Hob I/48
„Maria Theresia"

Sätze: Allegro/Adagio/Menuet (Allegretto)/Finale (Allegro)
Orchester: 2 Ob., 1 Fag., 2 Hr., 2 Trp., P., Str.
Aufführungsdauer: ca. 23 Minuten
Verlag: Br. & H.; Doblinger (1966); U. E.
Autograph: Ms.-Stimmen, Archiv Thurn und Taxis, Regensburg

Wahrscheinlich anläßlich des Besuches der Kaiserin Maria Theresia im Jahre 1773 in Esterháza geschrieben, ist die Symphonie Nr. 48 etwa 1772 entstanden. Das Werk ist typisch für Haydns „Sturm- und Drangperiode". Bemerkenswert ist im 1., 3. und 4. Satz die Besetzung mit Pauken und Trompeten, die hier von Haydn als Steigerungsmittel verwendet wurden. Allerdings finden sich die Trompeten- und Paukenstimmen nicht in allen Manuskriptstimmen.

Formübersicht:
1. Satz (Sonatensatzform/Haupttonart C-dur)
Einleitung: T. 1–17
Exposition: T. 18–83
Hauptsatz T. 18–29: H. T. 18–21

Überleitung T. 30–44
Seitensatz T. 44–63: H. T. 44–51

Epilog T. 64–83
Durchführung: T. 84–133
Reprise: T. 134–196
2. Satz (Zweiteilige Reprisenform/Haupttonart F-dur)
1. Teil: T. 1–38: H. T. 1–8

2. Teil: T. 39–89
3. Satz (Menuett/Haupttonart C-dur, Trio c-moll)
Hauptsatz: T. 1–44: H. T. 1–8

Trio: T. 45–84: H. T. 45–48

Reprise des Hauptsatzes: T. 1–44
4. Satz (Sonatensatzform/Haupttonart C-dur)
Exposition: T. 1–65
Hauptsatz T. 1–15: H. T. 1–9

Überleitung T. 16–44
Seitensatz T. 45–59: H.T. 45–52

Epilog T. 60–65
Durchführung: T. 66–112
Reprise: T. 113–160

SYMPHONIE NR. 49
f-moll Hob I/49
„La Passione“

Sätze: Adagio/Allegro di molto/Menuet/Finale (Presto)
Orchester: 2 Ob., 1 Fag., 2 Hr., Str. (Cembalo)
Aufführungsdauer: ca. 21 Minuten
Verlag: Br. & H.; Doblinger (1965); U. E.
Autograph: Kungl. Musikaliska Akademiens, Stockholm

Die Symphonie Nr. 49 ist im Jahre 1768 entstanden. Das dunkelgefärbte, geradezu „rauhe“ Werk ist die letzte der Haydnschen Symphonien in Kirchensonatenform, d. h. mit einem vollständigen langsamen Eröffnungssatz. Der Ursprung des Titels ist unbekannt; er bezieht sich wohl auf den Charakter der Symphonie, namentlich auf den des 2. Satzes. Auf der 2. Seite des Manuskripts steht als Kopftitel: „In Nomine Domini“.

Formübersicht:

1. Satz (Sonatensatzform/Haupttonart f-moll)
Exposition: T. 1–43
Hauptsatz T. 1–14: H. T. 1–6

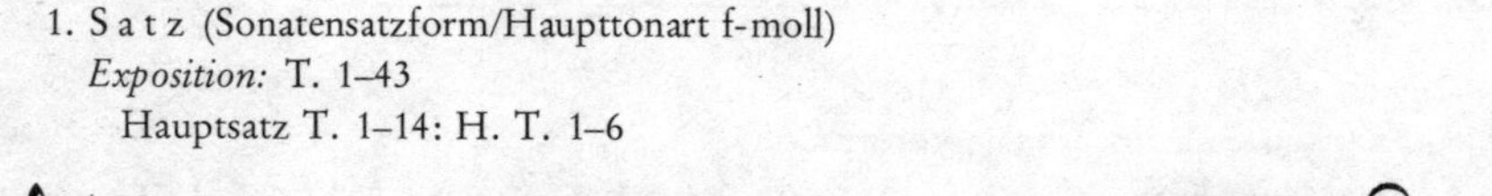

Überleitung T. 14–24
Seitensatz T. 25–33: H. T. 25–27

Epilog T. 34–43
Durchführung: T. 44–61
Reprise: T. 62–78
Coda: T. 79–96

2. S a t z (Sonatensatzform/Haupttonart f-moll)
Exposition: T. 1–51
Hauptsatz T. 1–13: H. T. 1-4

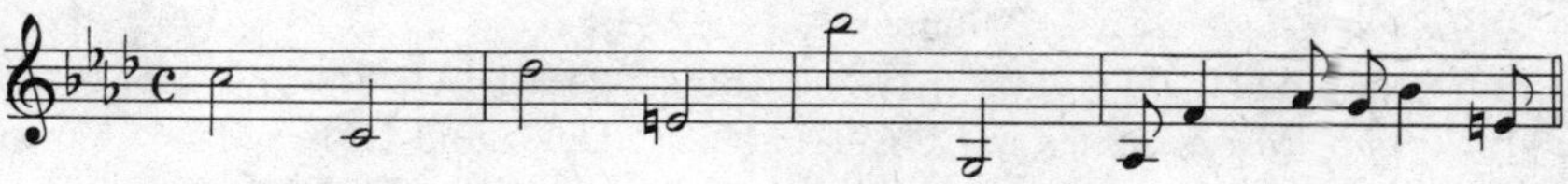

Überleitung T. 14–28
Seitensatz T. 28–37: H. T. 28–30

Epilog T. 37–51
Durchführung: T. 52–100
Reprise: T. 100–140

3. S a t z (Menuett/Haupttonart f-moll, Trio F-dur)
Hauptsatz: T. 1–52: H. T. 1–4

Trio: T. 53–72: H. T. 53–60

Reprise des Hauptsatzes: T. 1–52

4. S a t z (Zweiteilige Reprisenform/Haupttonart f-moll)
1. Teil: T. 1–50: H. T. 1–11

2. Teil: T. 51–126

SYMPHONIE NR. 53

D-dur Hob I/53

„L'Impériale"

Sätze: Largo maestoso - Vivace/Andante/Menuetto/Finale: Fassung I der Esterházy-Stimmen: Capriccio (Moderato); Fassung II der meisten alten Ms.: Presto

Orchester: 1 Fl., 2 Ob., 2 Fag., 2 Hr., P., Str.

Aufführungsdauer: ca. 24 Minuten

Verlag: Br. & H.; Haydn-Society Inc., Boston (1951); U. E.

Autograph: Ms.-Stimmen mit Finale I: NB Budapest und GMfr; Ms.-Stimmen mit Finale II: Stift Melk, Stift Seitenstetten, im Archiv der GMfr (Sammlung von Kees)

Die Symphonie Nr. 53 ist zwischen 1775 und 1777 entstanden. Der Beiname steht aller Wahrscheinlichkeit nach im Zusammenhang mit der Kaiserin Maria Theresia. Das Andante (Variationenthema) hat wahrscheinlich ein französisches Volkslied als Grundlage. Vom Finale existieren mehrere Versionen. Die I. Fassung, sicherlich authentisch, scheint Haydn nicht befriedigt zu haben. Er verwendete später (etwa 1777–80) die Ouverture einer unbekannten Oper als Schlußsatz. So merkwürdig es erscheinen mag, eine Ouverture als Finale einer Symphonie zu verwenden, so ist diese II. Fassung ein wirkungsvollerer Abschluß als der etwas eigenartige Satz des ersten Finales.

Formübersicht:

1. Satz (Sonatensatzform/Haupttonart D-dur)

Einleitung: T. 1–16

Exposition: T. 17–100

Hauptsatz T. 17–52: H. T. 17–20

Überleitung T. 52–69

Seitensatz T. 69–86: H. T. 69–76

Epilog T. 86–100
Durchführung: T. 101–187
Reprise: T. 188–246

2. S a t z (Variationenform/Haupttonart A-dur)
Hauptsatz: T. 1–16: H. T. 1–8

1. Variation: T. 17–32
Überleitung (H.) T. 33–40
2. Variation: T. 40–64
3. Variation: T. 65–96
4. Variation: T. 97–112
Hauptsatz: T. 113–128

3. S a t z (Menuett/Haupttonart D-dur)
Hauptsatz: T. 1–42: H. T. 1–8

Trio: T. 43–66: H. T. 43–50

Reprise des Hauptsatzes: T. 1–42

4. S a t z Fassung I (Rondoform/Haupttonart D-dur)
Hauptsatz: T. 1–10: H. T. 1–5

Zwischensatz: T. 11–18
1. Reprise des Hauptsatzes: T. 19–28
Mittelsatz: T. 29–96:
2. Reprise des Hauptsatzes: T. 97–106
Reprise des Zwischensatzes: T.107–114

3. *Reprise des Hauptsatzes:* T. 115–124
Coda: T.125–160

4. S a t z Fassung II (Ouverture/Sonatensatzform/Haupttonart D-dur)
Exposition: T. 1–72
Hauptsatz T. 1–34: H. T. 1–4

Überleitung T. 35–41
Seitensatz T. 42–57: H. T. 42–45

Epilog T. 57–72
Durchführung: T. 73–113
Reprise: T. 114–167

SYMPHONIE NR. 55

Es-dur Hob I/55
„Der Schulmeister"

Sätze: Allegro di molto/Adagio, ma semplicemente/Menuetto/Finale (Presto)
Orchester: 2 Ob., 2 Fag., 2 Hr., Str.
Aufführungsdauer: ca. 21 Minuten
Verlag: Br. & H.; Haydn-Society Inc., Boston (1951); U. E.
Autograph: PrStB (derzeit UB Tüb)

Der Beiname der im Jahre 1774 entstandenen Symphonie Nr. 55 ist ungewisser Herkunft. Das Werk war wegen seines feinen Humors von Anfang an populär. Man meint, Haydn habe eine lustige Schulstunde musikalisch darstellen wollen. Vielleicht rechtfertigt sich der Titel auch aus dem parodistischen, gewichtigen Adagio mit seinen Variationen. In der Durchführung des 1. Satzes tauchen wieder Überraschungseffekte auf, wie Haydn sie gern und erfolgreich anwendete.

Formübersicht:

1. S a t z (Sonatensatzform/Haupttonart Es-dur)
Exposition: T. 1–66

Hauptsatz T. 1–14: H. T. 1–6

Überleitung T. 14–43
Seitensatz T. 43–53: H. T. 45–48

Epilog T. 54–66
Durchführung: T. 67–150
Reprise: T. 151–216

2. Satz (Variationenform/Haupttonart B-dur)
Hauptsatz: T. 1–8: H. T. 1–4

1. Variation: T. 9– 16
2. Variation: T. 17– 24
3. Variation: T. 25– 32
4. Variation: T. 33– 40
5. Variation: T. 41– 48
6. Variation: T. 49– 56
7. Variation: T. 57– 64
8. Variation: T. 65– 72
9. Variation: T. 73– 80
10. Variation: T. 81– 88
11. Variation: T. 89– 96
12. Variation: T. 97–104
13. Variation: T. 105–112
14. Variation: T. 113–120
15. Variation: T. 121–128

3. Satz (Menuett/Haupttonart Es-dur)
Hauptsatz: T. 1–40: H. T. 1–4

Trio: T. 41–72: H. T. 41–44

Reprise des Hauptsatzes: T. 1–40

4. Satz (Variationenform/Haupttonart Es-dur)

Hauptsatz: T. 1–30: H. T. 1–8

Überleitung T. 31–46

1. Variation: T. 47–76 (frei)

Überleitung T. 77–94

Hauptsatz: T. 95–133 (erweitert)

2. Variation: T. 134–163 (frei)

Coda (H): T. 164–179

SYMPHONIE NR 59

A-dur Hob I/59

,,Feuersymphonie"

Sätze: Presto/Andante o più tosto Allegretto/Menuetto/Allegro assai
Orchester: 2 Ob., 1 Fag., 2 Hr., Str. (Cembalo)
Aufführungsdauer: ca. 22 Minuten
Verlag: Br. & H.; Haydn-Mozart-Presse, Salzburg (1958); U. E.
Autograph: Ms-Stimmen NB Budapest

Die Symphonie entstand wahrscheinlich in den Jahren 1766 bis 68. Das datierte Wiener Ms. hat den Titel ,,Feuer-Sinfonia". Aus einem anderen Ms., das sich in Schwerin befindet, geht hervor, daß diese Symphonie als Zwischenaktsmusik für ein Schauspiel geschrieben wurde, das durch die Theatergruppe von Carl Wahr auch in Esterház aufgeführt worden ist. Dieses Schauspiel hieß ,,Die Feuerbrunst" und stammt von Friedrich Wilhelm Grossmann (1746–1796).

Die Aufführung in Esterház kann frühestens in der Saison 1773/74 erfolgt sein; denn das Stück ist – nachweislich – erst 1773 gedruckt worden. Haydn hat die Symphonie jedenfalls früher komponiert, als das Schauspiel gedruckt wurde. Der ursprüngliche Zweck des Werkes bleibt ungewiß, aber seiner Anlage nach – dramatisch, schroffe Gegensätze – ist es durchaus als Bühnenmusik denkbar.

Formübersicht:

1. Satz (Sonatensatzform/Haupttonart A-dur)
   Exposition: T. 1–49
   Hauptsatz T. 1–15: H. T. 1–5

Überleitung T. 16–27
Seitensatz T. 27–33: H. T. 27–29

Epilog T. 34–49
Durchführung: T. 50–78
Reprise: T. 79–124

2. Satz (Zweiteilige Reprisenform/Haupttonart A-dur)
   1. Teil 1–73: H. T. 1–6

2. Teil 74–149

3. Satz (Menuett/Haupttonart A-dur, Trio a-moll)
   Hauptsatz: T. 1–38: H. T. 1–8

Trio: T. 39–66: H. T. 39–42

Reprise des Hauptsatzes: T. 1–38

4. Satz (Sonatensatzform/Haupttonart A-dur)

Exposition: T. 1–57

Hauptsatz T. 1–26: H. T. 1–13

Überleitung T. 27–38

Seitensatz T. 39–49: H. T. 39–41

Epilog T. 49–57

Durchführung: T. 58–83

Reprise: T. 84–131

Coda: T. 131–151

SYMPHONIE NR. 60

C-dur Hob I/60

Per la Commedia intitolata Il Distratto

Sätze: Adagio-Allegro di molto/Andante/Menuetto/Presto/Adagio (di Lamentatione)/Finale (Prestissimo)

Orchester: 2 Ob., 1 Fag., 2 Hr., 2 Trp., P., Str.

Aufführungsdauer: ca. 28 Minuten

Verlag: Br. & H.; Haydn-Mozart-Presse, Salzburg (1959); U.E.

Autograph: Ms.-Stimmen NB Budapest

Die Symphonie Nr. 60 ist im Jahre 1774 entstanden. Sie wurde als Bühnenmusik zu dem Schauspiel „Der Zerstreute" („Le Distrait") von Jean François Regnard (1655-1709) von der Truppe Carl Wahr im Sommer 1774 in Esterház gespielt und war einer der populärsten Erfolge Haydns. Die Thematik geht von der Gregorianik bis zur Volksmelodie (5. und 6. Satz). Bemerkenswert ist die von Haydn gern angewendete „Surprise“, die seinen Symphonien große Publikumswirkung verschaffte. Im 1. Satz kommt nach einem diminuendo ein plötzliches forte mit einem Paukenschlag. Als komödiantischen Effekt fordert das Finale bewußtes Falschspielen: in einer Generalpause Umstimmung der G-Saite der Violinen nach F, gleich darauf während des Spielens wieder auf G. Der Charakter des Werkes ist eine echte Theatermusik.

Formübersicht:

1. S a t z (Sonatensatzform/Haupttonart C-dur)
Einleitung: T. 1–24

Exposition: T. 25–97
Hauptsatz T. 25–40: H. T. 25–28

Überleitung T. 41–66
Seitensatz T. 66–86: H. T. 67–70

Epilog T. 86–97
Durchführung: T. 98–161
Reprise: T. 161–228

2. S a t z (Zweiteilige Reprisenform/Haupttonart G-dur)
1. Teil: T. 1–54: H. T. 1–4

2. Teil: T. 55–131

3. S a t z (Menuett/Haupttonart C-dur, Trio c-moll)
Hauptsatz: T. 1–38: H. T. 1–8

Trio: T. 39–71: H. T. 39–42

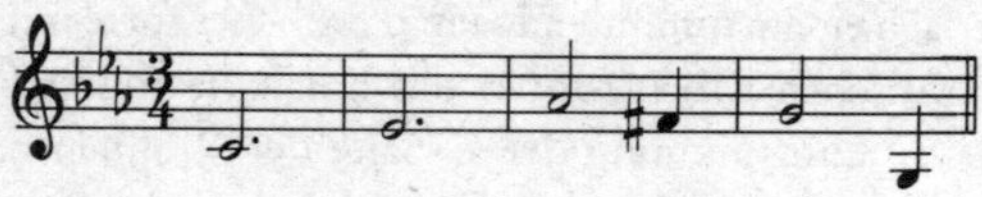

Reprise des Hauptsatzes: T. 1–38

4. S a t z (Dreiteilige Liedform/Haupttonart c-moll, C-dur)
Hauptsatz: T. 1–60: H. T. 1–8

Überleitung T. 61–72
Reprise des Hauptsatzes: T. 72–126 (erweitert/Nebengedanken und variiert)
Coda mit Epilog: T. 126–163 (Maggiore) [in Art einer Liedform mit selbständigem Thema]

5. S a t z (Variationenform/Haupttonart F-dur)
Hauptsatz: T. 1–29: H. (gregorianisch) T. 1–4

Zwischensatz T. 29–38
1. Variation: T. 38–50 (frei)
Zwischensatz T. 50–57
2. Variation: T. 57–71 (Minore) [frei-T. 64–67 H. wörtlich]
Überleitung T. 71–74
Coda: T. 75–78

6. S a t z (Dreiteilige Liedform/Haupttonart C-dur)
Einleitung: T. 1–16

Surprise: T. 17–32
Hauptsatz: T. 33–60: H. T. 33–40

Zwischensatz: T. 61–80
Reprise des Hauptsatzes: T. 81–108
Coda: T. 109–130

SYMPHONIE NR. 63

C-dur Hob I/63
,,La Roxelane"

Sätze: Allegro/Allegretto (o più tosto allegro)/Minuet/
1. Fassung Finale: Prestissimo, 2. Fassung Finale: Presto
Orchester: 1. Fassung: 1 Fl., 2 Ob., 2 Fag., 2 Hr., 2 Clarini (Trp.), P., Str.
2. Fassung: 1 Fl., 2 Ob., 1 Fag., 2 Hr., Str.
Aufführungsdauer: 1. Fassung ca. 23 Minuten
2. Fassung ca. 22 Minuten
Verlag: Br. & H.; Haydn-Mozart-Presse, Salzburg (1967); U. E.
Autograph: Fragmente und Ms-Stimmen NB Budapest

Wie Nr. 62 ist die Symphonie Nr. 63 ein Pasticcio. Von ihr existieren zwei Fassungen: eine von 1777 und eine von etwa 1786. Als Ergänzung der Ouverture zu seiner Oper ,,Il mondo della luna" (1777) verwendete Haydn eine Zwischenaktsmusik zu ,,Soliman II. oder die drei Sultaninnen" (nach C. S. Favart), die von der Truppe Carl Wahr 1777 in Esterház gespielt wurde. Die Heldin des Schauspiels ist ,,La Roxelane", für die der Meister (nach einer alten französischen Melodie), ein entzückendes Stück komponiert hatte, das dann in Variationenform als 2. Satz in der Symphonie erscheint. Für das Minuet und das Finale verwendete Haydn Teile einer früheren Symphonie, deren erste zwei Sätze unbekannt sind. Ouverture, Minuet und Finale waren mit Trompeten und Pauken besetzt. Später arbeitete Haydn die Symphonie um. Sie wurde mit einem neuen Minuet und einem neuen Finale veröffentlicht.

Formübersicht:

1. Fassung:

1. S a t z (Sonatensatzform [verkürzt]/Haupttonart C-dur)
Einleitung: T. 1–28

Hauptsatz T. 29–77: H. T. 29–36

Seitensatz fehlt
Durchführung: T. 78–145
Reprise: T. 146–179

2. S a t z (Variationenform/Haupttonart c-moll – C-dur)
Hauptsatz: T. 1–20: H. T. 1–8

1. Variation: T. 21– 36
2. Variation: T. 37– 56
3. Variation: T. 57– 72
4. Variation: T. 73– 98
5. Variation: T. 99–139

3. S a t z (Menuett/Haupttonart C-dur)
Hauptsatz: T. 1–34: H. T. 1–12

Trio: T. 35–58: H. T. 35–42

Reprise des Hauptsatzes: T. 1–34

4. S a t z (Sonatensatzform [verkürzt]/Haupttonart C-dur)
(Exposition):

Hauptsatz T. 1–85: H. T. 1–12

Seitensatz fehlt

Durchführung: T. 86–157

Reprise: T. 158–235

2. Fassung:

1. und 2. Satz siehe 1. Fassung

3. Satz (Menuett/Haupttonart C-dur)

Hauptsatz: T. 1–34: H. T. 1–8

Trio: T. 35–58: H. T. 35–44

Reprise des Hauptsatzes: T. 1–34

4. Satz (Sonatensatzform/Haupttonart C-dur)

Exposition: T. 1–81

Hauptsatz T. 1–20: H. T. 1–8

Überleitung T. 20–33

Seitensatz T. 34–68: H. T. 34–44

Epilog T. 68–81

Durchführung: T. 82–137

Reprise: T. 138–206

SYMPHONIE NR. 69

C-dur Hob I/69

„Laudon“

Sätze: Vivace/Un poco adagio più tosto andante/Menuetto/Finale (Presto)
Orchester: 2 Ob., 2 Fag., 2 Hr., 2 Trp., P., Str.
Aufführungsdauer: ca. 22 Minuten
Verlag: Br. & H.; Haydn-Mozart-Presse, Salzburg (1967); U. E.
Autograph: Ms.-Stimmen NB Budapest

Die Symphonie Nr. 69, ein für Haydn pompöses Werk, ist etwa 1778 entstanden. Der Meister selbst gab ihr den Beinamen „Laudon“ zu Ehren des berühmten österreichischen Feldmarschalls, des Türkenbesiegers Ernst Gideon Freiherr von Loudon (die Schreibweise des Namens Laudon statt Loudon ist in Österreich üblich). Hervorzuheben ist, daß von dieser Schaffensperiode an der Durchführung der Symphonien, also der Verarbeitung des thematischen Materials, große Bedeutung zukommt. Indem alle Instrumentengruppen als gleich wichtig behandelt werden, ist die Instrumentation ausgebaut und verfeinert. Das Kopfthema des 1. Satzes ist gleichlautend mit dem der „Maria Theresia“-Symphonie. Haydn wollte damit wahrscheinlich beweisen, daß nicht nur die Erfindung, sondern auch die Verarbeitung des Gedankens wichtig ist.

Formübersicht:

1. Satz (Sonatensatzform/Haupttonart C-dur)
Exposition: T. 1–69
Hauptsatz T. 1–26: H. T. 1–8

Überleitung T. 27–44
Seitensatz T. 45–60: H. T. 45–52

Epilog T. 60–69
Durchführung: T. 70–135
Reprise: T. 136–167
Coda: T. 167–184

2. Satz (Zweiteilige Reprisenform/Haupttonart F-dur)

1. Teil: T. 1–50: H. T. 1–6

2. Teil: T. 51–122

3. S a t z (Menuett/Haupttonart C-dur)
Hauptsatz: T. 1–30: H. T. 1–8

Trio: T. 31–50: H. T. 31–36

Reprise des Hauptsatzes: T. 1–30

4. S a t z (Rondoform/Haupttonart C-dur)
Hauptsatz: T. 1–20: H. T. 1–8

1. Zwischensatz: T. 21–75
1. Reprise des Hauptsatzes: T. 76–94
2. Zwischensatz: T. 95–169 (Minore)
2. Reprise des Hauptsatzes: T. 170–192
Coda: T. 193–241

SYMPHONIE NR. 73

D-dur Hob I/73

„La Chasse"

Sätze: Adagio-Allegro/Andante/Menuetto (Allegretto)/La Chasse (Presto)

Orchester: 1 Fl., 2 Ob., 2 Fag., 2 Hr., 2 Trp., P., Str.

Aufführungsdauer: ca. 21 Minuten

Verlag: Br. & H.; Haydn-Mozart-Presse, Salzburg (1967); U. E.

Autograph: Nur der 4. Satz, „La Chasse", in seiner ursprünglichen Gestalt als Ouverture zur Oper „La fedeltà premiata" als Autograph erhalten (1780); von den Sätzen 1 - 3 Ms.-Stimmen in der Sammlung Kees, GMfr.

Die Symphonie Nr. 73 ist im Jahre 1781 entstanden. Im 2. Satz benutzte Haydn sein Lied „Gegenliebe". Der 4. Satz, der Jagdsatz, ist die Ouverture zum III. Akt von Haydns im Jahre 1780 komponierter Oper „La fedeltà premiata". Die Soli der Bläser beruhen auf einem alten Jagdruf. Bemerkenswert ist die gewichtige Ausarbeitung der Durchführung und der Instrumentation. Die Symphonie ist dem Inhalt und der vollendeten Form nach eines der bedeutendsten Orchesterwerke Haydns.

Formübersicht:

1. Satz (Sonatensatzform/Haupttonart D-dur)

Einleitung: T. 1–26

Exposition: T. 27–70

Hauptsatz T. 27–47: H. T. 27–30

Überleitung T. 47–53

Seitensatz T. 54–66: H. T. 54–59

Epilog T. 67–70

Durchführung: T. 71–106

Reprise: T. 107–145

Coda: T. 145–150

2. Satz (Variationenform/Haupttonart G-dur)
Hauptsatz: T. 1–28: H. T. 1–5 (Anhang T. 24–28)

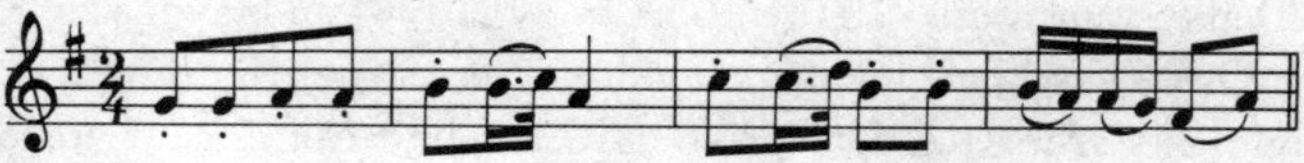

Zwischensatz T. 29–50
1. Variation: T. 51–74
Zwischensatz T. 74–95
2. Variation: T. 96–109
Coda: T. 109–114

3. Satz (Menuett/Haupttonart D-dur)
Hauptsatz: T. 1–50: H. T. 1–8

Trio: T. 51–74: H. T. 51–54

Reprise des Hauptsatzes: T. 1–50

4. Satz (Sonatensatzform [verkürzt]/Haupttonart D-dur)
(Exposition):
Hauptsatz T. 1–80: H. T. 1–8

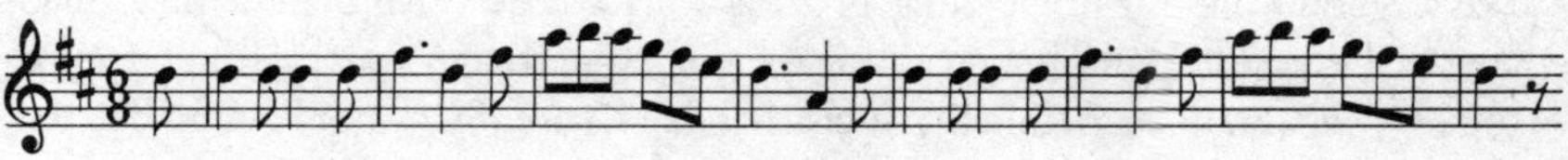

Seitensatz fehlt
Durchführung: T. 81–165
Reprise: T. 166–238
Coda: T. 238–252

2. Periode (1781–89)
Geschichtliches

Obwohl Haydns persönliches Wirken auf den verhältnismäßig engen Kreis des Esterházyschen Hofes beschränkt war – der Meister ist im Gegensatz zu anderen namhaften Musikern seiner Zeit nie in Italien gewesen – war sein Name schon bald zu solchem Ruhm gelangt, daß sich auch ausländische Verleger für seine Werke interessierten. Den Anfang hatte Paris gemacht, wo von 1764 an Haydnsche Kompositionen im Druck erschienen waren; London folgte später (um 1786), und in beiden Metropolen wurde dank der Veröffentlichung und Aufführung von Symphonien des Meisters der Boden für Kompositionsaufträge gelegt. Zum Karfreitag des Jahres 1785 sollte Haydn für die Kathedrale zu Cadix ein Oratorium schreiben, er komponierte statt dessen die nachmals so berühmt gewordenen Orchesterstücke „Sieben Worte des Erlösers am Kreuze." 1786 bestellte Ferdinand IV. von Neapel eine Reihe von Kompositionen für die Radleier, ein halbmechanisches Instrument, das der König selbst spielte.

Stilistische Stellung

Für die künstlerische Weiterentwicklung Haydns wurde in diesem Zeitabschnitt vor allem die Bekanntschaft mit W. A. Mozart wichtig, der seit seiner Übersiedlung nach Wien (1781) mit dem Meister von Esterház in einem bis zu seinem Tod währenden freundschaftlichen Konnex stand. Die gegenseitige künstlerische Befruchtung der beiden Komponisten, von denen jeder die schöpferische Potenz des andern neidlos anerkannte und daraus für sein eigenes Schaffen Gewinn zog, wirkte sich auch in dem Ausbau des symphonischen Stils, in Sonderheit der sogenannten Sonatensatzform aus. Das zweite Thema erhält jetzt mehr und mehr den Charakter eines gegenüber dem ersten Thema gleichgewichtigen, in pointiertem Gegensatz stehenden Gedankens. Vor allem aber wird die „thematische Arbeit", d. h. die Verarbeitung einzelner Glieder (Motive) der beiden Hauptthemen in den nichtthematischen Teilen eines Satzes, also in den Zwischensätzen, Überleitungen und insbesondere im Durchführungsteil, zum Stilprinzip erhoben. Das Ergebnis dieses Entwicklungsprozesses manifestiert sich bei Haydn zum ersten Mal in den 1781 erschienenen „Russischen Quartetten" oder „Jungfernquartetten", sodann in anschaulicher Weise bei den Pariser Symphonien und den darauffolgenden Werken.

DIE PARISER SYMPHONIEN

In Paris hatte im Jahre 1777 die Symphonie Nr. 53, „L'Impériale", in der eine gleichnamige französische Chanson verarbeitet ist, großen Eindruck gemacht. Auf Vorschlag des jungen Haydn-Verehrers Claude-François-Marie Rigoley, Comte d'Ogny (1757–1790), der ein einflußreiches Mitglied der angesehenen

Konzertgesellschaft ,,Le Concert de la Loge Olympique"* war, erging 1785 an Haydn die Einladung, sechs Symphonien für diese Vereinigung zu schreiben. Der Meister nahm den Auftrag an und schrieb 1785 die Symphonien Nr. 83, 85, 87 und 1786 die restlichen drei, Nr. 82, 84, 86. In der Concert-Saison Frühjahr 1787 dürften die sechs Werke in der ,,Salle de Spectacle de la Société Olympique" zur Uraufführung gekommen sein. Der Erfolg bei dem aus Hof- und Adelsgesellschaft bestehenden Publikum muß den erhaltenen Presse-Urteilen zufolge außergewöhnlich gewesen sein. Im gleichen Jahr sandte der Meister Abschriften seiner sechs ,,Pariser Symphonien" an König Friedrich Wilhelm II. von Preußen, der sich mit einem Anerkennungsschreiben und einem Brillantring bei Haydn bedankte.

Die Pariser Orchester jener Zeit waren mit 40 Violinen, 10 Kontrabässen und doppelter oder dreifacher Holzbläserbesetzung viel stärker besetzt als die der österreichischen und deutschen Höfe.

SYMPHONIE NR. 82
C-dur Hob I/82
,,L'Ours" (Der Bär)

Sätze: Vivace assai/Allegretto/Menuet/Finale (Vivace)
Orchester: 1 Fl., 2 Ob., 2 Fag., 2 Hr., 2 Trp., P., Str.
Aufführungsdauer: ca. 23 Minuten
Verlag: Br. & H.; Haydn-Mozart-Presse, Salzburg (1963); U. E.
Autograph: Bibliothèque du Conservatoire de Musique Paris

Die Uraufführung der im Jahre 1786 entstandenen Symphonie Nr. 82 fand in der Salle de Spectacle de la Société Olympique statt, in einem der ersten Konzerte der Saison 1787. Bewunderungswürdig sind die thematische Arbeit des Werkes, zum Beispiel die motivische Arbeit in der Überleitung vom 1. zum 2. Thema des 1. Satzes, und die besondere Durchsichtigkeit und koloristische Feinheit der Instrumentation der ganzen Symphonie. Im Finale wird der berühmte Sackpfeifentanz (Bärentanz) verwendet, dessen grunzender Baß dem Werk den Beinamen ,,L'Ours" gegeben hat.

---

* François-Joseph Gossec gründete 1770 zu den berühmten Pariser ,,Concerts spirituels" ein Konkurrenzunternehmen, das zunächst die Bezeichnung ,,Concerts des amateurs" (,,Liebhaberkonzerte") und von 1780 an den Namen ,,Le Concert de la Loge Olympique" führte.

Formübersicht:

1. S a t z (Sonatensatzform/Haupttonart C-dur)
   Exposition: T. 1–102
   Hauptsatz T. 1–20: H. T. 1–8

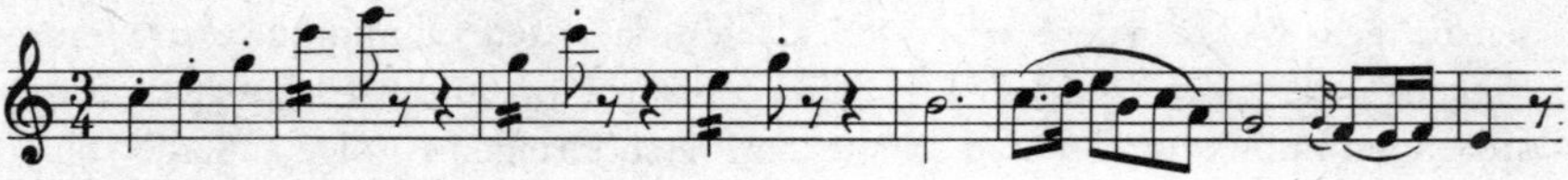

   Überleitung T. 21–69
   Seitensatz T. 70–93: H. T. 70–73

   Epilog T. 94–102

   Durchführung: T. 103–173
   Reprise: T. 174–248
   Coda: T. 249–261

2. S a t z (Rondoform/Haupttonart F-dur)
   Hauptsatz: T. 1–32: H. T. 1–8

   Mittelsatz: T. 33–60 (Minore)
   Hauptsatz: T. 61–100
   Mittelsatz: T. 101–128 (Variation)
   Hauptsatz: T. 129–168
   Coda: T. 169–217

3. S a t z (Menuett/Haupttonart C-dur)
   Hauptsatz: T. 1–38: H. T. 1–14

   Trio: T. 39–78: H. T. 39–46

Reprise des Hauptsatzes: T. 1–38

4. Satz (Sonatensatzform/Haupttonart C-dur)

Exposition: T. 1–114

Hauptsatz T. 1–32: H. T. 2–12

Überleitung T. 33–65

Seitensatz T. 65–99: H. T. 65–73

Epilog T. 100–115

Durchführung: T. 116–178

Reprise: T. 179–264

Coda: T. 265–280

SYMPHONIE NR. 83

g-moll Hob I/83

„La Poule" (Die Henne)

Sätze: Allegro spiritoso/Andante/Menuet (Allegretto)/Finale (Vivace)
Orchester: 1 Fl., 2 Ob., 2 Fag., 2 Hr., Str.
Aufführungsdauer: ca. 22 Minuten
Verlag: Br. & H.; Haydn-Mozart-Presse, Salzburg (1963); U. E.
Autograph: Bibliothèque Nationale Paris

Die Symphonie Nr. 83 ist im Jahre 1785 entstanden. Der Beiname stammt nicht von Haydn. Das Werk wurde in Paris der gluckenden Vorschläge (Oboenfigur) beim 2. Thema des 1. Satzes wegen „La Poule" benannt.

Die Bezeichnung „La Poule" entspricht nicht dem Charakter der Symphonie, der – wenn auch lichte, pastorale Färbungen in der Partitur vorkommen – eher melancholisch ist.

Am eindruckvollsten sind die beiden Mittelsätze: das herrliche Andante und ein gelungenes Menuett.

Formübersicht:

1. Satz (Sonatensatzform/Haupttonart g-moll, G-dur)

Exposition: T. 1–68

Hauptsatz T. 1–30: H. T. 1–4

Überleitung T. 30–45
Seitensatz T. 45–64: H. T. 45–52

Epilog T. 64–68
Durchführung: T. 69–127
Reprise: T. 128–173
Coda: T. 174–191

2. S a t z (Zweiteilige Reprisenform/Haupttonart Es-dur)
1. Teil: T. 1–43: H. T. 1–5

2. Teil: T. 44–105

3. S a t z (Menuett/Haupttonart G-dur)
Hauptsatz: T. 1–42: H. T. 1–4

Trio: T. 43–66: H. T. 43–50

Reprise des Hauptsatzes: T. 1–42

4. S a t z (Sonatensatzform [verkürzt]/Haupttonart G-dur)

(Exposition):

Hauptsatz: T. 1–34: H. T. 1–4

Seitensatz fehlt

Durchführung: T. 35–55

Reprise: T. 56–87

Coda: T. 88–99

SYMPHONIE NR. 84

Es-dur Hob I/84

Sätze: Largo-Allegro/Andante/Menuet (Allegretto)/Finale (Vivace)
Orchester: 1 Fl., 2 Ob., 2 Fag., 2 Hr., Str.
Aufführungsdauer: ca. 25 Minuten
Verlag: Br. & H.; Haydn-Mozart-Presse, Salzburg (1963); U. E.
Autograph: Sammlung Floersheim-Koch, Wildegg (Aargau, Schweiz)

Die Symphonie Nr. 84 ist im Jahre 1786 entstanden. Wenn dieses gewinnende Werk auch von Orchestern und vom Publikum weniger beachtet wird, so ist doch hier in zunehmenden Maße Haydns thematische Ausarbeitung des Materials zu beobachten. So fügte Haydn im Langsamen Satz, in der 1. Variation, ein kontrastierendes Thema ein, und im letzten Satz – dem ein Seitenthema fehlt – wird die Reprise frei und mit Veränderungen gestaltet.

Der Gesamttenor der Symphonie ist nobel und voller Herzlichkeit. Über dem Anfang auf der zweiten Seite des Manuskripts steht: ,,In Nomine Domini", am Schluß auf Seite 71: ,,Fine Laus Deo".

Formübersicht:

1. S a t z (Sonatensatzform/Haupttonart Es-dur)

Einleitung: T. 1–20

Exposition: T. 21–110

Hauptsatz T. 21–57: H. T. 21–26

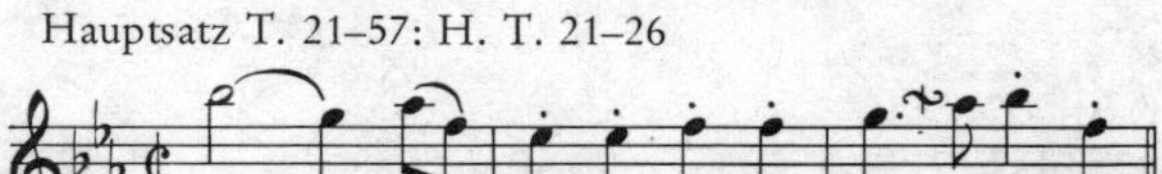

Überleitung T. 57–73

Seitensatz T. 74–103: H. T. 76–81

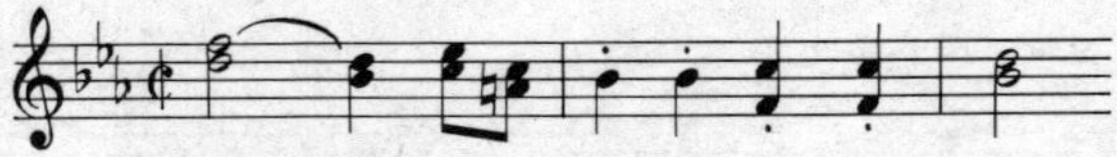

Epilog T. 104–110

Durchführung: T. 111–201

Reprise: T. 202–259

Coda: T. 260–267

2. S a t z (Variationenform/Haupttonart B-dur)

Hauptsatz: T. 1–16: H. T. 1–4

Zwischensatz T. 17–28 (Minore)

1. Variation: T. 29–44 (mit Nebengedanken in den Takten 38 und 39)

2. Variation: T. 45–60

Coda: T. 61–82

3. S a t z (Menuett/Haupttonart Es-dur)

Hauptsatz: T. 1–38: H. T. 1–4

Trio: T. 39–54: H. T. 39–46

Reprise des Hauptsatzes: T. 1–38

4. S a t z (Sonatensatzform [verkürzt]/Haupttonart Es-dur)

(Exposition):

Hauptsatz T. 1–93: H. T. 1–8

Seitensatz fehlt

Durchführung: T. 94–199

Reprise: T. 200–270 (ab T. 219 mit Veränderungen)

Coda: T. 271–292

SYMPHONIE NR. 85

B-dur Hob I/85

,,La Reine"

Sätze: Adagio-Vivace/Romanze (Allegretto)/Menuetto (Allegretto)/Finale (Presto)

Orchester: 1 Fl., 2 Ob., 2 Fag., 2 Hr., Str.

Aufführungsdauer: ca. 21 Minuten

Verlag: Br. & H.; Haydn-Mozart-Presse, Salzburg (1963); U. E.

Autograph: verschollen.

Die Symphonie Nr. 85 ist eine der sechs Symphonien, die Haydn 1785/86 im Auftrag der Gesellschaft ,,Le Concert de la Loge Olympique" für Paris geschrieben hat. Ihr Beiname „La Reine" stammt wohl nicht von dem Meister selbst; er ist dem Werk vielleicht deshalb zugelegt worden, weil es eine Lieblingssymphonie der Königin Marie Antoinette gewesen sein soll. Wie bei allen „Pariser Symphonien" ist auch bei dieser der Einfluß Mozarts in ihrer kunstvollen thematischen Arbeit und in ihrer feinsinnigen Instrumentation spürbar, wenngleich hier das 2. Thema des 1. Satzes aus dem 1. Hauptgedanken abgeleitet ist und es dementsprechend kein eigentliches Kontrastthema darstellt. Typisch für Haydn ist hinwiederum die volkstonhafte Melodik des Menuetts und des Finales. Bei dem 2. Satz erwies der Meister dem französischen Geschmack eine höfliche Reverenz durch die Verwendung der Melodie der bekannten und beliebten Chanson „La gentille et belle (jeune) Lisette".

Formübersicht:

1. Satz (Sonatensatzform/Haupttonart B-dur)

Einleitung: T. 1—11

Exposition: T. 12—111

1. Gr. T. 12—77: H. T. 12—23

Zwischensatz T. 42—77

2. Gr. T. 78—95: H. T. 78—85

Epilog T. 96—111

Durchführung: T. 112—211

Reprise: T. 212—270

Satz-Coda: T. 271—276

2. S a t z (Variationenform/Haupttonart Es-dur)

Themagruppe: T. 1—22

1. Variation: T. 23—44

2. Variation: T. 45—64; Überleitung T. 65—72

3. Variation: T. 73—94

4. Variation: T. 95—116

Satz-Coda: T. 117—126

3. S a t z (Menuett/Haupttonart B-dur)

Hauptsatz: T. 1—38: H. T. 1—8

Trio: T. 39—78: H. T. 39—46

Reprise des Hauptsatzes: T. 1—38

4. S a t z (Rondoform/Haupttonart B-dur)

Hauptgruppe: T. 1—24: Th. T. 1—8

überleitender Zwischensatz T. 25—38

1. Zwischengruppe: T. 39—69

1. Reprise der Hauptgruppe: T. 70—85

2. Zwischengruppe: T. 86—163 (durchführungsartig)

2. Reprise der Hauptgruppe: T. 164—189

Satz-Coda: T. 190—220

SYMPHONIE NR. 86

D-dur Hob I/86

Sätze: Adagio-Allegro spiritoso/Capriccio (Largo)/Menuet (Allegretto)/Finale (Allegro con spirito)

Orchester: 1 Fl., 2 Ob., 2 Fag., 2 Hr., 2 Trp., P., Str.

Aufführungsdauer: ca. 26 Minuten

Verlag: Br. & H.; Haydn-Mozart-Presse, Salzburg (1963); U. E.

Autograph: Bibliothèque Nationale Paris

Die Symphonie Nr. 86 ist im Jahre 1786 entstanden. Das Werk birgt viele Kostbarkeiten, vor allem der Langsame Satz, ein Capriccio, das mehr ist als ein interessantes Largo, nicht zuletzt dank seiner formalen Gestaltung. Der Satz zeigt wie das Menuett (Sonatensatzform!) ein weiteres Entwicklungsstadium Haydns.

Formübersicht:

1. Satz (Sonatensatzform/Haupttonart D-dur)

Einleitung: T. 1–21

Exposition: T. 22–85

Hauptsatz T. 22–53: H. T. 22–25

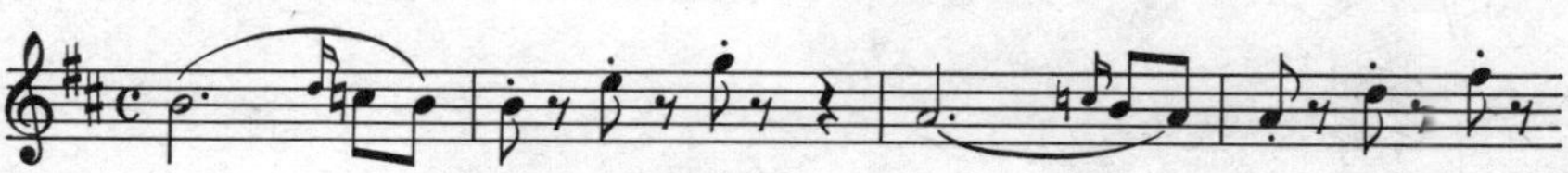

Überleitung T. 53–64

Seitensatz T. 64–82: H. T. 64–68

Epilog T. 82–85

Durchführung: T. 86–150

Reprise: T. 151–199

Coda: T. 200–213

2. Satz (Rondoform/Haupttonart G-dur)

Hauptsatz: (a + a¹): T. 1–8: H. T. 2–4

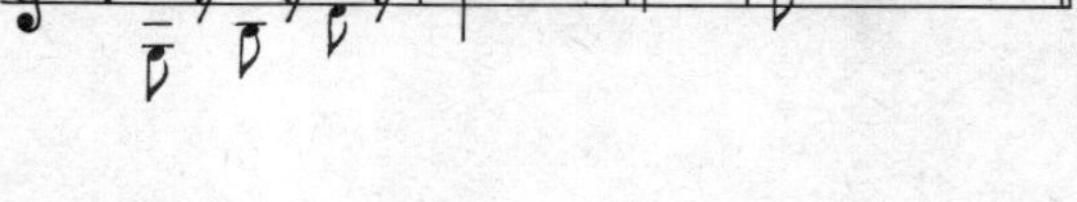

1. Zwischensatz: T. 8–32
1. Reprise des Hauptsatzes (a/Magg. und a./Min.): T. 33–40
2. Zwischensatz: T. 41–53
2. Reprise des Hauptsatzes (a): T. 54–57
1. Reprise des Zwischensatzes: T. 57–70
3. Reprise des Hauptsatzes (a/Minore): T. 71–74
2. Reprise des 1. Zwischensatzes: T. 75–84
Coda: T. 84–92

3. S a t z (Menuett/Haupttonart D-dur)
1. Teil *(Menuett*/Sonatensatzform)
(Exposition):
Hauptsatz T. 1–12: H. T. 1–4

Seitensatz fehlt
Durchführung: T. 12–38
Reprise: T. 38–50
Coda: T. 50–62
2. Teil
Trio: T. 63–98: H. T. 63–66

3. Teil
Reprise des Menuetts: T. 1–62

4. S a t z (Sonatensatzform/Haupttonart D-dur)
Exposition: T. 1–68
Hauptsatz T. 1–38: H. T. 1–5

Überleitung T. 38–43
Seitensatz T. 44–56: H. T. 44–46

Epilog T. 56–68
Durchführung: T. 67–100
Reprise: T. 101–153
Coda: T. 153–178

SYMHONIE NR. 87
A-dur Hob I/87

Sätze: Vivace/Adagio/Menuet/Finale (Vivace)
Orchester: 1 Fl., 2 Ob., 2 Fag., 2 Hr., Str.
Aufführungsdauer: ca. 21 Minuten
Verlag: Br. & H.; Haydn-Mozart-Presse, Salzburg (1963); U. E.
Autograph: Bibliothèque Nationale Paris

Die Symphonie Nr. 87 ist im Jahre 1785 entstanden. Zu Unrecht wird dieses beschwingte Werk vernachlässigt. Optimismus und volkstümliche Frische sind die Merkmale der Ecksätze und des Menuetts. Der Zauber naturverbundener Stimmung und schwerelose Tiefe zeichnen das Adagio aus. Es gehört zu den reifsten Eingebungen Haydns aus dieser Schaffenszeit.

Formübersicht:

1. S a t z (Sonatensatzform/Haupttonart A-dur)
Exposition: T. 1–68
Hauptsatz T. 1–18: H. T. 1–4

Überleitung T. 18–36
Seitensatz T. 37–62: H. T. 37–39

Epilog T. 62–68
Durchführung: T. 69–130
Reprise: T. 131–201

2. S a t z (Zweiteilige Reprisenform/Haupttonart D-dur)
1. Teil: T. 1–43: H. T. 1–4

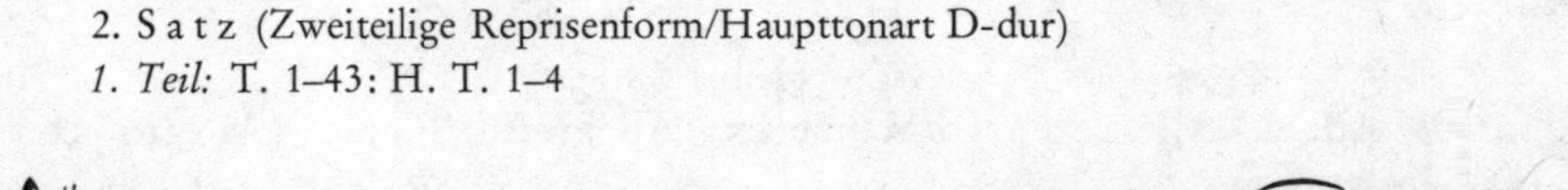

2. Teil: T. 43–104

3. S a t z (Menuett/Haupttonart A-dur)

Hauptsatz: T. 1–44: H. T. 1–8

Trio: T. 45–72: H. T. 45–52

Reprise des Hauptsatzes: T. 1–44

4. Satz (Sonatensatzform/Haupttonart A-dur)

Exposition: T. 1–83

Hauptsatz T. 1–28: H. T. 1–4

Überleitung T. 28–40

Seitensatz T. 41–69: H. = 1. Thema T. 41–44

Epilog T. 69–83

Durchführung: T. 84–193

Reprise: T. 194–202

Coda: T. 202–215

SYMPHONIE NR. 88

G-dur Hob I/88

Sätze: Adagio-Allegro/Largo/Menuetto (Allegretto)/Finale (Allegro con spirito)

Orchester: 1 Fl., 2 Ob., 2 Fag., 2 Hr., 2 Trp., P., Str.

Aufführungsdauer: ca. 20 Minuten

Verlag: Br. & H.; U. E.

Autograph: Ansbach, Bibliothek des Sing- und Orchestervereins – Boston, Public Library; Part.-Kopie Deldevez. Nr. 29

Ein dem Typus der Vollreife schon weitgehend genähertes Profil weist in der Symphoniengruppe dieser Periode die 1787 entstandene G-dur-Symphonie Nr. 88 auf. Das Werk besticht durch seine unbeschwerte, lebendige Grundhaltung, durch seine heitere Melodik im Wiener Volkston sowie durch die vorzügliche thematische Arbeit. Das kantable Largothema, das siebenmal in variierten Umkleidungen und zum Teil nach anderen Tonarten transponiert erklingt, nimmt bereits das Idiom Schuberts vorweg. Den rustikalen Charakter des Menuetts unterstreichen im Trio die Musette-artigen liegenden Quinten in den Bratschen, Fagotten und Hörnern.

Formübersicht:

1. S a t z (Sonatensatzform/Haupttonart G-dur)
Einleitung: T. 1—16
Exposition: T. 17—102
1. Gr. T. 17—61: H. T. 17—24

Zwischensatz T. 32—61
2. Gr. T. 61—84: H. T. 61—65

Epilog T. 85—102
Durchführung: T. 103—178
Reprise: T. 179—246
Satz-Coda: T. 247—265

2. S a t z (Variationenform/Haupttonart D-dur)
Thema: T. 1—8

Variationen 1—6: T. 13—102 (jeweils durch kleine Zwischensätze miteinander verbunden)
Satz-Coda: T. 103—114

3. S a t z (Menuett/Haupttonart G-dur)
Hauptsatz: T. 1—44: H. T. 1—10

Trio: T. 45—70: H. T. 45—54

Reprise des Hauptsatzes: T. 1—44

4. S a t z (Rondoform/Haupttonart G-dur)
Hauptgruppe: T. 1—32: Th. T. 1—8

1. Zwischengruppe: T. 33—83
1. Reprise der Hauptgruppe: T. 84—108
2. Zwischengruppe: T. 108—158
2. Reprise der Hauptgruppe: T. 158—194
Satz-Coda: T. 195—221

3. Periode (1790—95)

G e s c h i c h t l i c h e s

Nach dem Tod von Fürst Nikolaus, dem Prachtliebenden, löste dessen Nachfolger Fürst Anton Esterházy (1790—94), der nur in geringem Maß musikalische Interessen hatte, die Kapelle auf. Haydn war nun „kein gebundener Diener“ mehr. Die vom Fürsten gewährte jährliche Pension von 1400 fl., die später nach den Londoner Erfolgen auf 2300 fl. erhöht wurde, sicherte seinen Lebensunterhalt. Ein glänzendes Angebot Ferdinands IV. von

Neapel sowie auch die Musikdirektorstelle bei dem Kronhüter von Ungarn, dem Grafen Anton von Grassalkovics, lehnte er ab. Er beschloß, frei zu bleiben und sich in Wien niederzulassen, wo er später (1793) dank seinen guten Londoner Einnahmen sich auch ein Haus kaufte. Dagegen folgte er einer Einladung des Geigers Johann Peter Salomon nach London, der während der Konzertsaison zwölf Symphoniekonzerte zu veranstalten pflegte, die zur Unterscheidung von dem Konkurrenzunternehmen der „Professional Concerts" die „Salomon-Konzerte" genannt wurden. So begab sich der Meister im Alter von fast sechzig Jahren zum erstenmal in seinem Leben ins Ausland. Er hat zwei Konzerttourneen nach England unternommen; bei der ersten weilte er von Anfang Januar 1791 bis Ende Juni 1792 in London, bei der zweiten von Anfang Februar 1794 bis Mitte August 1795. Er hatte sich verpflichtet, hierfür neue Symphonien sowie eine Oper zu komponieren. Während seines ersten Londoner Aufenthalts sind sechs Symphonien entstanden (Nr. 93 bis 98), die in den Salomon-Konzerten unter der Leitung des Komponisten uraufgeführt wurden, und weitere sechs gelegentlich der zweiten Englandreise (Nr. 99 bis 104). Die Symphonie Nr. 99 hat Haydn wahrscheinlich bereits 1793 zwischen der ersten und zweiten Londonreise in Wien geschrieben. Von der zweiten Serie kamen nur die Symphonien Nr. 99 bis 101 im Rahmen der Salomon-Konzerte zur Uraufführung, während die drei letzten (Nr. 102 bis 104) in den von Viotti veranstalteten Opera-Concerts am Haymarket-Theater uraufgeführt wurden, weil Salomon 1795 keine Konzerte mehr durchführte. Mit den zwölf für London komponierten Symphonien, die den Beinamen „Londoner" oder „Englische Symphonien" führen, brachte Haydn sein symphonisches Lebenswerk zum krönenden Abschluß.

Stilistische Stellung

Haydn hat in seinen letzten Symphonien den Typus der klassischen Symphonie endgültig fixiert. Mit diesen Werken erlangte er den Gipfel höchster Meisterschaft. Unerschöpfliche Gedankenfülle, geistreiche formale Gestaltung, ungezwungene Verarbeitung der Thematik sowie souveräne Beherrschung und gelenkige Handhabung der technischen Mittel, wie der thematischen Arbeit, Kontrapunktik und Instrumentation, kennzeichnen das Bild dieser Partituren. In ihnen offenbart sich nicht nur die geistige Verwandtschaft mit Mozart, sondern zugleich die fortschrittliche Entwicklung eines Stils, an den Beethoven bei seiner 1. Symphonie unmittelbar anknüpfen konnte.

SYMPHONIE NR. 92
G-dur Hob I/92
„Oxford"

Sätze: Adagio-Allegro spiritoso/Adagio/Menuet (Allegretto)/Finale (Presto)
Orchester: 1 Fl., 2 Ob., 2 Fag., 2 Hr., 2 Trp. P., Str.
Aufführungsdauer: ca. 28 Minuten
Verlag: Br. & H.; U. E.
Autograph: Paris, Bibliothèque Nationale

Den Londoner Symphonien war 1788/89 eine Symphonie in G-dur vorausgegangen, die den Beinamen „Oxford-Symphonie" erhalten hat, weil Haydn sie am 8. Juli 1791 anläßlich der Feier zu seiner Promotion zum „Doktor der Musik" an der Universität Oxford aufführte. Der Meister wußte sehr wohl, warum er gerade mit diesem Werk vor einer kritischen Hörerschaft sich einer so hohen Ehrung als würdig zu legitimieren suchte. Diese Symphonie stellt in der Tat eine der bedeutendsten Schöpfungen Haydns dar. Der Reichtum der Ideen dokumentiert sich ebenso in der von Chromatik durchzogenen harmonischen Gestaltung wie in der meisterhaften kontrapunktischen Verarbeitung des Themenmaterials. Bemerkenswert ist im 1. Satz der originelle Dualismus des 1. Themas: eine figurative Präambel über dem Dominantseptakkord, die im Verlauf des Satzes in verschiedenen Varianten immer wiederkehrt, führt zu dem im plötzlichen Forte aufrauschenden eigentlichen Thema in der Haupttonart. Ganz im Geiste Mozarts ist die sonnige Kantabilität des Adagios, von pulsierendem Elan das Finale mit seinem chromatischen Terzenthema über dem Orgelpunkt G.

Formübersicht:

1. S a t z (Sonatensatzform/Haupttonart G-dur)
Einleitung: T. 1—20
Exposition: T. 21—82
1. Gr. T. 21—71: H. T. 21—32

Zwischensatz T. 39—71
2. Gr. T. 72—79: H. T. 72—75

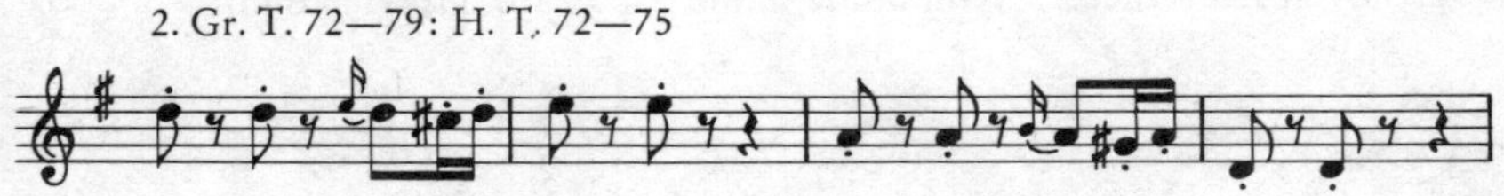

Epilog T. 79—82
Durchführung: T. 83—124
Reprise: T. 125—200
Satz-Coda: T. 200—232
2. S a t z (Dreiteilige Liedform/Haupttonart D-dur)
Hauptsatz: T. 1—39: H. T. 1—8

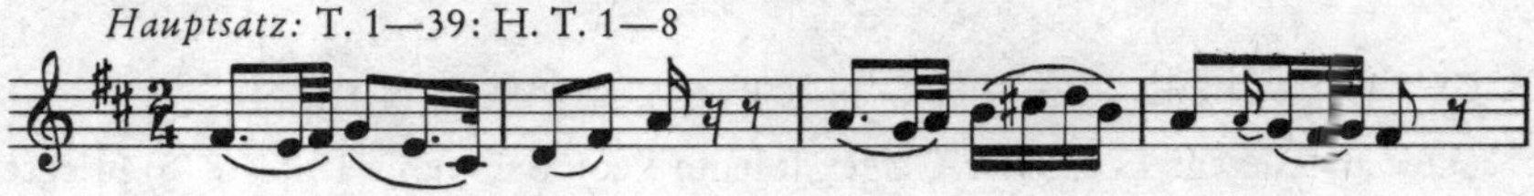

Mittelsatz: T. 40—71: H. T. 40—47

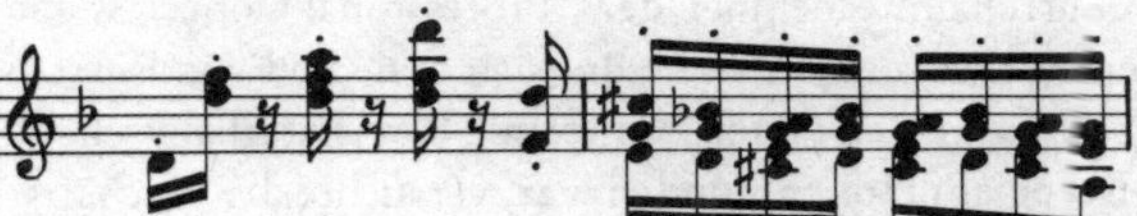

Reprise des Hauptsatzes: T. 72—99
Satz-Coda: T. 99—111
3. S a t z (Menuett/Haupttonart G-dur)
Hauptsatz: T. 1—50: H. T. 1—12

Trio: T. 51—104: H. T. 51—56

Reprise des Hauptsatzes: T. 1—50
4. S a t z (Sonatensatzform/Haupttonart G-dur)
Exposition: T. 1—113
1. Gr. T. 1—78: H. T. 1—16

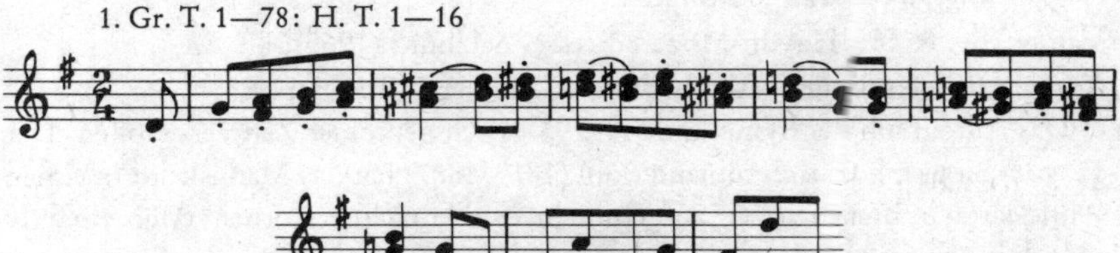

Zwischensatz T. 32—78
2. Gr. T. 79—97: H. T. 79—83

Epilog T. 98—113
Durchführung: T. 114—220
Reprise: T. 221—298
Satz-Coda: T. 299—342

DIE LONDONER SYMPHONIEN

Der angesehene Londoner Geiger Johann Peter Salomon (1745–1815) pflegte jährlich zwölf Symphoniekonzerte zu veranstalten, die zur Unterscheidung von dem Konkurrenzunternehmen der „Professional Concerts" die „Salomon-Concerts" genannt wurden. Als Haydn nach dem Tod von Fürst Nikolaus I. (1790) und der daraufhin erfolgten Auflösung der Esterházyschen Kapelle von der Dienstleistung am Hof entbunden war, versuchte der geschäftstüchtige Konzertunternehmer Salomon, den Meister für ein persönliches Auftreten in London zu gewinnen. Er bot ihm hierfür ein ansehnliches Honorar, und Haydn nahm das Angebot an.

Das Salomon-Orchester war stärker als die österreichischen und die deutschen Orchester besetzt, nämlich mit 40 Streichern und doppelten Bläsern; Haydn wirkte am Pianoforte mit und dirigierte von diesem her.

SYMPHONIE NR. 93
D-dur Hob I/93

Sätze: Adagio-Allegro assai/Largo cantabile/Menuetto (Allegro)/Finale (Presto ma non troppo)

Orchester: 2 Fl., 2 Ob., 2 Fag., 2 Hr., 2 Trp., P., Str.

Aufführungsdauer: ca. 26 Minuten

Verlag: Br. & H.; Haydn-Mozart-Presse, Salzburg (1965); U. E.

Autograph: verschollen; Abschrift von J. Elßler NB Budapest

Das Autograph der Symphonie Nr. 93 ist seit geraumer Zeit verschollen. Der Haydn-Biograph Carl Ferdinand Pohl (1819–1887) hat das Manuskript in einem Antiquariat in Braunschweig aufgefunden, es aber nicht erworben; er überlieferte jedoch in seinem Haydn-Katalog das darauf verzeichnete Datum der Entstehung: 1791. In diesem Jahr hat Haydn in London vier Symphonien komponiert. Da Nr. 93 erst am 17. Februar 1792, die Symphonien Nr. 95 und 96 aber bereits 1791 im Rahmen der Salomon-Konzerte gespielt wurden, dürfte die Numerierung der ersten Londoner Symphonien kaum der Reihenfolge ihrer Entstehung entsprechen.

Die D-dur-Symphonie Nr. 93 beginnt wie alle Londoner Symphonien, Nr. 95 ausgenommen, mit einer kurzen langsamen Einleitung. Im 1. Satz sind die beiden Hauptgedanken im wiegenden Walzertempo den bewegten Achtelketten der nicht thematischen Abschnitte konfrontiert. Auch das Largo cantabile ist von gegensätzlichen Wirkungen durchzogen: einem Hauptthema von gemächlichem Charakter treten teils scharfpunktierte Rhythmen, die von den Blechbläsern und der Pauke pointiert unterstrichen werden, teils belebende Triolen (Mittelsatz) gegenüber. Bemerkenswert ist, daß für das Menuett ein ungewöhnlich rasches Tempo (Allegro) vorgeschrieben ist. Das Finale ist nahezu durchgehend im imitierenden Stil behandelt und – wie so oft bei den Symphonien der letzten Schaffensperiode des Meisters – in einer mit Rondoelementen vermischten Sonatensatzform gestaltet.

Formübersicht:

1. S a t z (Sonatensatzform/Haupttonart D-dur)
   Exposition: T. 1–108
   Einleitung T. 1–20
   1. Gr. T. 21–75: H. T. 21–28

Zwischensatz T. 36–75
2. Gr. T. 76–94: H. T. 76–83

Epilog T. 95–108
Durchführung: T. 108–181
Reprise und Satz-Coda: T. 182–262

2. S a t z (Dreiteilige Liedform/Haupttonart G-dur)
   Hauptsatz: T. 1–29: H. T. 1–8

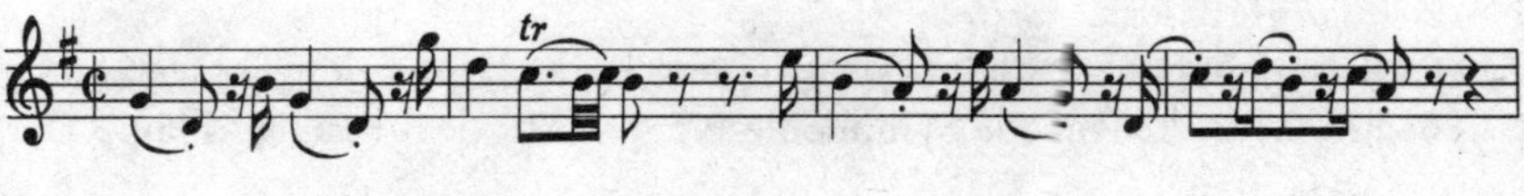

Mittelsatz: T. 30–43
Reprise des Hauptsatzes: T. 44–70
Satz-Coda: T. 71–88

3. Satz (Menuett/Haupttonart D-dur)
Hauptsatz: T. 1–46: H. T. 1–4

Trio: T. 47–98
Reprise des Hauptsatzes: T. 1–46

4. Satz (Sonatensatzform mit Rondoelementen, ohne Durchführung/Haupttonart D-dur)
Exposition: T. 1–170
1. Gr. T. 1–117: H. T. 1–8

Zwischensatz T. 51–117 (durchführungsartig)
2. Gr. T. 118–170: H. T. 118–125

Reprise: T. 171–267
Satz-Coda T. 268–312

SYMPHONIE NR. 94
G-dur Hob I/94
„Mit dem Paukenschlag" – „The Surprise"

Sätze: Adagio cantabile-Vivace assai/Andante/Menuett (Allegro molto)/Finale (Allegro di molto)

Orchester: 2 Fl., 2 Ob., 2 Fag., 2 Hr., 2 Trp., P., Str.

Aufführungsdauer: ca. 25 Minuten

Verlag: Br. & H.; U. E.

Autograph: UB Tüb

Eine der populärsten Schöpfungen Haydns ist dank ihrem eingängigen musikalischen Gedankengut die Symphonie Nr. 94 „Mit dem Paukenschlag". Der

Meister bediente sich bei seinen symphonischen Werken häufig instrumentaler und insbesondere dynamischer Überraschungseffekte. So wird in der Symphonie Nr. 94 das im Pianissimo vorgetragene volkstümliche Andante-Thema, das Haydn übrigens in seinem Oratorium „Die Jahreszeiten" bei der Baßarie „Schon eilet froh der Ackersmann" nochmals verwendet hat, durch einen Fortissimo-Akkord des Tutti abgeschlossen, dessen schockartige Wirkung in erster Linie dem Schlag der Pauke zuzuschreiben ist. Aus diesem Grund erhielt die Symphonie in England den Beinamen „The Surprise" („Die Überraschung"). Das 1791 komponierte Werk wurde am 23. März 1792 unter der Leitung des Komponisten im Rahmen der Salomon-Konzerte in London uraufgeführt.

Formübersicht:

1. Satz (Sonatensatzform/Haupttonart G-dur)
Einleitung: T. 1—17
Exposition: T. 18—108
1. Gr. T. 18—67: H. T. 18—21

Zwischensatz T. 44—67
2. Gr. T. 67—80: H. T. 67—74

Epilog T. 81—108
Durchführung: T. 108—155
Reprise: T. 155—248 (erweitert)
Satz-Coda: T. 249—258

2. Satz (Variationenform/Haupttonart C-dur)
Themagruppe: T. 1—32

1. Variation: T. 33—48
2. Variation: T. 49—74
3. Variation: T. 75—106

4. Variation: T. 107—138
Satz-Coda: T. 139—156

3. S a t z (Menuett/Haupttonart G-dur)
Hauptsatz: T. 1—62: H. T. 1—8

Trio: T. 63—89: H. T. 63—70

Reprise des Hauptsatzes: T. 1—62

4. S a t z (Sonatensatzform/Haupttonart G-dur)
Exposition: T. 1—99
1. Gr. T. 1—74: H. T. 1—8

Zwischensatz T. 38—74
2. Gr. T. 75—86: H. T. 75—79

Epilog T. 87—99
Durchführung: T. 100—145
Reprise: T. 146—225
Satz-Coda: T. 226—268

SYMPHONIE NR. 95

c-moll Hob I/95

Sätze: Allegro moderato / Andante cantabile / Menuetto / Finale (Vivace)
Orchester: 1 Fl., 2 Ob., 2 Fag., 2 Hr., 2 Trp., P., Str.
Aufführungsdauer: ca. 22 Minuten
Verlag: Br. & H.; U. E.
Autograph: London, British Museum, Royal Music

Die Symphonie Nr. 95 ist während Haydns erstem Londoner Aufenthalt 1791 entstanden und im gleichen Jahr von dem Meister im Rahmen der Salomon-Konzerte uraufgeführt worden. Das Werk fällt aus dem üblichen Rahmen der Haydn-Symphonien zunächst schon durch die von dem Komponisten selten angewandte Tonart c-moll sowie durch den Wegfall der langsamen Einleitung, die bei den übrigen elf Londoner Symphonien überall vorhanden ist. Hervorstechende Züge sind die reichliche chromatische Behandlung, insbesondere im 1. Satz, sowie die kunstvolle thematische Arbeit in den

Ecksätzen. Bei dem Unisono-Themakopf der 1. Gruppe des 1. Satzes fällt die Umspielung der Dominante mit ihren beiden Leittönen auf, was bereits auf Anton Bruckner weist. Im Finale überrascht der pikante unmittelbare Übergang von E-dur nach C-dur bei der ersten Wiederkehr des Rondo-Themas (T. 105/106). Bemerkenswert ist auch die solistische Verwendung des Violoncellos bei der 1. Variation des 2. Satzes und bei dem Trio des Menuetts, womit Haydn vielleicht dem Solocellisten des Londoner Orchesters Gelegenheit zur virtuosen Entfaltung geben wollte.

Formübersicht:

1. Satz (Sonatensatzform/Haupttonart c-moll- C-dur)

Exposition: T. 1—61

1. Gr. T. 1—28: H. T. 1—9

Zwischensatz T. 16—28

2. Gr. T. 29—44: H. T. 29—36

Epilog T. 44—61

Durchführung: T. 62—119

Reprise: T. 120—150

Satz-Coda: T. 151—165

2. Satz (Variationenform/Haupttonart Es-dur)

Themagruppe: T. 1—10

1. Variation: T. 11—24

2. Variation: T. 25—40 (Minore)
3. Variation: T. 41—54 (Maggiore)
Satz-Coda: T. 55—64

3. S a t z (Menuett/Haupttonart c-moll; Trio C-dur)
Hauptsatz: T. 1—56: H. T. 1—8

Trio: T. 57—84: H. T. 57—64

Reprise des Hauptsatzes: T. 1—56

4. S a t z (Rondoform/Haupttonart C-dur)
Hauptgruppe: T. 1—32: H. T. 1—8

Zwischengruppe: T. 32—105 (fugatoartig, breit angelegt)
1. Reprise der Hauptgruppe: T. 106—136
Reprise der Zwischengruppe: T. 137—185
2. Reprise der Hauptgruppe: T. 186—198 (nur andeutungsweise)
Satz-Coda: T. 199—211

SYMPHONIE NR. 96
D-dur Hob I/96
„The Miracle"

Sätze: Adagio-Allegro/Andante/Menuetto/ (Allegretto)/Finale (Vivace)
Orchester: 2 Fl., 2 Ob., 2 Fag., 2 Hr., 2 Trp., P., Str.
Aufführungsdauer: ca. 25 Minuten
Verlag: Br. & H.; Haydn-Mozart-Presse, Salzburg (1962); U. E.
Autograph: Royal Philharmonic Society (British Museum)

Die Uraufführung der im Jahre 1791 in London entstandenen Symphonie Nr. 96 erfolgte unter der Leitung Haydns am 11. März 1791 in den Hanover

Square Rooms. Im 2. Satz sind zusätzlich Pauken und Trompeten eingeführt. Bemerkenswert sind der unerschöpfliche Formenreichtum und die innere Ausgewogenheit. Der Beiname ,,The Miracle" soll dem Werk gegeben worden sein, weil während des Konzerts ein Lüster herabgestürzt sein soll, ohne jemanden zu verletzen. In Wirklichkeit soll aber dieses Ereignis sich während einer Aufführung der Symphonie Nr. 102 ereignet haben.

Die Symphonien Nr. 96–99 haben immer unverdient im Schatten anderer, populärerer Werke Haydns gestanden. Erfreulicherweise nehmen sich im zunehmenden Maße die Orchester dieser ausdrucksvollen und geistreichen Musik an.

Formübersicht:

1. Satz (Sonatensatzform[verkürzt]/Haupttonart D-dur)

Einleitung: T. 1–17

Hauptsatz T. 18–83: H. T. 18–21

Seitensatz fehlt

Durchführung: T. 84–153

Reprise: T. 154–186

Coda: T. 187–203

2. Satz (Dreiteilige Liedform/Haupttonart G-dur, g-moll)

Hauptsatz: T. 1–25: H. T. 1–4

Mittelsatz: T. 26–45: H. T. 26–28 (Minore)

Reprise des Hauptsatzes: T. 46–68 (Maggiore)
Coda: T. 69–89

3. S a t z (Menuett/Haupttonart D-dur)
Hauptsatz: T. 1–52: H. T. 1–4

Trio: T. 52–84: H. T. 52–56

Reprise des Hauptsatzes: T. 1–52

4. S a t z (Rondoform/Haupttonart D-dur)
Hauptsatz: T. 1–48: H. T. 1–8

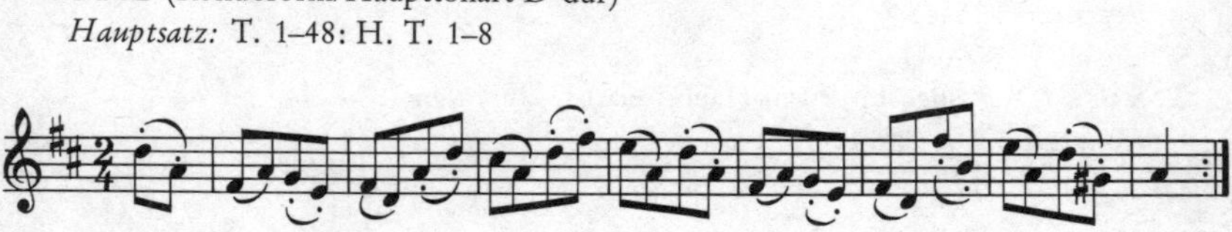

Zwischensatz: T. 48–102 (Minore)
1. Reprise des Hauptsatzes: H. T. 103–110 (Maggiore)
Zwischensatz: T. 111–150
2. Reprise des Hauptsatzes: T. 151–188
Zwischensatz: T. 189–200
Coda: T. 201–239

SYMPHONIE NR. 97
C-dur Hob I/97

Sätze: Adagio-Vivace/Adagio ma non troppo/Menuetto (Allegretto)/Finale (Spirituoso)
Orchester: 2 Fl., 2 Ob., 2 Fag., 2 Hr., 2 Trp., P., Str.
Aufführungsdauer: ca. 25 Minuten
Verlag: Br. & H.; U. E.
Autograph: Erben Stefan Zweig

Die C-dur-Symphonie Nr. 97 war das erste symphonische Werk, das Haydn in London geschrieben hat. Es wurde 1791 im Rahmen der Salomon-Konzerte unter der Leitung des Komponisten uraufgeführt. Auffallend ist im 1. Satz der Wechsel zwischen Partien von großlinigem, heroischem Charakter mit solchen volkstümlicher Natur. Zu letzteren gehören vor allem das 2. Thema des 1. Satzes sowie das duftig instrumentierte Trio des Menuetts. Bisweilen weisen Akzentuierungen auf dem leichten Taktteil und die Anwendung des durchbrochenen Stils bei der kontrapunktischen Verarbeitung der Thematik bereits auf Beethoven. Auch Mozartsche Züge treten wiederholt in Erscheinung. Ein lebhaft bewegtes Rondo mit kapriziösem Einschlag schließt das Werk ab.

Formübersicht:

1. Satz (Sonatensatzform/Haupttonart C-dur)
Einleitung: T. 1—13
Exposition: T. 14—107
1. Gr. T. 14—75: H. T. 14—25

Zwischensatz T. 40—75
2. Gr. T. 76—90: H. T. 76—83

Epilog T. 91—107
Durchführung: T. 108—166
Reprise: T. 167—239
Satz-Coda: T. 240—293

2. Satz (Variierte Liedform/Haupttonart F-dur)
Themagruppe: T. 1—44: Th. T. 1—8

1. Variation: T. 45—66
Mittelsatz: T. 67—84
2. Variation: T. 85—128
Satz-Coda: T. 128—149

3. Satz (Menuett/Haupttonart C-dur)
Hauptsatz: T. 1—68: H. T. 1—8

Trio: T. 69—116: H. T. 69—76

Reprise des Hauptsatzes: T. 1—68

4. Satz (Rondoform/Haupttonart C-dur)
Hauptgruppe: T. 1—50: Th. T. 1—8

1. Zwischengruppe: T. 50—113
1. Reprise der Hauptgruppe: T. 114—121
2. Zwischengruppe: T. 122—195
2. Reprise der Hauptgruppe: T. 196—245
Satz-Coda: T. 246—333

SYMPHONIE NR. 98

B-dur Hob I/98

Sätze: Adagio-Allegro/Adagio/Menuet (Allegro)/Finale (Presto)
Orchester: 1 Fl., 2 Ob., 2 Fag., 2 Hr., 2 Trp., P., (Cembalo-Solo), Str.
Aufführungsdauer: ca. 30 Minuten
Verlag: Br. & H.; Haydn-Mozart-Presse, Salzburg (1961); U. E.
Autograph: PrStB, jetzt in der UdSSR; Abschrift erhalten bei der Royal Philharmonic Society (British Museum)

Die Symphonie Nr. 98 ist im Jahre 1792 in London entstanden. Die Uraufführung, unter der Leitung Haydns, der vom Cembalo (Pianoforte) aus dirigierte, fand am 2. März 1792 in den Hanover Square Rooms statt. Die Einleitung nimmt den Hauptgedanken des folgenden Allegros vorweg. Bemerkenswert ist die durchbrochene Arbeit im 2. Satz. Das überdurchschnittlich angelegte Menuett weist auf das Scherzo Beethovens hin. Das bedeutende Finale steigert sich, nach anfänglichem piano, zu voller Heiterkeit und froher Kraft.

Formübersicht:

1. Satz (Sonatensatzform/Haupttonart B-dur)
Einleitung: T. 1–15 (Minore)

Exposition: T. 16–131
Hauptsatz T. 16–40: H. T. 16–19

Überleitung T. 40–58
Seitensatz T. 59–106: H. = 1. Thema T. 59–62

Epilog T. 106–131
Durchführung: T. 132–208
Reprise: T. 209–279
Coda: T. 279–320

2. Satz (Dreiteilige Liedform/Haupttonart F-dur)
Hauptsatz: T. 1–26: H. T. 1–4

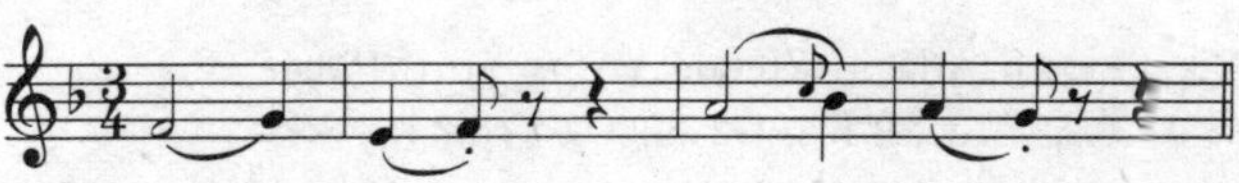

Mittelsatz: T. 26–48
Reprise des Hauptsatzes: T. 49–71
Coda: T. 72–86

3. Satz (Menuett/Haupttonart B-dur)
Hauptsatz: T. 1–60: H. T. 1–4

Trio: T. 61–101: H. T. 61–68

Reprise des Hauptsatzes: T. 1–60
4. S a t z (Sonatensatzform/Haupttonart B-dur)
Exposition: T. 1–147
Hauptsatz T. 1–38: H. T. 1–8

Überleitung T. 39–102
Seitensatz T. 102–138: H. T. 103–106

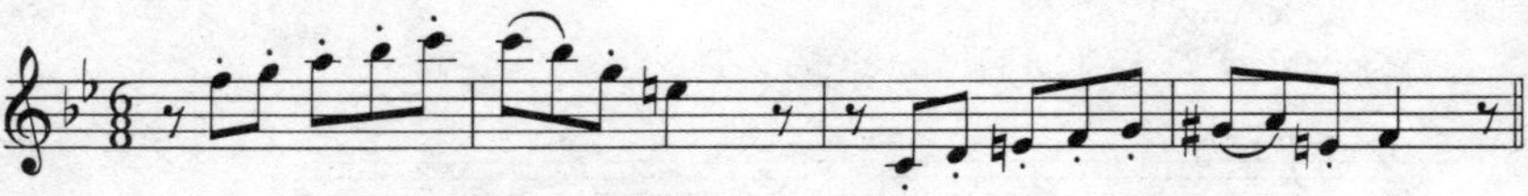

Epilog T. 138–147
Durchführung: T. 148–231
Reprise: T. 232–327
Coda: T. 328–386 (breit angelegt)

SYMPHONIE NR. 99
Es-dur Hob I/99

Sätze: Adagio-Vivace assai/Adagio/Menuet (Allegretto)/Finale (Vivace)
Orchester: 2 Fl., 2 Ob., 2 Kl., 2 Fag., 2 Hr., 2 Trp., P., Str.
Aufführungsdauer: ca. 29 Minuten
Verlag: Br. & H.; Haydn-Mozart-Presse, Salzburg (1967); U. E.
Autograph: PrStB; jetzt UdSSR; autographe Kopie von Johann Elßler, NB Budapest

Nach der Datierung des Autographs ist die Symphonie Nr. 99 im Jahre 1793 entstanden. Haydn hat sie demnach zwischen seinen beiden Englandtourneen in Wien komponiert. Die Uraufführung fand unter der Leitung des Meisters am 10. Februar 1794 im Rahmen der Salomon-Konzerte in den Hanover Square Rooms statt. Die Symphonie Nr. 99 eröffnet die zweite Hälfte der Londoner Symphonien. Sicherlich erstrebte der Meister bei diesen Werken eine Steigerung der künstlerischen Wirkung gegenüber den ersten sechs Symphonien, was schon allein daraus ersichtlich ist, daß er hier – mit Ausnahme von Nr. 102 – zusätzlich Klarinetten im Orchester verwendet hat. Hervorzuheben ist vor allem die Kunstfertigkeit, mit der die Thematik vielfach kontrapunktisch verarbeitet ist. Die durchsichtige Instrumentation erzeugt ein Klangbild von plastischer Wirkung, wozu die delikate Behandlung der Bläser nicht unwesentlich beiträgt. Haydn führt hierbei, wie manchmal bei seinen Symphonien, die 1. Hornstimme in eine exponiert hohe Lage (Menuett, T. 46: g''). Von pikantem Reiz ist der Kontrasteffekt zwischen dem in einer Kreuztonart gesetzten Adagio (G-dur) sowie dem C-dur-Trio des Menuetts zu den in Es-dur stehenden übrigen Sätzen.

Formübersicht:

1. S a t z (Sonatensatzform/Haupttonart Es-dur)

Einleitung: T. 1–18

Exposition: T. 19–89

1. Gr. T. 19–70: H. T. 19–26

2. Gr. T. 71–81: H. T. 71–75

Epilog T. 81–89

Durchführung: T. 90–137

Reprise: T. 138–191

Satz-Coda: T. 191–202

2. S a t z (Sonatensatzform/Haupttonart G-dur)

Exposition: T. 1–34

1. Gr. T. 1–26: H. T. 1–4

2. Gr. T. 27–34

Durchführung: T. 35–53

Reprise: T. 54–88 (2. Gr. erweitert)

Satz-Coda: T. 89–98

3. Satz (Menuett/Haupttonart Es-dur; Trio C-dur)
   Hauptsatz: T. 1–68: H. T. 1–8

Trio: T. 69–100
Rückleitung T. 101–118
Reprise des Hauptsatzes: T. 1–68

4. Satz (Sonatensatzform ohne Durchführung/Haupttonart Es-dur)
   Exposition: T. 1–100
   1. Gr. T. 1–55: H. T. 1–8

Zwischensatz T. 20–55
2. Gr. T. 56–83: H. T. 56–69

Epilog T. 83–100
Reprise: T. 101–245 (mit erweitertem durchführungsartigem Zwischensatz der 1. Gr. T. 128 ff)
Satz-Coda: T. 246–260

SYMPHONIE NR. 100
G-dur Hob I/100
„Militaire"

Sätze: Adagio-Allegro/Allegretto/Menuet (Moderato)/Finale (Presto)
Orchester: 2 Fl., 2 Ob., 2 Kl., 2 Fag., 2 Hr., 2 Trp., P., gr. Tr., Becken, Triangel, Str.
Aufführungsdauer: ca. 25 (28) Minuten
Verlag: Br. & H.; Haydn-Mozart-Presse, Salzburg (1967); U. E.
Autograph: Esterházy-Archiv, NB Budapest

Zu den reizvollsten Werken, die Haydn während seines zweiten Londoner Aufenthalts geschrieben hat, gehört die „Militär-Symphonie". Sie hat den Beinamen „Militaire" wohl zunächst wegen der bei einer Militärkapelle üblichen starken Schlagzeugbesetzung, die Haydn sonst in seinen Symphonien nicht verwendet: Pauken, Triangel, Becken und große Trommel. Aber auch marschartige Themen (1. und 2. Satz) sowie das Zitat eines altösterreichischen militärischen Trompetensignals bringen den in dem Titel angedeuteten Charakter zum Ausdruck. Bemerkenswert ist, daß Haydn hier (wie auch bei den Symphonien Nr. 99, 101, 103 und 104) Klarinetten verwendete, die Mozart in Wien eingeführt hatte, nachdem er sie in Mannheim kennengelernt hatte. Den 2. Satz der Militär-Symphonie übernahm der Meister aus seinem 3. Konzert für zwei Radleiern, das er 1786 für König Ferdinand IV. von Neapel komponiert hatte. Die beschwingte Note, die in allen vier Sätzen vorherrschend ist, mag das unbekümmerte Soldatenleben einer Zeit versinnbildlichen, in der es noch so etwas wie eine Poesie des Soldatentums gab. Das Werk wurde am 31. März 1794 unter der Leitung des Komponisten im Rahmen der Salomon-Konzerte uraufgeführt.

Formübersicht:

1. S a t z (Sonatensatzform/Haupttonart G-dur)
Einleitung: T. 1—23
Exposition: T. 24—124
1. Gr. T. 24—92: H. T. 24—31

Zwischensatz T. 39—92
2. Gr. T. 93—107: H. T. 95—102

Epilog T. 108—124
Durchführung: T. 125—201
Reprise: T. 202—238
Satz-Coda: T. 239—289

2. Satz (Dreiteilige Liedform/Haupttonart C-dur)
Hauptsatz: T. 1—56: H. T. 1—8

Mittelsatz: T. 57—91 (durchführungsartig)
Reprise des Hauptsatzes: T. 92—152
Satz-Coda: T. 153—186

3. Satz (Menuett/Haupttonart G-dur)
Hauptsatz: T. 1—56: H. T. 1—8

Trio: T. 57—80: H. T. 57—64

Reprise des Hauptsatzes: T. 1—56

4. Satz (Sonatensatzform/Haupttonart G-dur)
Exposition: T. 1—116
1. Gr. T. 1—81: H. T. 1—8

Zwischensatz T. 9—81 (rondoartig)
2. Gr. T. 82—97: H. T. 86—93

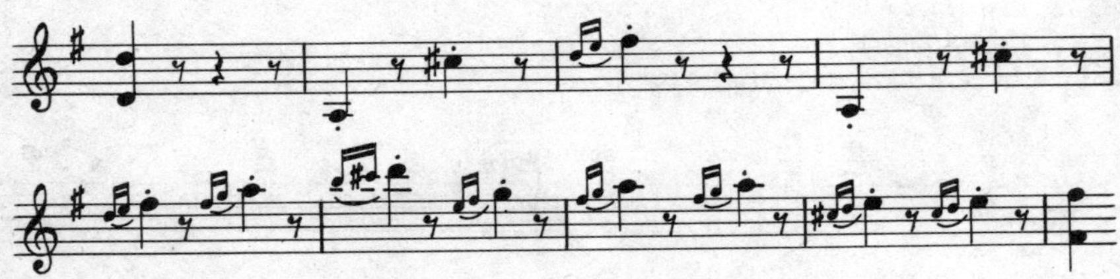

Epilog T. 98—116
Durchführung: T. 117—217
Reprise: T. 218—295
Satz-Coda: T. 296—334

SYMPHONIE NR. 101
D-dur Hob I/101
„Die Uhr"

Sätze: Adagio-Presto/Andante/Menuetto (Allegretto)/Finale (Vivace)
Orchester: 2 Fl., 2 Ob., 2 Kl., 2 Fag., 2 Hr., 2 Trp., P., Str.
Aufführungsdauer: ca. 29 Minuten
Verlag: Br. & H.; Haydn-Mozart-Presse, Salzburg (1967); U. E.
Autograph: PrStB; jetzt: UdSSR

Die Symphonie Nr. 101 gehört neben Nr. 103 und Nr. 104 zu den reifsten Schöpfungen des Meisters auf symphonischem Gebiet. Insbesondere ist die thematische Arbeit hier mit bewunderungswürdiger Kunstfertigkeit gehandhabt. Das Werk ist während Haydns zweiten Londoner Aufenthalts 1794 entstanden und wurde am 3. März des gleichen Jahres unter der Leitung des Komponisten im Rahmen der Salomon-Konzerte in den Hanover Square Rooms uraufgeführt. Der Beiname „Die Uhr" resultiert aus der rhythmisch gleichmäßigen, den Pendelschlägen einer Uhr vergleichbaren Achtelbegleitung der Pizzikato-Streicher und Fagotte zu Anfang des Andante, die auch im Verlauf des Satzes, zum Teil in anderer Instrumentation, immer wieder erscheint. Bisweilen wird die Symphonie fälschlich „Glocken-Symphonie" genannt. Diese Bezeichnung beruht auf einem Übersetzungsfehler des englischen Titels „clock" = „Uhr".

Formübersicht:

1. Satz (Sonatensatzform/Haupttonart D-dur)
Einleitung: T. 1—23
Exposition: T. 24—122
1. Gr. T. 24—80: H. T. 24—33

Zwischensatz T. 49—80
2. Gr. T. 81—105: H. T. 81—84

Epilog T. 106—122
Durchführung: T. 123—217
Reprise: T. 218—313
Satz-Coda: T. 314—346

2. S a t z (Variierte Liedform/Haupttonart G-dur)

Hauptsatz: T. 1—34: Th. T. 2—10

Mittelsatz: T. 34—62

1. Reprise des Hauptsatzes: T. 63—96; Zwischensatz T. 98—110

2. Reprise des Hauptsatzes: T. 111—143 (variiert)

Satz-Coda: T. 144—150

3. S a t z (Menuett/Haupttonart D-dur)

Hauptsatz: T. 1—80: H. T. 1—8

Trio: T. 81—160: H. T. 85—96

Reprise des Hauptsatzes: T. 1—80

4. S a t z (Rondoform/Haupttonart D-dur)

Hauptgruppe: T. 1—27: Th. T. 1—8

1. Zwischengruppe: T. 28—102

1. Reprise der Hauptgruppe: T. 103—137

2. Zwischengruppe: T. 138—249 (mit durchführungsartig fugiertem Anhang)

2. Reprise der Hauptgruppe: T. 250—260

Satz-Coda: T. 261—280

SYMPHONIE NR. 102

B-dur Hob I/102

Sätze: Largo-Vivace/Adagio/Menuet (Allegro)/Finale (Presto)

Orchester: 2 Fl., 2 Ob., 2 Fag., 2 Hr., 2 Trp., P., Str.

Aufführungsdauer: ca. 26 Minuten

Verlag: Br. & H.; Haydn-Mozart-Presse, Salzburg (1967); U. E.

Autograph: PrStB (jetzt UB Tüb)

Die Symphonie Nr. 102 wurde, wie auf dem Autograph vermerkt ist, 1794 in London komponiert. Ihre Uraufführung erfolgte unter der Leitung des Komponisten am 2. Februar 1795 im Rahmen der Opera Concerts am King's Theatre (Haymarket). Während des Konzerts ist einer der Lüster von der Saaldecke herabgestürzt, ohne jedoch jemanden zu verletzen. Nach anderer Überlieferung soll das Vorkommnis sich bei der Uraufführung der Symphonie Nr. 96 (11. März 1791) in den Hanover Square Rooms ereignet haben, weswegen dieses Werk den Beinamen ,,The Miracle" (,,Das Wunder") erhalten hat. Die B-dur-Symphonie Nr. 102 bietet vor allem in dem von Chromatik durchsetzten 1. Satz interessante Wirkungen: frappierende Modulationen, wie in der Einleitung und in der 2. Gruppe, sowie die gewichtige Behandlung der Durchführung mit teilweise kontrapunktischer Verarbeitung der Themen. Auf die Klarinetten, die in den übrigen während des zweiten Londoner Aufenthalts entstandenen Symphonien vorkommen, hat Haydn hier verzichtet. Die gedämpften Trompeten und Pauken verleihen dem Klangbild des Adagios, bei dem sich 1. Violinen, Soloflöte und Solovioloncello in die zierliche Triolenthematik teilen, eine delikate Färbung. Der Finalsatz, von kapriziösem Elan, weist jene originelle Mischung zwischen Sonatensatz- und Rondoform auf, der sich der erfindungsreiche Meister in seiner Periode der Vollreife wiederholt bedient hat.

Formübersicht:

1. S a t z (Sonatensatzform/Haupttonart B-dur)
   Exposition: T. 1–110
   Einleitung T. 1–22
   1. Gr. T. 23–80: H. T. 23–30

Zwischensatz T. 57–80
2. Gr. T. 81–100: H. T. 81–92

Epilog T. 100–110
Durchführung: T. 111–226
Reprise: T. 227–285
Satz-Coda: T. 287–311

2. S a t z (Dreiteilige Liedform/Haupttonart F-dur)

Hauptsatz: T. 1–32: H. T. 1–4

Mittelsatz: T. 33–44

Reprise des Hauptsatzes (verkürzt) und Coda: T. 45–60

3. S a t z (Menuett/Haupttonart B-dur)

Hauptsatz: T. 1–66: H. T. 1–8

Trio: T. 67–106

Reprise des Hauptsatzes: T. 1–66

4. S a t z (Sonatensatzform mit Rondoelementen, ohne Durchführung/Haupttonart B-dur)

Exposition: T. 1–128

1. Gr. T. 1–67: H. T. 1–8

Zwischensatz T. 38–67

2. Gr. T. 68–109: H. T. 68–76

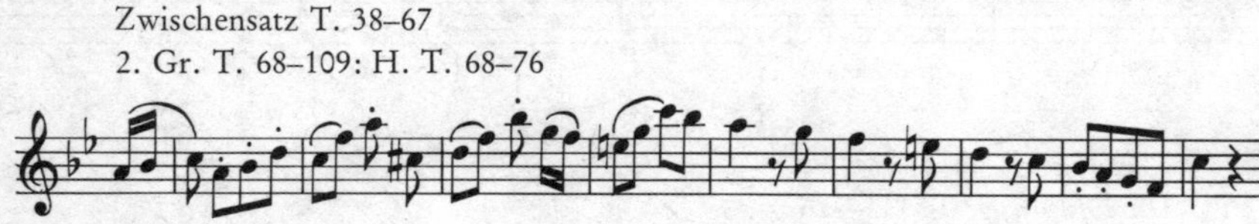

Epilog T. 110–128

Reprise: T. 129–260

Satz-Coda: T. 261–312

SYMPHONIE NR. 103

Es-dur Hob I/103

„Mit dem Paukenwirbel“

Sätze: Adagio-Allegro con spirito/Andante più tosto Allegretto/Menuetto/Finale (Allegro con spirito)

Orchester: 2 Fl., 2 Ob., 2 Kl., 2 Fag., 2 Hr., 2 Trp., P., Str.

Aufführungsdauer: ca. 28 Minuten

Verlag: Br. & H.; Haydn-Mozart-Presse, Salzburg (1967); U. E.

Autograph: British Museum, London

Die Symphonie Nr. 103, die Haydn als seine beste Symphonie bezeichnet haben soll, ist während des zweiten Aufenthalts des Meisters in London 1795 entstanden. Sie erhielt ihren Beinamen nach dem Paukenwirbel zu Anfang und vor der Coda des 1. Satzes. Die Klangstärke dieses Wirbels ist im Autograph nicht vorgeschrieben; dagegen wird sie in den verschiedenen Druckausgaben unterschiedlich angegeben, teils mit pianissimo, teils mit piano, teils mit crescendo-diminuedo. In der Erstausgabe der Partitur bei Breitkopf & Härtel ist er mit fortissimo bezeichnet. – Der 1. Satz mit dem fröhlichen Walzer-Thema der 2. Gruppe ist reich an feinen dynamischen und instrumentalen Wirkungen. Auffallend ist die gewichtige Behandlung des Andante, eines Variationensatzes mit einem Moll- und einem Dur-Thema; letzteres bewegt sich über dem Orgelpunkt C. Auch hier wieder sind die farbige Instrumentation sowie vor allem die interessante Variierung des thematischen Materials zu bewundern. Ein Meisterstück ideenreicher Gestaltungskunst stellt das Finale dar, das mit einem einzigen viertaktigen Thema gebaut ist. Die Uraufführung des Werkes erfolgte am 2. März 1795 unter der Leitung des Komponisten im Rahmen der Opernkonzerte am Haymarket-Theatre in London.

Formübersicht:

1. Satz (Sonatensatzform/Haupttonart Es-dur)

Einleitung: T. 1—39

Exposition: T. 40—94

1. Gr. T. 40—79: H. T. 40—44

Zwischensatz T. 48—79

2. Gr. T. 80—86: H. T. 80—83

Epilog T. 87—94

Durchführung: T. 95—159
Reprise: T. 160—201
Satz-Coda: T. 202—229

2. S a t z (Variationenform/Haupttonart c-moll — C-dur)
Themagruppe: T. 1—50: Th. a) T. 1—8

Th. b) T. 27—34

1. Variation: T. 51—108
2. Variation: T. 109—159
Satz-Coda: T. 160—198

3. S a t z (Menuett/Haupttonart Es-dur)
Hauptsatz: T. 1—48: H. T. 1—8

Trio: T. 49—80: H. T. 49—56

Reprise des Hauptsatzes: T. 1—48

4. S a t z (Sonatensatzform/Haupttonart Es-dur)
Einleitung: T. 1—4
Exposition: T. 5—157
1. Gr. T. 5—107: H. T. 5—12

Zwischensatz T. 73—107
2. Gr. T. 107—132: H. T. 110—113 (H. der 1. Gr. in der Dominant-Tonart mit kadenzierendem Anhang)
Epilog T. 133—157
Durchführung: T. 158—263 (beginnt rondoartig mit dem H. der 1. Gr.)
Reprise: T. 264—367
Satz-Coda: T. 368—386

SYMPHONIE NR. 104

D-dur Hob I/104

,,Londoner Symphonie" – ,,Salomon"

Sätze: Adagio-Allegro/Andante/Menuetto (Allegro)/Finale (Spirituoso)
Orchester: 2 Fl., 2 Ob., 2 Kl., 2 Fag., 2 Hr., 2 Trp., P., Str.
Aufführungsdauer: ca. 25 (29) Minuten
Verlag: Br. & H.; Haydn-Mozart-Presse, Salzburg (1967); U. E.
Autograph: PrStB

Die Symphonie Nr. 104 ist 1795 entstanden und kam unter der Leitung des Komponisten während der Season der Opera Concerts im Frühjahr des gleichen Jahres (13. April?) in London zur Uraufführung. Mit diesem inspirierten Werk brachte Haydn sein symphonisches Schaffen zum Abschluß. Es stellt gleichsam ein Kompendium des bei dem Ausbau der Gattung Erreichten dar, wobei der Meister die profilierten Züge seiner Eigenart nochmals anschaulich dokumentiert: die unerschöpfliche Erfindungskraft, die phantasievolle und kunstreiche Verarbeitung des Themenmaterials, die feinsinnige Instrumentation sowie die interessante formale Gestaltung. Hinsichtlich der letzteren ist auch bei diesem Werk, wie schon bei einigen der vorangegangenen Londoner Symphonien, die Tendenz zu beobachten, durch eine Erweiterung der Form den musikalischen Gehalt zu bereichern. Eine solche Behandlung erfährt hier im 2. Satz die Liedform bei der Reprise des Hauptsatzes durch die Einfügung von Varianten, und in den Ecksätzen die Sonatensatzform durch die Mischung mit Rondo-Elementen. Als repräsentatives Schlußglied der Kette der zwölf für London komponierten Symphonien erhielt das Werk die Bezeichnung „Londoner Symphonie". Es trägt bisweilen auch den Beinamen „Salomon" zu Ehren jenes Mannes, der die Komposition dieser Werke in Auftrag gegeben hat.

Formübersicht:

1. S a t z (Sonatensatzform/Haupttonart D-dur)
Einleitung: T. 1—16
Exposition: T. 17—123
1. Gr. T. 17—99: H. T. 17—24

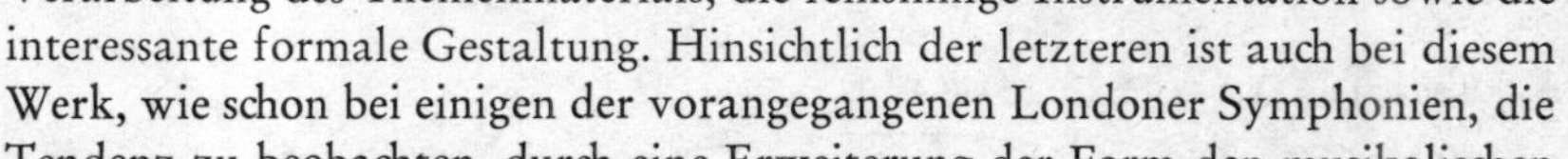

Zwischensatz T. 32—64, anschließend Wiederholung des H. in der Dominanttonart T. 65—99

2. Gr. T. 100—111: H. T. 100—103

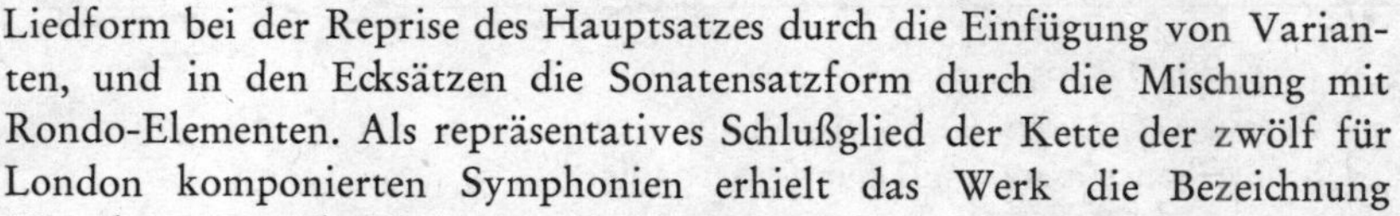

Epilog T. 112—123
Durchführung: T. 124—192
Reprise: T. 193—283
Satz-Coda: T. 284—294

2. S a t z (Dreiteilige Liedform/Haupttonart G-dur)
Hauptsatz: T. 1—37: H. T. 1—8

Mittelsatz: T. 38—73
Reprise des Hauptsatzes: T. 74—140 (erweitert und variiert)
Satz-Coda: T. 141—152

3. S a t z (Menuett/Haupttonart D-dur; Trio B-dur)
Hauptsatz: T. 1—52: H. T. 1—8

Trio: T. 53—94: H. T. 53—64

Rückleitung T. 95—104
Reprise des Hauptsatzes: T. 1—52

4. S a t z (Sonatensatzform/Haupttonart D-dur)
Exposition: T. 1—118
1. Gr. T. 1—83: H. T. 3—10

Zwischensatz T. 19—54, anschließend Wiederholung des H. in der Dominanttonart T. 55—83
2. Gr. T. 84—101: H. T. 84—91

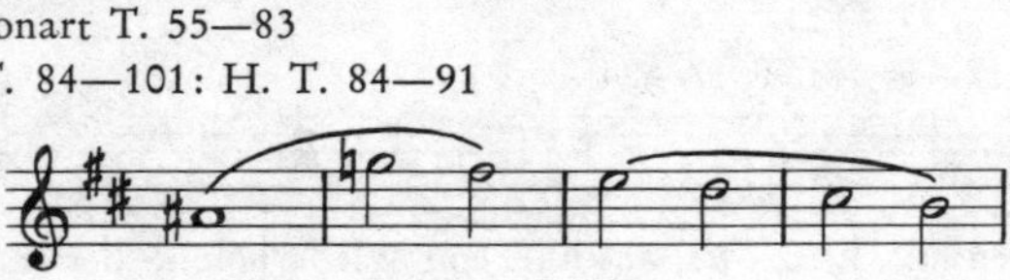

Epilog T. 102—118
Durchführung: T. 119—192
Reprise: T. 193—286
Satz-Coda: T. 287—334

WOLFGANG AMADEUS MOZART

* 27. Januar 1756 in Salzburg, † 5. Dezember 1791 in Wien

Biographisches

Wolfgang Amadeus (im Taufregister: Theophilus) Mozart war der Sohn des aus Augsburg gebürtigen Vizekapellmeisters der fürsterzbischöflichen Hofkapelle Salzburg Johann Georg Leopold Mozart (1719—87) und dessen Ehefrau Anna Maria geb. Pertl (1720—78), die aus St. Gilgen stammte. Vater Leopold, das Kind des Buchbindermeisters Johann Georg Mozart, hatte an dem Augsburger Jesuitengymnasium eine umfassende humanistische Bildung, daneben aber auch einen gediegenen Musikunterricht erhalten. 1737 siedelte er nach Salzburg über, wo er nach zweijährigem Rechtsstudium an der Benediktiner-Universität sich für den Musikerberuf entschied. Er war ein ausgezeichneter Geiger, ein mit den musikalischen Strömungen seiner Zeit wohlvertrauter Komponist und vor allem ein bedeutender Musikpädagoge. Sein 1756 erschienenes Unterrichtswerk „Versuch einer gründlichen Violinschule" vermittelt die Methode der italienischen Violinkunst eines Tartini und Locatelli. Es ist bis in das 19. Jahrhundert hinein maßgebend geblieben. Mit der Ausbildung seiner musikalisch ungewöhnlich begabten Kinder Maria Anna (genannt das Nannerl) und Wolfgang Amadeus begann er frühzeitig. Die beiden machten so rapide Fortschritte, daß Leopold mit ihnen bereits 1762 eine Konzertreise nach München und Wien sowie anschließend eine dreijährige Tournee (1763—66) nach den Musikzentren Süddeutschlands, Frankreichs, Englands, Hollands, Belgiens und der Schweiz unternehmen konnte, wo die Wunderkinder überall — insbesondere bei den kunstsinnigen Hof- und Adelskreisen, aber auch bei der kritischen Fachwelt — reiche Lorbeeren ernteten. In dieser Zeit schrieb W. A. Mozart im Alter von acht Jahren neben anderen Werken bereits seine ersten Symphonien.

1. Periode (1764—74)

Geschichtliches

Aus dem symphonischen Schaffen des Meisters sind bis jetzt 49 Werke bekannt geworden, die vollständig erhalten sind und als echt angesehen werden. Vermutlich dürfte Mozart noch mehr Symphonien geschrieben haben, wie aus Briefen und vor allem aus einem alten thematischen Katalog des Verlags Breitkopf & Härtel hervorgeht. Da Mozart erst von 1784 an ein Verzeichnis über seine Kompositionen führte, das allerdings auch lückenhaft ist, wird sich die genaue Zahl der Symphonien, und ebenso bei manchen Werken das Entstehungsjahr, kaum mehr feststellen lassen. Im Jahre 1862 veröffentlichte der österreichische Musikforscher, Botaniker und Mineraloge Ludwig Alois Friedrich Ritter v. Köchel (1800—77) ein „Chronologisch-thematisches Verzeichnis sämtlicher Tonwerke Wolfgang Amade Mozarts", das sich in der Hauptsache auf das Mozart-Verzeichnis von 1784—91 sowie auf Angaben in den erhaltenen Autographen stützt. Die einzelnen Kompositionen sind hier in einer fortlaufenden Numerierung aufgeführt, die im großen und ganzen der Reihenfolge ihrer Entstehung entspricht. Diese Zählung (KV . . . = Köchel-Verzeichnis Nr. . . .) hat sich in der Praxis allgemein durchgesetzt. In der monumentalen Gesamtausgabe von Mozarts Werken bei Breitkopf & Härtel sind die Symphonien in der Zeit von 1879—82 erschienen. Seit 1955 wird eine neue Ausgabe sämtlicher Werke von der Internationalen Stiftung Mozarteum Salzburg im Verlag Bärenreiter vorgenommen.

Stilistische Stellung

Das symphonische Werk Mozarts läßt sich in stilistischer Hinsicht in drei Abschnitte gliedern:

1. Periode (1764—74): Jugendsymphonien.
2. Periode (1778—80): Konsolidierung eines symphonischen Eigenstils unter Verarbeitung von Einflüssen aus den verschiedenen zeitgenössischen Richtungen.
3. Periode (1782—88): Vollreife.

Die Periode der Jugendsymphonien umfaßt 38 Werke:

1764 in London: KV 16 Es-dur.

1765 in London: KV 19 D-dur.

1765 in Den Haag: KV 22 B-dur.

1767—69 teils in Salzburg, teils in Wien: KV 17 B-dur, KV 43 F-dur, KV 45 D-dur, KV 48 D-dur, KV 76 F-dur, Anhang 214 B-dur und 221 G-dur.

1770 während der ersten Italienreise: KV 74 G-dur, KV 84 D-dur, KV 95 D-dur, KV 97 D-dur.

1771 in Salzburg: KV 73 C-dur, KV 75 F-dur, KV 110 G-dur, KV 114 A-dur, Anhang 216 B-dur.

1771 während der zweiten Italienreise in Mailand: KV 112 F-dur.

1772 in Salzburg: KV 124 G-dur, KV 128 C-dur, KV 129 G-dur, KV 130 F-dur, KV 132 Es-dur, KV 133 D-dur, KV 134 A-dur, KV 161 D-dur.

1773 nach der dritten Italienreise in Salzburg: KV 96 C-dur, KV 162 C-dur, KV 181 D-dur, KV 182 B-dur, KV 183 g-moll, KV 184 Es-dur.

1774 in Salzburg: KV 199 G-dur, KV 200 C-dur, KV 201 A-dur, KV 202 D-dur.

Während des einjährigen Aufenthalts in London (1764/65) erhielt Mozart Unterricht bei Johann Christian Bach (1735—82), von dem er den empfindsamen Stil des auf Pergolesi zurückgehenden „singenden Allegro" übernahm. Die Musikforschung betrachtet daher J. Chr. Bach als den eigentlichen Vorgänger Mozarts. Auch mit den Werken von Carl Friedrich Abel (1723—87) wurde Wolfgang bekannt. Der Einfluß dieser angesehenen Instrumentalkomponisten, die mit ihren 1764 gegründeten Bach-Abel-Konzerten die Einrichtung öffentlicher Konzerte in London besorgten, verband sich bei dem jungen Genie mit den bei Opernbesuchen gewonnenen Eindrücken. So ergibt sich bei den ersten Symphonien, die nur dreisätzig sind, das Bild eines von den leichten Allegros der neapolitanischen Sinfonia inspirierten Stils.

Bei der in den Jahren 1767—69 in Salzburg und in Wien entstandenen Symphoniengruppe erfuhr Mozarts symphonische Gestaltungskunst eine Bereicherung durch Wiener Einflüsse, die von den Brüdern Joseph und Michael Haydn, von Georg Reutter d. J., Matthias Georg Monn, Florian Leopold Gaßmann, Georg Christoph Wagenseil u. a. ausgingen. Daneben förderte die intensive Beschäftigung mit Johann Joseph Fux' „Gradus ad Parnassum" die theoretischen Kenntnisse. Die Werke dieses Zeitabschnittes weisen auch bereits die viersätzige Form (mit Menuett) auf. Wichtig waren weiterhin für den jungen Komponisten seine drei Italienreisen (Dezember 1769 bis März 1771 / August bis Dezember 1771 / Oktober 1772 bis März 1773). Hier wurden ihm nicht nur auf Grund seiner aufsehenerregenden Leistungen hohe Auszeichnungen zuteil (Verleihung des päpstlichen Ritterkreuzes vom Goldenen Sporn; Aufnahme als compositore in die berühmte Accademia dei Filarmonici in Bologna), sondern er konnte auch wertvolle künstlerische Beziehungen anknüpfen. So wurde für seine Weiterentwicklung bedeutsam die Bekanntschaft mit Giovanni Battista Sammartini, der auf dem Gebiet der symphonischen Instrumentalmusik Italiens bahnbrechend wirkte, sowie vor allem die Begegnung mit dem hochgelehrten Padre Martini, von dem Mozart in Bologna Unterweisungen im strengen Satz erhalten konnte. Die Fortschritte bei den 1770—74 teils in Italien, teils in Salzburg entstandenen Symphonien betreffen in der Hauptsache den Ausbau der Sonatensatzform (Durchführung, Reprise und Coda) sowie die Intensivierung der kontrapunktischen Arbeit. Nicht zuletzt wurde durch die hochentwickelte italienische Gesangskunst der Sinn für edle Kantabilität und Grazie bei der Melodiegestaltung geweckt.

SYMPHONIE KV 16
Es-dur

Sätze: Molto Allegro/Andante/Presto
Orchester: 2 Ob., 2 Hr., Str.
Aufführungsdauer: ca. 15 Minuten
Verlag: Br. & H.

Das Autograph enthält nur den Vermerk „London". Mozarts 1. Symphonie dürfte um die Jahreswende 1764/65 entstanden und vermutlich in dem Konzert der „Wunder der Natur" am 21. Februar 1765 in London uraufgeführt worden sein, weil hierfür die Wiedergabe „sämtlicher Ouverturen" * Wolfgangs angekündigt war. Das Werkchen stellt ein erstaunliches Produkt des Frühreifen dar trotz der kindlichen Primitivität der Erfindung und trotz der technischen Unbeholfenheit hinsichtlich der Verarbeitung der Thematik. Ob und inwieweit der Vater bei der Ausarbeitung behilflich war, ist unbekannt. Jedenfalls offenbart die kleine Symphonie bereits die elementare Fähigkeit des Achtjährigen, seine musikalischen Gedanken im Rahmen einer geschlossenen Form interpretieren zu können. Bemerkenswert ist, daß im Andante ein Nebengedanke des 1. Horns erscheint (T. 7 ff und 14 ff), der mit dem Fugenthema des Finales der Jupiter-Symphonie identisch ist. Dieses Thema hat Mozart auch noch im Credo der Messe KV 192 sowie in der Symphonie KV 319 verwendet.

Formübersicht:

1. S a t z (Sonatensatzform/Haupttonart Es-dur)
   Exposition: T. 1—58
   1. Gr. T. 1—30: H. T. 1—3

Zwischensatz T. 23—30
2. Gr. T. 31—45: H. T. 31—34

Epilog T. 45—58
Durchführung: T. 59—80 (aus dem H. der 1. Gr. in der Dominant- und Paralleltonart)
Reprise: T. 81—120 (beginnt mit dem Zwischensatz der 1. Gr.)

* In der damaligen Zeit war, ähnlich wie für die Suite, auch noch vielfach für eine Symphonie die Bezeichnung „Ouverture" gebräuchlich.

2. S a t z (Zweiteilige Liedform/Haupttonart c-moll)
Hauptteil: T. 1—22: Th. T. 1—6

Nebengedanke T. 7—10

Mittelglied (T. 23—35) und *Reprise des Hauptteils:* T. 35—50
3. S a t z (Rondoform/Haupttonart Es-dur)
Hauptgruppe: T. 1—16: Th. T. 1—8

Zwischengruppe: T. 17—61
1. Reprise der Hauptgruppe: T. 62—77
Reprise der Zwischengruppe: T. 78—122; Rückleitung: T. 123—134
2. Reprise der Hauptgruppe: T. 135—153

SYMPHONIE KV 183
g-moll

Sätze: Allegro con brio/Andante/Minuetto/Allegro
Orchester: 2 Ob., 2 Fag., 4 Hr., Str.
Aufführungsdauer: ca. 25 Minuten
Verlag: Br. & H.; BVK

Die Symphonie KV 183, welche zur Unterscheidung von der in der gleichen Tonart stehenden berühmten Symphonie KV 550 als „Kleine g-moll-Symphonie“ bezeichnet wird, hat einen leidenschaftlichen Grundcharakter, verbunden mit einem Zug ins Melancholische, der durch das Vorherrschen des düsteren Moll bewirkt wird. Daher wird dieses Werk bisweilen als Zeugnis einer Sturm- und Drangperiode des jungen Meisters angesehen. Besonders feinsinnig ist die Instrumentation gehandhabt: statt der üblichen zwei Hörner sind vier besetzt. Die beiden Fagotte werden nur solistisch verwendet, und zwar im 2. Satz in Korrespondenz mit den gedämpften 1. und 2. Violinen und im Trio des Menuetts. Letzteres wird in Art einer Bläser-Kammermusik nur von Oboen, Fagotten und Hörnern bestritten, wodurch auf eine alte Praxis der Barockmusik zurückgegriffen ist, bei der zur Kontrastwirkung der Mittelsatz eines Menuetts von drei Instrumenten getragen wurde, was zur Bezeichnung „Trio“ für diesen Teil führte. Die genaue Entstehungszeit der Kleinen g-moll-Symphonie ist nicht bekannt, weil auf dem Autograph das von Mozart eingetragene Datum durch Ausstreichen unleserlich gemacht worden ist. Das Werk dürfte Ende des Jahres 1773 in Salzburg komponiert worden sein. Daß es anschließend dort zur Aufführung gelangte, ist wahrscheinlich, doch nicht verbürgt. Vermutlich ist es 1783 von Mozart auch in Wien aufgeführt worden.

Formübersicht:

1. Satz: (Sonatensatzform/Haupttonart g-moll)

Exposition: T. 1—82

1. Gr. T. 1—58: H. T. 1—5

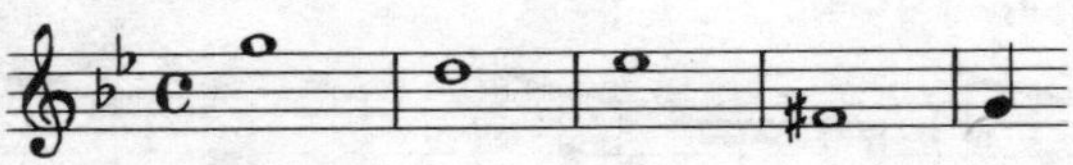

Zwischensatz T. 29—58

2. Gr. T. 59—76: H. T. 59—66

Epilog T. 77—82

Durchführung: T. 83—116

Reprise: T. 117—200

Satz-Coda: T. 201—214

2. Satz (Zweiteilige Liedform/Haupttonart Es-dur)

Hauptteil: T. 1—24: H. T. 1—8

Mittelglied (T. 25—40) und *Reprise des Hauptteils:* T. 41—67

Satz-Coda: T. 68—72

3. Satz (Menuett/Haupttonart g-moll; Trio G-dur)

Hauptsatz: T. 1—36: H. T. 1—12

Trio: T. 37—58: H. T. 37—44

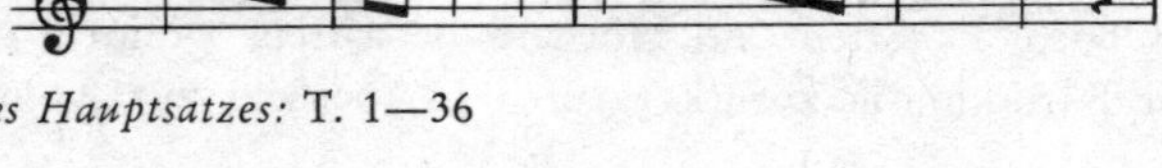

Reprise des Hauptsatzes: T. 1—36

4. Satz (Sonatensatzform/Haupttonart g-moll)
Exposition: T. 1—76
1. Gr. T. 1—40: H. T. 1—8

2. Gr. T. 41—60: H. T. 41—44

Epilog T. 61—76
Durchführung: T. 77—107
Reprise: T. 108—186
Satz-Coda: T. 187—194

SYMPHONIE KV 201
A-dur

Sätze: Allegro moderato/Andante/Menuetto/Allegro con spirito
Orchester: 2 Ob., 2 Hr., Str.
Aufführungsdauer: ca. 27 Minuten
Verlag: Br. & H.; BVK

Im Gegensatz zu der düsteren Leidenschaftlichkeit der Kleinen g-moll-Symphonie strahlt die A-dur-Symphonie KV 201 im Andante sonnige Wärme und in den übrigen Sätzen lebensbejahende Heiterkeit aus. Im Autograph dieses Werkes ist Mozarts Eintragung der Entstehungszeit durchgestrichen, aber immerhin noch lesbar. Sie lautet: „il 6 d'aprile 1774 a Salisburgo". Ob eine Aufführung in Salzburg stattgefunden hat, ist nicht überliefert. Nach einem Brief Mozarts an seinen Vater dürfte die A-dur-Symphonie 1783 auch in Wien aufgeführt worden sein.

Formübersicht:
1. Satz (Sonatensatzform/Haupttonart A-dur)
Exposition: T. 1—76
1. Gr. T. 1—32: H. T. 1—8

2. Gr. T. 33—52: H. T. 33—36

Epilog T. 53—76
Durchführung: T. 77—106
Reprise: T. 107—184
Satz-Coda: T. 185—206
2. S a t z (Sonatensatzform/Haupttonart D-dur)
Exposition: T. 1—38
1. Gr. T. 1—13: H. T. 1—4

2. Gr. T. 14—26: H. T. 14—17

Epilog T. 27—38
Durchführung: T. 39—52
Reprise: T. 53—97
Satz-Coda: T. 98—109
3. S a t z (Menuett/Haupttonart A-dur; Trio E-dur)
Hauptsatz: T. 1—32: H. T. 1—4

Trio: T. 33—54: H. T. 33—38

Reprise des Hauptsatzes: T. 1—32
4. S a t z (Sonatensatzform/Haupttonart A-dur)
Exposition: T. 1—61
1. Gr. T. 1—13: H. T. 1—4

2. Gr. T. 34—51: H. T. 34—38

Epilog T. 52—61
Durchführung: T. 62—101
Reprise: T. 102—166
Satz-Coda: T. 167—187

2. Periode (1778—80)
Geschichtliches

Durch den Tod des Erzbischofs Sigismund Graf von Schrattenbach (1771) hatte der Fürsterzbischöfliche Konzertmeister Mozart einen Förderer verloren. Auch der im März 1772 neu gewählte Erzbischof Hieronymus Graf von Colloredo brachte dem jungen Meister zunächst Wohlwollen entgegen. Dies änderte sich jedoch bald, als der Kirchenfürst offenbar in Erfahrung gebracht hatte, daß Vater und Sohn Mozart von Salzburg wegtendierten. Leopold war gekränkt, daß ihm bei der Neubesetzung der Kapellmeisterstelle (September 1772) der Italiener Domenico Fischietti vorgezogen worden war. Er versuchte nun in Florenz anzukommen, allerdings ohne Erfolg. Wolfgang empfand nach den ausgedehnten Reisen, auf denen er mit der großen Musikwelt in Berührung gekommen war, die Kleinstadt und die Enge des provinziellen Musiklebens bedrückend und unerträglich. Die Spannungen zwischen dem Erzbischof und den beiden Mozarts führten gelegentlich der Ablehnung eines Urlaubsgesuchs zu einer Kontroverse, die im August 1777 die Entlassung von Vater und Sohn zur Folge hatte. Während Leopold schließlich doch wieder in seinem Amt verblieb, begab sich Wolfgang, diesmal mit der Mutter, neuerdings auf die Wanderschaft, um sich anderswo eine Existenz aufzubauen. Die Reise führte über München und Augsburg in das Musikzentrum Mannheim, wo Mozart vom 30. Oktober 1777 bis 14. März 1778 weilte und wo das rege geistige Leben des kunstsinnigen Hofes sowie neue musikalische Eindrücke, besonders auf instrumentalem Gebiet (Orchesterbehandlung, Klarinetten, Hammerklavier), befruchtend auf sein künstlerisches Schaffen einwirkten. Aber auch schicksalshafte menschliche Kontakte knüpfte er in dieser Zeit an: die Bekanntschaft mit den Töchtern seines Kopisten Weber, von denen zunächst die ältere, die Sängerin Aloisia, sein Herz in Bann schlug. Obwohl der Meister von Kurfürst Carl Theodor sehr geschätzt wurde, blieb der Wunsch nach einer festen Anstellung unerfüllt. Auf Befehl des Vaters ging die Reise weiter nach Paris. Der Aufenthalt in der französischen Hauptstadt, der vom 23. März bis 26. September 1778 währte, war überschattet durch den Tod der Mutter, fern von der Heimat (3. Juli), sowie durch das wenig interessierte Verhalten des einflußreichen deutschen Literaten Melchior Grimm, der sich einst als Gönner Wolfgangs aufgespielt hatte, als dieser während seiner ersten Pariser Reise im Mittelpunkt des Interesses bei Hof- und Adelsgesellschaft gestanden hatte. Als sich jetzt Mozart hilfesuchend an ihn wandte, distanzierte Grimm sich von ihm. In Paris wurde Mozart durch einen Auftrag des Direktors der „Concerts spirituels“ *, Jean Le Gros, veranlaßt, sich nach dreijähriger Pause wieder mit der Komposition von Symphonien zu befassen. Bei dieser Gelegenheit entstanden die Symphonie KV 297 und ein „Ouverture“ benanntes zweisätziges symphonisches Werk (KV Anhang 8). Enttäuscht von der ergebnislos verlaufenen Reise und gebrochen durch die kalte Abweisung, die er von der inzwischen zur Hofopernsängerin avancierten geliebten Aloisia Weber in München hinnehmen mußte, kehrte der Meister Mitte Januar 1779 nach Salzburg zurück, wo er sich demütigen und sich mit der Stellung als Hof- und Domorganist zufriedengeben mußte. Dort schrieb er 1779/80 drei weitere Symphonien, die sogenannten letzten Salzburger Symphonien: KV 318 G-dur, 319 B-dur und 338 C-dur.

Stilistische Stellung

Die harten Fehlschläge hatten glücklicherweise die Lebens- und Schaffenskraft Mozarts nicht zermürbt, sondern im Gegenteil sein künstlerisches Ausreifen gefördert, was sich auch auf symphonischem Gebiet auswirkte. Die mannigfaltigen Erfahrungen, die bei den verschiedenen Reisen auf ihn ein-

* Die im Jahre 1725 von André Danican Philidor gegründeten „Concerts spirituels“ waren die erste Institution, die öffentliche Konzerte in Paris veranstaltete. Diese fanden während der Fastenzeit und an kirchlichen Feiertagen statt, wo Opernaufführungen verboten waren. Hierbei wurden, wie der Name „Geistliche Konzerte“ andeutet, zunächst nur Werke der religiösen, später dann aber auch der weltlichen Musik aufgeführt.

wirkten, führten zur Konsolidierung eines symphonischen Eigenstils. So wird bei den Pariser und den letzten Salzburger Symphonien zunächst die Tendenz zu einer großräumigen formalen Gestaltung evident. Dies ist offenbar das Ergebnis der Mannheimer Eindrücke, die sich auch bei der Instrumentation bemerkbar machen. Mozart verwendet bei seinen Pariser Symphonien zum ersten Male in seinem symphonischen Schaffen die Klarinetten, die in Mannheim auf ihn großen Eindruck gemacht hatten. Merkwürdigerweise sind aber die in den Jahren 1778—80 entstandenen Symphonien nur dreisätzig; das Menuett von KV 319 wurde erst später in Wien nachkomponiert.

SYMPHONIE KV 297
D-dur
„Pariser Symphonie"

Sätze: Allegro assai/Andante/Allegro
Orchester: 2 Fl., 2 Ob., 2 Kl., 2 Fag., 2 Hr., 2 Trp., P., Str.
Aufführungsdauer: ca. 20 Minuten
Verlag: Br. & H.; BVK

Im Auftrag von Jean Le Gros komponierte Mozart im Juni 1778 eine „Sinfonia a 10 instrumenti", deren Uraufführung im Rahmen der Concerts spirituels am Fronleichnamstag 1778 (18. Juni) stattgefunden hat. In diesem Werk stellte sich der Meister auf den etwas oberflächlichen Geschmack des Großstadtpublikums ein, dem gewisse äußerliche Wirkungen Eindruck machten. So sorgte er bei den Ecksätzen für eine prunkhafte instrumentale Ausstattung mit Klarinetten, Trompeten und Pauken. Er bediente sich auch ausgiebig des von den Parisern so sehr bewunderten „premier coup d'archet": darunter verstand man den präzisen Forte-Einsatz des Orchestertutti zu Anfang eines Satzes oder nach einer Pianostelle. Der 1. und 3. Satz wurden denn auch „mit allem Applauso" aufgenommen, während das Andante weniger ansprach. Mozart komponierte daher auf Wunsch von Le Gros für die zweite Aufführung des Werkes am 15. August 1778 einen neuen Langsamen Satz, wobei er auch den 1. Satz nochmals überarbeitete. Das neue Andante war nur in dem Erstdruck 1779 bei dem Verlag Sieber, Paris, erschienen, während das Autograph, alle handschriftlichen Partituren und Stimmen, die erste deutsche Druckausgabe bei André (1800) und auch die Gesamtausgabe bei Breitkopf & Härtel lediglich die erste Fassung enthalten.

Formübersicht:

1. S a t z (Sonatensatzform/Haupttonart D-dur)

Exposition: T. 1—118

1. Gr. T. 1—51: H. T. 1—8

Zwischensatz T. 19—51

2. Gr. T. 52—73: H. T. 53—58

Epilog T. 74—104; Epilog-Coda T. 105—118

Durchführung: T. 119—163

Reprise: T. 164—275

Satz-Coda: T. 276—295

2. S a t z / 1. Fassung (Sonatensatzform ohne Durchführung/Haupttonart G-dur)

Exposition: T. 1—42

1. Gr. T. 1—22: H. T. 1—4

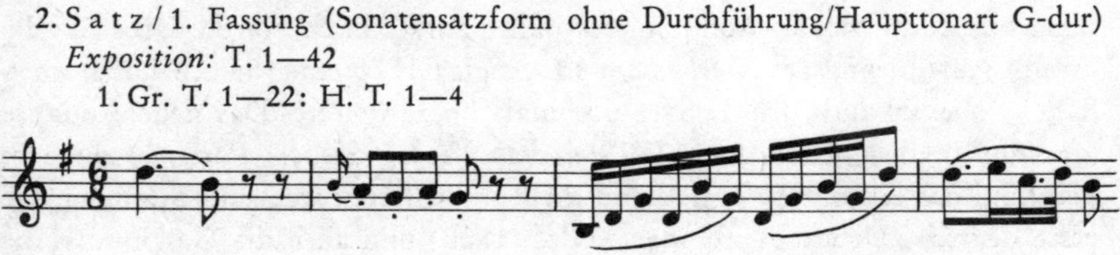

Zwischensatz T. 17—22
2. Gr. T. 23—34: H. T. 23—27

Epilog T. 35—42
Reprise: T. 43—82
Satz-Coda: T. 83—98
2. S a t z / 2. Fassung (Sonatensatzform/Haupttonart G-dur)
Exposition: T. 1—26
1. Gr. T. 1—12; Zwischensatz T. 9—12
2. Gr. T. 13—19
Epilog T. 20—26
Durchführung: T. 27—36
Reprise: T. 37—58 (beginnt mit dem Zwischensatz der 1. Gr.)
3. S a t z (Sonatensatzform/Haupttonart D-dur)
Exposition: T. 1—116
1. Gr. T. 1—60: H. T. 1—8

Zwischensatz T. 45—60
2. Gr. T. 61—84: H. T. 65—71

Epilog T. 85—106; Epilog-Coda T. 107—116
Durchführung: T. 117—159
Reprise: T. 159—231
Satz-Coda: T. 232—243

SYMPHONIE KV 319

B-dur

Sätze: Allegro assai/Andante moderato/Menuetto/Finale (Allegro assai)
Orchester: 2 Ob., 2 Fag., 2 Hr., Str.
Aufführungsdauer: ca. 20 Minuten
Verlag: Br. & H.

Die B-dur-Symphonie KV 319 ist von anmutigem und unbeschwertem Charakter. Bei der inspirierten Gestaltung dieses Werkes geht Mozart bisweilen Wege, die sich bereits in den Regionen der Wiener Meisterwerke bewegen. Bemerkenswert ist, daß in der Durchführung des 1. Satzes als Nebengedanke jenes Motiv erklingt, das schon in der 1. Symphonie (KV 16) sowie im Credo der Messe KV 192 Verwendung gefunden hatte und das später als Fugenthema im Finale der Jupitersymphonie von tragender Bedeutung geworden ist. Die B-dur-Symphonie ist am 9. Juli 1779 in Salzburg vollendet worden. Die Erstfassung enthielt nur drei Sätze. Im Jahre 1782 überarbeitete Mozart das Werk für seine Wiener Augarten-Konzerte. Bei dieser Gelegenheit komponierte er ein Menuett hinzu, dessen kurze Gestalt wohl einem Zeitmangel des vielbeschäftigten Meisters zuzuschreiben sein dürfte. Die Symphonie ist 1785 bei dem Wiener Verlag Artaria veröffentlicht worden.

Formübersicht:

1. Satz (Sonatensatzform/Haupttonart B-dur)

Exposition: T. 1—138

1. Gr. T. 1—54: H. T. 1—8

Zwischensatz T. 25—54

2. Gr. T. 55—83: H. T. 55—62

Epilog T. 84—138

Durchführung: T. 139—207

Reprise: T. 208—341

Satz-Coda: T. 342—370

2. S a t z (Sonatensatzform/Haupttonart Es-dur)
Exposition: T. 1—43
1. Gr. T. 1—26: H. T. 1—8

Zwischensatz T. 19—26
2. Gr. T. 27—38: H. T. 27—30

Epilog T. 39—43
Durchführung: T. 44—57
Reprise: T. 58—96 (beginnt mit dem Zwischensatz der 1. Gr., deren H. erst nach der 2. Gr. erscheint)

3. S a t z (Menuett/Haupttonart B-dur)
Hauptsatz: T. 1—32: H. T. 1—8

Trio: T. 33—48: H. T. 33—36

Reprise des Hauptsatzes: T. 1—32

4. S a t z (Sonatensatzform/Haupttonart B-dur)
Exposition: T. 1—161
1. Gr. T. 1—81: H. T. 1—8

Zwischensatz T. 41—81
2. Gr. T. 82—130: H. T. 83—90

Epilog T. 130—161
Durchführung: T. 162—213
Reprise: T. 214—351
Satz-Coda: T. 351—374

SYMPHONIE KV 338
C-dur

Sätze: Allegro vivace/Andante di molto/Finale (Allegro vivace)
Orchester: 2 Ob., 2 Fag., 2 Hr., 2 Trp., P., Str.
Aufführungsdauer: ca. 19 Minuten
Verlag: Br. & H.; BVK

In der C-dur-Symphonie KV 338, dem letzten symphonischen Werk, das Mozart in Salzburg geschrieben hat, paaren sich geistreiche Erfindung mit meisterhafter Gestaltungskunst. Dem festlichen 1. Satz, bei welchem der vielfache Wechsel zwischen Dur und Moll auffällt, ist der zarte, subtile Streicherklang des lyrischen Andante gegenübergestellt. Bemerkenswert ist, daß in diesem Satz die Bratschen durchwegs zweifach geteilt spielen. Von ungemein lebendigem Charakter ist wiederum das Finale, das mit seiner durchlaufenden schnellen Achtelbewegung ein virtuoses Gepräge aufweist. Das Werk wurde am 29. August 1780 in Salzburg vollendet. Mozart brachte es 1782 auch in Wien zur Aufführung. Er überarbeitete hierfür die Partitur und fügte die Fagotte neu hinzu. Anscheinend wollte er wie bei KV 319 zu den drei Sätzen noch ein Menuett komponieren, das aber nicht über die Skizze hinaus gediehen ist. Bei Aufführungen des Werkes in unserer Zeit wird oft das Menuett KV 409 als 3. Satz eingelegt.

Formübersicht:

1. Satz (Sonatensatzform/Haupttonart C-dur)
Exposition: T. 1—112
1. Gr. T. 1—40: H. T. 1—10

Zwischensatz T. 20—40
2. Gr. T. 40—81: H. T. 42—48

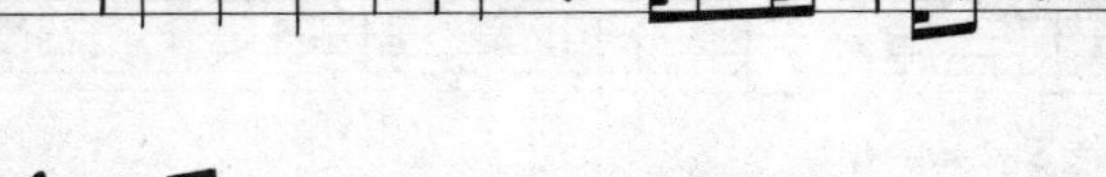

Epilog T. 82—103; Epilog-Coda T. 104—112
Durchführung: T. 112—157
Reprise: T. 158—236
Satz-Coda: T. 237—264 (beginnt mit einer nochmaligen Wiederholung des H. der 1. Gr.)

2. S a t z (Sonatensatzform ohne Durchführung/Haupttonart F-dur)
Exposition: T. 1—84
1. Gr. T. 1—44: H. T. 1—8

Zwischensatz T. 30—44
2. Gr. T. 45—60: H. T. 45—52

Epilog T. 61—84
Reprise: T. 85—163
Satz-Coda: T. 163—174

3. S a t z (Sonatensatzform/Haupttonart C-dur)
Exposition: T. 1—134
1. Gr. T. 1—42: H. T. 1—8

Zwischensatz T. 17—42
2. Gr. T. 43—62: H. T. 44—51

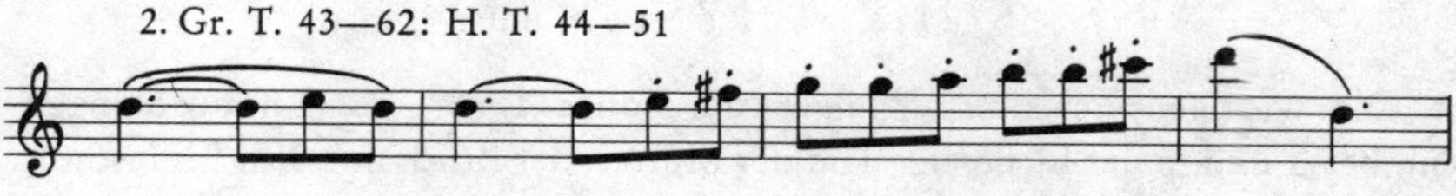

Epilog T. 63—114; Epilog-Coda T. 115—134
Durchführung: T. 135—178
Reprise: T. 179—282
Satz-Coda: T. 283—294

3. Periode (1782—88)

Geschichtliches

Bald nach Mozarts großem Münchener Erfolg mit seiner Oper „Idomeneo" (29. Januar 1781) war es wegen Urlaubsüberschreitung zu neuen Spannungen zwischen Erzbischof Graf von Colloredo und dem Meister gekommen.

Mozart wurde nach Wien zitiert, wo sich der Kirchenfürst zu dieser Zeit aufhielt. Durch die unwürdige Behandlung, die der gefeierte Künstler von seinem Herrn hinnehmen mußte, fühlte er sich in seiner Ehre tief verletzt. Bei dem Versuch, zu einer Audienz vorgelassen zu werden, wies ihm im Vorzimmer Oberstkämmerer Graf Arco mit einem Fußtritt die Tür. Mozart betrachtete daraufhin sein Dienstverhältnis als beendet. Vater Leopold mißbilligte aber sowohl die Aufgabe der karg besoldeten Salzburger Stellung wie vor allem Wolfgangs Heirat (14. August 1782) mit Konstanze Weber, einer Schwester seiner Jugendliebe Aloisia. Auf diese Weise erlitt das Vertrauensverhältnis zwischen Vater und Sohn einen Riß. Wolfgang nahm nun endgültig seinen Wohnsitz in Wien (1781) und entging dadurch der Gefahr, in der Provinz künstlerisch zu verkümmern. Anderseits spornte ihn, der trotz seines Ansehens bei Hof und Adel keine feste Anstellung erlangen konnte, der Lebenskampf zu Höchstleistungen an. So kam es, daß er neben seinem kompositorischen Schaffen zunächst einige Jahre hindurch auch eine ausgedehnte und erfolgreiche Konzerttätigkeit mit der Veranstaltung sogenannter Akademien* entfaltete. Hierbei kamen auch ältere Symphonien des Meisters in Wien zur Aufführung, wie z. B. 1782 bei den zwölf Augarten-Konzerten. Die zunehmende Befassung mit der Oper sowie anstrengende Reisen (1789/90) nach Berlin, Prag, Dresden, Leipzig, Potsdam und Frankfurt zur Anknüpfung neuer Beziehungen, aber auch Krankheit und das Ringen um die nackte Existenz drängten die symphonische Komposition in den Hintergrund. Diese fand bereits 1788, also drei Jahre vor Mozarts Tod, mit dem genialen Triptychon der Symphonien in Es-dur, g-moll und C-dur ihren Abschluß.

Stilistische Stellung

Die widrigen Lebenserfahrungen der Jahre 1778—81 (Enttäuschungen im Beruf und in der Liebe, der Tod der Mutter, der Bruch mit dem Erzbischof, die Entfremdung mit dem Vater) hatten Mozart zum Mann geformt. Sie brachten aber auch gleichzeitig die in dem Genie schlummernden schöpferischen Kräfte zur vollen Entfaltung. So verarbeitete der produktive Geist

* Die Bezeichnung Akademie geht auf den Namen jenes öffentlichen Platzes in Athen zurück, auf dem Plato seine philosophische Lehre vorzutragen pflegte. Danach benannten in der Renaissancezeit in Florenz und in anderen italienischen Kulturzentren Zirkel, die sich aus Gelehrten, Künstlern und gebildeten Laien zusammensetzten, ihre Vereinigungen „Accademia". Diese veranstalteten auch Musikaufführungen, ähnlich wie in Deutschland, Schweden und in der Schweiz die „Collegia musica". Daher nahm das Wort Akademie auch die Bedeutung von Konzert an.

des Meisters die verschiedenen künstlerischen Einwirkungen in den letzten zehn Lebensjahren zu einem individuellen Stil der Vollreife, dem die musikalische Welt unvergängliche Werke der Instrumental-, Kirchen- und der dramatischen Musik zu verdanken hat. Für das symphonische Schaffen Mozarts wurde in den Wiener Jahren vor allem seine Freundschaft mit Joseph Haydn bedeutungsvoll. Die gegenseitige künstlerische Befruchtung der beiden Meister, von denen jeder das Können des anderen schätzte und neidlos anerkannte, prägte letztlich den aus überkommenen Formen entwickelten gültigen Typus der klassischen Symphonie. Das Ergebnis der künstlerischen Bestrebungen betraf in erster Linie den Ausbau der Sonatensatzform. Das Zweite Thema, d. i. ein gegensätzlich wirkender zweiter Hauptgedanke, wurde immer mehr zu einem integrierenden Bestandteil dieser Form erhoben. Die Einführung der „Thematischen Arbeit", d. h. der kontrapunktischen Verarbeitung einzelner Glieder (Motive) der beiden Hauptthemen in den nichtthematischen Teilen, förderte die interessante Gestaltung der Zwischensätze und Überleitungen, der Durchführung und der Satz-Coda. Dabei stellt noch, wie bei Haydn, die Exposition den gewichtigsten Teil der Sonatensatzform dar. Die Verlegung des Schwerpunkts der symphonischen Entwicklung auf den Durchführungsteil blieb Beethoven vorbehalten, wobei nicht übersehen werden darf, daß Haydn in seinen nach Mozarts Tod entstandenen Londoner Symphonien hierfür bereits den Boden gelegt hatte.

SYMPHONIE KV 385
D-dur
„Haffner-Symphonie"

Sätze: Allegro con spirito/Andante/Menuetto/Presto
Orchester: 2 Fl., 2 Ob., 2 Kl., 2 Fag., 2 Hr., 2 Trp., P., Str.
Aufführungsdauer: ca. 17 Minuten
Verlag: Br. & H.

Die Haffner-Symphonie darf nicht verwechselt werden mit der achtsätzigen Haffner-Serenade (KV 250), die Mozart 1776 zur Hochzeit der Tochter Elisabeth des angesehenen Salzburger Bürgermeisters Sigmund Haffner geschrieben hatte. Auch die Haffner-Symphonie (KV 385) ist ursprünglich als sechssätzige Serenade komponiert worden; Mozart schrieb sie auf Wunsch Vater Leopolds in aller Eile im Juli 1782 für die Feier der Adelserhebung des Bürgermeisters Sigmund Haffner junior. Bei einer späteren Aufführung des Werkes in Wien (3. März 1783) ließ der Meister den einleitenden Marsch und eines der beiden Menuette weg. Auf diese Weise erhielt die Komposition endgültig die Form einer viersätzigen Symphonie. Sie ist 1785 in dem Wiener Verlag Artaria zum erstenmal im Druck veröffentlicht worden. Das Werk fesselt nicht nur durch seinen festlichen Charakter und durch den Adel der musikalischen Erfindung, es gehört auch hinsichtlich der interessanten thematischen Verarbeitung zu den genialsten Schöpfungen Mozarts. So ist im 1. Satz auf die übliche Aufstellung von zwei verschiedenen Themen verzichtet; er wird nur mit einem einzigen, sehr prägnanten Thema gestaltet, wobei dieses im Rahmen der Sonatensatzform durch Abwandlungen und allerlei kontrapunktische Künste immerfort in neuem Gewand erscheint. Auch der Schlußsatz, dessen 1. Thema auf die Arie Nr. 19 des Osmin der in zeitlicher Nähe entstandenen Oper „Die Entführung aus dem Serail" zurückgeht, erfährt eine reizvolle formale Behandlung: Nach dem Vorbild Haydns wird durch eine Scheinreprise im Durchführungsteil der Eindruck einer rondoartigen Gestaltung erweckt, während der Satz durchaus in normaler Sonatensatzform gebaut ist.

Formübersicht:

1. S a t z (Sonatensatzform/Haupttonart D-dur)

Exposition: T. 1—94

1. Gr. T. 1—34: H. T. 1—5

Zwischensatz T. 23—34

2. Gr. T. 35—58 (Variante des H. in der Dominanttonart)

Epilog T. 59—87; Epilog-Coda T. 88—94

Durchführung: T. 95—128

Reprise: T. 129—197

Satz-Coda: T. 198—204

2. S a t z (Sonatensatzform/Haupttonart G-dur)

Exposition: T. 1—35

1. Gr. T. 1—16: H. T. 1—4

2. Gr. T. 17—32: H. T. 18—21

Epilog T. 33—35
Durchführung: T. 36—49
Reprise: T. 50—84
3. S a t z (Menuett/Haupttonart D-dur; Trio A-dur)
Hauptsatz: T. 1—24: H. T. 1—8

Trio: T. 25—52: H. T. 25—28

Reprise des Hauptsatzes: T. 1—24
4. S a t z (Sonatensatzform/Haupttonart D-dur)
Exposition: T. 1—70
1. Gr. T. 1—37: H. T. 1—8

Zwischensatz T. 20—37
2. Gr. T. 38—52: H. T. 38—45

Epilog T. 53—66; Epilog-Coda T. 67—70
Durchführung: T. 71—138
Reprise: T. 139—215
Satz-Coda: T. 216—264

SYMPHONIE KV 425

C-dur

„Linzer Symphonie“

Sätze: Adagio-Allegro spiritoso/Poco Adagio/Menuetto/Presto
Orchester: 2 Ob., 2 Fag., 2 Hr., 2 Trp., P., Str.
Aufführungsdauer: ca. 25 Minuten
Verlag: Br. & H.; BVK

Die C-dur-Symphonie KV 425 trägt die Bezeichnung „Linzer Symphonie“, weil sie in Linz entstanden ist. Mozart schrieb sie in wenigen Tagen Ende Oktober/Anfang November 1783 als Gastgeschenk für den Grafen Johann

Joseph Thun, bei dem er mit seiner Frau Konstanze auf der Rückreise von dem Besuch bei Vater Leopold während eines Aufenthaltes in Linz logierte. Der Meister führte das Werk am 4. November 1783 bei einer Akademie im Linzer Theater auf. Die Symphonie, die in Abschrift 1786 auch von Fürst Joseph Maria Benedikt von Fürstenberg, Donaueschingen, erworben wurde, ist erst nach Mozarts Tod im Verlag André, Offenbach, 1793 im Druck erschienen. Bei der Linzer Symphonie ist besonders im 1., 3. und 4. Satz unschwer Haydns Einfluß zu erkennen. Der graziöse 2. Satz trägt dagegen mehr Mozartsches Gepräge. Auffallend ist, daß in diesem Satz auch Trompeten und Pauken vorkommen, die Mozart in den Langsamen Sätzen seiner Symphonien sonst nicht verwendet hat. Im allgemeinen ist das Werk von unbeschwertem Charakter. Bemerkenswert ist die Bereicherung der Durchführungsteile des 1. und 2. Satzes durch selbständige Nebengedanken.

Formübersicht:

1. Satz (Sonatensatzform/Haupttonart C-dur)

Einleitung: T. 1—19

Exposition: T. 20—122

1. Gr. T. 20—71: H. T. 20—23

Zwischensatz T. 42—71

2. Gr. T. 71—95: H. T. 71—75

Epilog T. 95—110; Epilog-Coda mit Überleitung T. 111—122

Durchführung: T. 123—162

Reprise: T. 163—265

Satz-Coda: T. 265—287

2. Satz (Sonatensatzform/Haupttonart F-dur)

Exposition: T. 1—36

1. Gr. T. 1—12: H. T. 1—4

2\. Gr. T. 13—22: H. T. 14—16

Epilog T. 22—32; Epilog-Coda T. 32—36

Durchführung: T. 37—65

Reprise: T. 66—100

Satz-Coda: T. 100—104

3\. S a t z (Menuett/Haupttonart C-dur)

Hauptsatz: T. 1—32: H. T. 1—10

Trio: T. 33—56: H. T. 33—40

Reprise des Hauptsatzes: T. 1—32

4\. S a t z (Sonatensatzform/Haupttonart C-dur)

Exposition: T. 1—163

1\. Gr. T. 1—57: H. T. 1—8

Zwischensatz T. 28—57

2\. Gr. T. 58—116: H. T. 58—65

Epilog T. 116—147; Epilog-Coda T. 148—163

Durchführung: T. 164—231

Reprise: T. 232—402

Satz-Coda: T. 403—416

SYMPHONIE KV 504

D-dur

„Prager Symphonie"

Sätze: Adagio-Allegro/Andante/Finale (Presto)

Orchester: 2 Fl., 2 Ob., 2 Fag., 2 Hr., 2 Trp., P., Str.

Aufführungsdauer: ca. 30 Minuten

Verlag: Br. & H.

Die Komposition der dreisätzigen D-dur-Symphonie KV 504 wurde am 6. Dezember 1786 in Wien abgeschlossen. Das Werk wurde unter großem Beifall Mitte Januar 1787 in Prag uraufgeführt. Es ist daher in der Folge als „Prager Symphonie" bezeichnet worden. Mozart erreichte mit dieser Komposition die volle Höhe der Meisterschaft in seinem symphonischen Schaffen. Das Wesen der Prager Symphonie wird durch drei hervorstechende Merkmale charakterisiert: die starke Einheitlichkeit der musikalischen Gedanken, die reiche kontrapunktische Ausgestaltung und die aparte Farbenwirkung des vielfältigen Wechsels zwischen Dur und Moll. Bewunderungswürdig ist, wie sich in dem Werk der Prunk des 1. Satzes, das Idyll des Andantes und die Fröhlichkeit des Finales trotz ihres gegensätzlichen Charakters zwanglos zu einem geschlossenen Ganzen verbinden. Auffallend ist die geistige Brücke zur Ausdruckswelt von Werken, mit denen sich der Meister zur Zeit der Entstehung dieser Symphonie beschäftigte („Don Giovanni", „Idomeneo").

Formübersicht:

1. S a t z (Sonatensatzform/Haupttonart D-dur)
   Einleitung: T. 1—36
   Exposition: T. 37—142
   1. Gr. T. 37—96: H. T. 37—45

Zwischensatz T. 55—96
2. Gr. T. 97—128: H. T. 97—104

Epilog T. 129—135; Epilog-Coda T. 136—142

Durchführung: T. 143—207

Reprise: T. 208—295

Satz-Coda: T. 296—302

2. S a t z (Sonatensatzform/Haupttonart G-dur)

Exposition: T. 1—58

1. Gr. T. 1—34: H. T. 1—4

Zwischensatz T. 18—34

2. Gr. T. 35—45: H. T. 35—39

Epilog T. 45—58

Durchführung: T. 58—94

Reprise: T. 94—145

Satz-Coda: T. 145—148

3. S a t z (Sonatensatzform/Haupttonart D-dur)

Exposition: T. 1—151

1. Gr. T. 1—63: H. T. 1—8

Zwischensatz T. 31—63

2. Gr. T. 63—120: H. T. 66—73

Epilog T. 120—138; Epilog-Coda T. 138—151

Durchführung: T. 152—216

Reprise: T. 216—335

Satz-Coda: T. 335—350

DAS SYMPHONISCHE TRIPTYCHON VON 1788

Die während des Sommers 1788 in der kurzen Zeit von knapp zwei Monaten entstandenen Symphonien in Es-dur (KV 543), g-moll (KV 550) und C-dur (KV 551) bilden den Höhepunkt in Mozarts symphonischem Schaffen. Melodischer Erfindungsreichtum, meisterhafte Verarbeitung der Thematik in einem filigranartigen Satz und geistreiche formale Gestaltung sind allen dreien in gleicher Weise zu eigen. Vermutlich war die symphonische Trias für die Fastenkonzerte der kommenden Saison bestimmt. Wann die Symphonien uraufgeführt wurden, ist nicht bekannt.

SYMPHONIE KV 543
Es-dur

Sätze: Adagio-Allegro/Andante/Menuetto (Allegretto)/Finale (Allegro)
Orchester: 1 Fl., 2 Kl., 2 Fag., 2 Hr., 2 Trp., P., Str.
Aufführungsdauer: ca. 29 Minuten
Verlag: Br. & H.; BVK

Das von apollinischer Schönheit und Heiterkeit durchströmte erste Werk des Triptychons, die Symphonie Es-dur KV 543, wurde am 26. Juni 1788 vollendet. Ein Adagio in Art einer prunkvollen Intrada leitet ein. Von leuchtender Anmut ist der 1. Satz, während das idyllische Andante ganz den Adel Mozartscher Inspiration offenbart. Das berühmte Menuett mit dem volkstümlichen Klarinettenthema des Trios hat festlichen Charakter, und Frohsinn atmet das sprudelnde Allegro des in Haydnschem Geist gestalteten Schlußsatzes.

Formübersicht:

1. Satz (Sonatensatzform/Haupttonart Es-dur)
   Einleitung: T. 1—25
   Exposition: T. 26—142
   1. Gr. T. 26—96: H. T. 26—33

Zwischensatz T. 54—96
2. Gr. T. 97—119: H. T. 98—101

Epilog T. 119—135; Epilog-Coda T. 135—142

Durchführung: T. 143—183

Reprise: T. 184—292

Satz-Coda: T. 292—309

2. Satz (Sonatensatzform ohne Durchführung/Haupttonart As-dur)

Exposition: T. 1—67

1. Gr. T. 1—27: H. T. 1—8

Zwischensatz T. 9—19, anschließend Wiederholung des H.

2. Gr. T. 28—53: H. T. 30—38

Epilog T. 54—67

Reprise: T. 68—143

Satz-Coda: T. 144—161

3. Satz (Menuett/Haupttonart Es-dur)

Hauptsatz: T. 1—44: H. T. 1—16

Trio: T. 45—68: H. T. 45—52

Reprise des Hauptsatzes: T. 1—44

4. Satz (Sonatensatzform/Haupttonart Es-dur)

Exposition: T. 1—104

1. Gr. T. 1—41: H. T. 1—8

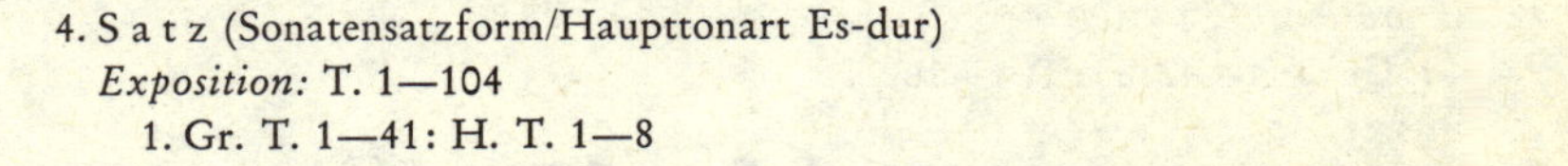

Zwischensatz T. 16—41
2. Gr. T. 42—85: H. T. 42—47

Epilog T. 85—104
Durchführung: T. 105—153
Reprise: T. 153—250
Satz-Coda: T. 251—263

SYMPHONIE KV 550
g-moll

Sätze: Allegro molto/Andante/Menuetto (Allegro)/Finale (Allegro assai)
Orchester: 1 Fl., 2 Ob., (2 Kl., nur in der 2. Fassung), 2 Fag., 2 Hr., Str.
Aufführungsdauer: ca. 28 Minuten
Verlag: Br. & H.; BVK

Die g-moll-Symphonie KV 550 wurde am 25. Juli 1788 vollendet. Bei der Instrumentation verzichtete Mozart zunächst auf die Klarinetten. Gelegentlich einer späteren Überarbeitung der Partitur fügte er diese Instrumente hinzu, was teilweise eine Veränderung der Oboenstimmen bedingte. Das auf einen melancholischen Grundton gestimmte Werk durchzieht ein Hauch wehmütiger Resignation. Es steht dadurch in einem gewissen Gegensatz zu dem lebensbejahenden Charakter der beiden Schwestersymphonien in Es-dur und C-dur. Die Ecksätze sind bei aller Anmut der Themen von starken Spannungen und bisweilen von leidenschaftlichem Ausdruck erfüllt. Der 2. Satz mit seinem kanonartig eingeführten Hauptthema ist von schwebender Grazie, während das Menuett seinem von rhythmischer Energie geladenen Hauptsatz ein Trio in volksliedhaftem Ton gegenüberstellt.

Formübersicht:

1. Satz (Sonatensatzform/Haupttonart g-moll)
Exposition: T. 1—100
1. Gr. T. 1—42: H. T. 1—16

Zwischensatz T. 28—43

2. Gr. T. 44—71: H. T. 44—51

Epilog T. 72—88; Epilog-Coda T. 88—100
Durchführung: T. 101—163
Reprise: T. 164—281
Satz-Coda: T. 281—299

2. S a t z (Sonatensatzform/Haupttonart Es-dur)
Exposition: T. 1—52
1. Gr. T. 1—36: H. T. 1—8

Zwischensatz T. 20—36
2. Gr. T. 37—48: H. T. 37—40

Epilog T. 48—52
Durchführung: T. 53—73
Reprise: T. 74—123

3. S a t z (Menuett/Haupttonart g-moll; Trio G-dur)
Hauptsatz: T. 1—42: H. T. 1—14

Trio: T. 43—84: H. T. 43—48

Reprise des Hauptsatzes: T. 1—42

4. S a t z (Sonatensatzform/Haupttonart g-moll)
Exposition: T. 1—108

1. Gr. T. 1—54: H. T. 1—8

Zwischensatz T. 17—54
2. Gr. T. 55—85: H. T. 55—62

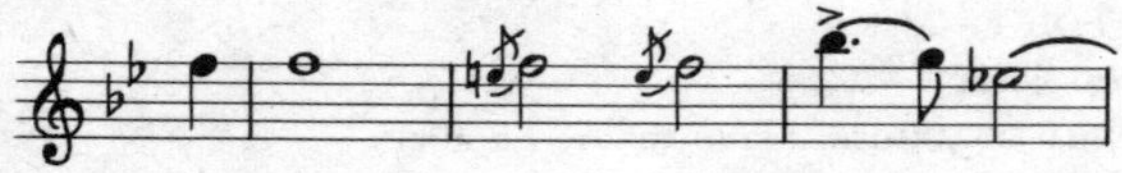

Epilog T. 85—100; Epilog-Coda T. 101—108
Durchführung: T. 109—189
Reprise: T. 190—285
Satz-Coda: T. 285—292

SYMPHONIE KV 551
C-dur
„Jupiter-Symphonie"

Sätze: Allegro vivace/Andante cantabile/Menuetto (Allegretto)/Finale (Allegro molto)
Orchester: 1 Fl., 2 Ob., 2 Fag., 2 Hr., 2 Trp., P., Str.
Aufführungsdauer: ca. 29 Minuten
Verlag: Br. & H.; BVK

Die C-dur-Symphonie KV 551 wurde am 10. August 1788 vollendet. Dieses dritte Werk des symphonischen Dreigestirns trägt den Titel „Jupiter-Symphonie". Die Bezeichnung stammt zwar nicht von Mozart selbst, sie ist aber schon bald nach seinem Tod aufgetaucht und sie charakterisiert treffend die Größe und Bedeutung der Komposition. Die Attribute Kraft und Weisheit, die in der klassischen Mythologie dem Götterfürsten Jupiter zugeschrieben werden, erscheinen auch in dieser Symphonie gepaart. Das Werk stellt nicht nur den Höhepunkt klassischer Symphonik vor Beethoven dar, sondern es ist darüber hinaus eines der Gipfelwerke der gesamten symphonischen Literatur bis auf unsere Tage geblieben. Das Außerordentliche der Jupiter-Symphonie ist in dem vollendeten klassischen Ebenmaß der formalen Anlage sowie in der weisen durchgeistigten Gestaltung der Materie zu erblicken. Die wunderbare Geschlossenheit des Werkes ist in erster Linie auf die Einheitlichkeit der Thematik zurückzuführen, die in allen vier Sätzen Beziehungen zu dem Haupt- und Fugenthema des letzten Satzes aufweist, wodurch dieses als eine Art Fundamentalthema angesprochen werden kann. Dieses Thema erscheint zum ersten Mal in der Jugendsymphonie KV 16, sodann im Credo der Messe KV 192 sowie in der Symphonie KV 319. Der kunstvolle Bau des Finales ist wiederholt Gegenstand theoretischer Erörterungen gewesen. Mozart hat hier — ähnlich wie später Bruckner im Finale seiner 5. Symphonie — die Fuge als Formdehnungs- und Steigerungsmittel im Rahmen der Sonatensatzform eingesetzt. In der Coda werden schließlich sämtliche Haupt- und Nebenthemen (im ganzen fünf) übereinandergetürmt, ein wahrhaft olympischer Höhenflug, mit dem der Meister sein symphonisches Lebenswerk abgeschlossen hat.

Formübersicht:

1. Satz (Sonatensatzform/Haupttonart C-dur)
   Exposition: T. 1—120
   1. Gr. T. 1—55: H. T. 1—8

Zwischensatz T. 37—55
2. Gr. T. 56—100: H. T. 56—61

Zwischensatz T. 81—100
Epilog T. 101—111; Epilog-Coda T. 111—120
Durchführung: T. 121—188
Reprise: T. 189—305
Satz-Coda: T. 306—313

2. Satz (Sonatensatzform/Haupttonart F-dur)
   Exposition: T. 1—44
   1. Gr. T. 1—27: H. T. 1—11

Zwischensatz T. 19—27

2. Gr. T. 28—39: H. T. 28—31

Epilog T. 39—44

Durchführung: T. 45—59

Reprise: T. 60—91

Satz-Coda: T. 92—101

3. S a t z (Menuett/Haupttonart C-dur)

Hauptsatz: T. 1—59: H. T. 1—16

Trio: T. 60—87: H. T. 60—67

Reprise des Hauptsatzes: T. 1—59

4. S a t z (Sonatensatzform/Haupttonart C-dur)

Exposition: T. 1—157

1. Gr. T. 1—73: H. T. 1—8

Zwischensatz T. 36—73

2. Gr. T. 74—114: H. T. 74—80

Zwischensatz T. 94—114

Epilog T. 115—135; Epilog-Coda T. 135—157

Durchführung: T. 158—224

Reprise: T. 225—356

Satz-Coda: T. 356—423 (mit Doppelfuge T. 371 ff)

LUDWIG VAN BEETHOVEN

getauft 17. Dezember 1770 in Bonn, † 26. März 1827 in Wien

Biographisches

Ludwig van Beethoven entstammte väterlicherseits einer flämisch-brabantischen Familie. Bereits sein Großvater und sein Vater übten den Musikerberuf aus. Ersterer, Ludwig van Beethoven (1712—73), war noch in Mecheln geboren, trat 1733 in die kurfürstliche Hofkapelle Bonn ein und wurde 1761 zum Hofkapellmeister ernannt. Dessen Sohn Johann (ca. 1738—92), Beethovens Vater, war Sänger (Tenor) an der Hofkapelle und seit 1767 mit der Rheinländerin Maria Magdalena Keverich, verwitweten Leym aus Ehrenbreitstein, verheiratet. Nachdem Beethoven 1781 das Tirocinium, eine Elementar-Lateinschule, absolviert hatte, wurde sein wichtigster Lehrer und zugleich sein Jugendmentor der Vize-Hoforganist und Singspielkomponist Christian Gottlob Neefe (1748—98), der als Schüler Johann Adam Hillers in seinem Unterricht vielleicht weniger Gewicht auf die Theorie als auf die Seelen- und Ausdruckskunst der Musik legte. Beethovens außergewöhnliche musikalische Begabung zeigte sich schon früh. So wurde er bereits im Alter von dreizehn Jahren (1783) als Akkompagnist in die Hofkapelle aufgenommen. Hier wurde er nicht nur in die Orchesterpraxis eingeführt, sondern er hatte vor allem dank dem regen Musikleben am kurfürstlichen Hof Gelegenheit, die zeitgenössische Musikliteratur kennenzulernen. Er hatte auch bereits einen tatkräftigen Förderer in dem Grafen Ferdinand von Waldstein gefunden. Nachdem er schon 1787 mit Hilfe eines kurfürstlichen Stipendiums vorübergehend in Wien bei Mozart Unterricht hatte nehmen dürfen, ging er mit Empfehlungen des Grafen Waldstein an Wiener Adelskreise 1792 wieder dorthin, um einerseits den seit dem Tod der Mutter (1787) in seinem Vaterhaus herrschenden betrüblichen Verhältnissen zu entrinnen und anderseits in der Musikmetropole seinen künstlerischen Gesichtskreis zu erweitern. Von dieser Reise ist Beethoven nicht mehr nach Bonn zurückgekehrt. Er wählte Wien zu seinem dauernden Wohnsitz. Hier war ihm nun zunächst daran gelegen, seine theoretischen Fachkenntnisse zu vervollkommnen. Mit großzügiger Unterstützung des musikbegeisterten Wiener Adels betrieb er sorgsame Studien bei Joseph Haydn, Johann Baptist Schenk und vor allem bei Johann Georg Albrechtsberger, dem bedeutendsten Lehrer Wiens im strengen Satz. Nebenbei ließ er sich bei dem Hofkapellmeister Antonio Salieri auch in der Kunst der italienischen dramatischen Gesangskomposition unterweisen.

1. SYMPHONIE

C-dur op. 21

(Frh. Gottfried van Swieten)

Sätze: Adagio molto-Allegro con brio/Andante cantabile con moto/Menuetto (Allegro molto e vivace)/Adagio-Allegro molto e vivace
Orchester: 2 Fl., 2 Ob., 2 Kl., 2 Fag., 2 Hr., 2 Trp., P., Str.
Aufführungsdauer: ca. 28 Minuten
Verlag: Br. & H.

Geschichtliches

Obwohl Beethoven schon in früheren Jahren mit Symphonie-Plänen umging, wie die Skizze zu einer c-moll-Symphonie (1785) und Entwürfe aus dem Jahr 1796 beweisen, hat er sich erst im 29. Lebensjahr dem symphonischen Schaffen zugewandt, nachdem er bereits mit einer Reihe bedeutsamer Klavier- und Kammermusikwerke (darunter der Klaviersonate Pathétique op. 13) hervorgetreten war. An orchestralen Kompositionen hat er vor seiner 1. Symphonie zwei Kantaten (1790 auf den Tod Joseph II. und 1792 zur Kaiserkrönung Leopold II.), ein Ritterballett (1790/91), die Konzertarie „Ah perfido!" (op. 65, 1796) sowie zwei Klavierkonzerte (op. 15, 1798 und op. 19, 1794/95) geschrieben. Im Vollbesitz des technischen Rüstzeugs ging der Meister sodann 1799 an die Komposition seiner 1. Symphonie. Das Werk wurde Anfang 1800 vollendet. Die Uraufführung erfolgte in einer von Beethoven veranstalteten „Musikalischen Akademie" am 2. April 1800 im K. K. National-Hof-Theater nächst der Burg, bei der auch das Septett op. 20 sowie das 1. Klavierkonzert op. 15 gespielt wurden. Die Symphonie fand sogleich reiche Anerkennung, auch bei der Kritik; sie wurde schnell bekannt und begründete Beethovens Ruhm als Instrumentalkomponist. Im Dezember 1801 erschien die Erste, deren Autograph heute verschollen ist, im Verlag F. A. Hoffmeister & Kühnel (Wien/Leipzig). In der Gesamtausgabe bei Breitkopf & Härtel sind die neun Symphonien des Meisters in der Zeit von 1862—64 herausgekommen. Ursprünglich hatte Beethoven vor, die 1. Symphonie seinem Förderer und ehemaligen Dienstherrn, dem kurkölnischen Erzbischof Erzherzog Maximilian (Bruder des Kaisers Joseph II.) zu widmen. Da dieser jedoch vor der Drucklegung gestorben war, eignete er es seinem Gönner, dem Präfekten der K. K. Hofbibliothek, Frh. Gottfried van Swieten zu, der auch mit Haydn und Mozart befreundet war und der vor allem durch seine eifrige Pflege der Werke von Bach und Händel sowie durch seine Textbearbeitungen der Haydn-Oratorien eine große Rolle im Wiener Musikleben spielte.

Stilistische Stellung

Nach dem Zeugnis seines Famulus' und Biographen Anton Schindler (1798—1864) äußerte Beethoven bereits selbst, daß sich sein Schaffen in drei Perioden einteilen lasse. So unterscheidet man heute allgemein: Jugendzeit in Bonn und drei Perioden der Meisterzeit in Wien. Wenn sich auch einzelne Kompositionen dieser Einteilung nicht fügen, so kann man jedenfalls in geistiger Hinsicht die drei Phasen in Beethovens Lebenswerk folgendermaßen charakterisieren: I. Periode (bis 1800): Optimismus und Hedonistisches; Erwachen des kämpferischen Geistes. II. Periode (1800—13): männlich, kraftvoll, Hang am Irdischen. III. Periode (1813—27): tief, spirituell, Abkehr vom Diesseits, Transzendentes, Mystisches.

Die 1. Symphonie, die am Ende der ersten Schaffensperiode steht, ist in ihrer unproblematischen Harmonik und Rhythmik und in ihrer Schwerelosigkeit noch ganz von dem optimistischen Geist der Jugend erfüllt. Wenngleich sie vielfach, besonders in den Ecksätzen, die Ahnherrschaft Joseph Haydns verrät, weist sie doch bereits eine Reihe typisch Beethovenscher Züge auf: den Reichtum der Ideen, die kunstvolle Verarbeitung des Themenmaterials sowie die vorzügliche Instrumentation. Frappierend und für die damalige Zeit ganz ungewöhnlich ist zunächst schon der Anfang der Symphonie mit dem Dominantseptakkord der Unterdominante. Weiterhin ist die Pranke des Löwen bereits spürbar in der Episode vor dem Epilog des 1. Satzes (T. 77 ff und T. 230 ff), wo das 2. Thema, nach Moll gerückt, in den Bässen mit einem von Sentiment erfüllten Nebengedanken der Oboe bzw. der Klarinette und des Fagotts erscheint. Von meisterhafter Faktur sind vor allem die Mittelsätze. Im 2. Satz, dessen graziöses Hauptthema fugatoartig eingeführt wird, besticht die originelle rhythmische und instrumentale Aufteilung des Orgelpunkts (T. 53 ff und T. 81 ff: der punktierte Rhythmus der Pauke, dazu die liegende Stimme der Trompeten und die durchbrochene Achtelbewegung der Bässe und Hörner), während im Mittelteil des Menuetts, das übrigens trotz dieser Bezeichnung ein echt Beethovensches Scherzo ist, die geniale harmonische Rückleitung zum Hauptthema (Des-dur — b-moll/es-moll — Ces-dur/C-dur) auf den späteren Beethoven weist. Von reizvoller Wirkung ist schließlich der Beginn des Finales, in dem die Violinen — nach dem Ertönen des mit Fermate gehaltenen Grundtons der Dominante im Fortissimo — gleichsam leise tastend in fünfmaligem Anlauf nach und nach die Töne des 1. Hauptthemakopfes einführen. Der in beschwingter Heiterkeit dahinsprudelnde Schlußsatz wird von einem mit Sechzehntelläufen umrankten marschartigen Motiv der Oboen und Hörner strahlend abgeschlossen.

Formübersicht:

1. Satz (Sonatensatzform/Haupttonart C-dur)

Einleitung: T. 1—12

Exposition: T. 13—109

1. Gr. T. 13—52: H. T. 13—17

Zwischensatz T. 33—52

2. Gr. T. 53—87: H. T. 53—60

Epilog T. 88—100; Epilog-Coda T. 100—109

Durchführung: T. 110—177

Reprise: T. 178—259

Satz-Coda: T. 260—297

2. Satz (Sonatensatzform/Haupttonart F-dur)

Exposition: T. 1—64

1. Gr. T. 1—26: H. T. 1—7

2. Gr. T. 27—53: H. T. 27—34

Epilog T. 54—61; Epilog-Coda T. 62—64

Durchführung: T. 65—100

Reprise: T. 101—161

Satz-Coda: T. 162—195

3. S a t z (Menuett/Haupttonart C-dur)

Hauptsatz: T. 1—79: H. T. 1—8

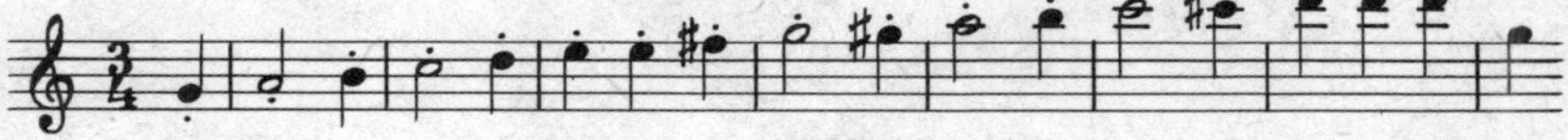

Trio: T. 80—137: H. T. 80—87

Reprise des Hauptsatzes: T. 1—79

4. S a t z (Sonatensatzform/Haupttonart C-dur)

Einleitung: T. 1—6

Exposition: T. 6—96

1. Gr. T. 6—55: H. T. 6—14

Zwischensatz T. 30—55

2. Gr. T. 56—77: H. T. 56—59

Epilog T. 78—96

Durchführung: T. 96—161

Reprise: T. 162—265 (erweitert durch eine nochmalige Wiederholung des 1. H. nach den beiden Fermaten)

Satz-Coda: T. 266—303

2. SYMPHONIE

D-dur op. 36

(Fürst Carl von Lichnowsky)

Sätze: Adagio molto-Allegro con brio/Larghetto/Scherzo (Allegro)/Allegro molto

Orchester: 2 Fl., 2 Ob., 2 Kl., 2 Fag., 2 Hr., 2 Trp., P., Str.

Aufführungsdauer: ca. 36 Minuten

Verlag: Br. & H.

Geschichtliches

Die 2. Symphonie ist in den Jahren 1801/02 entstanden. Ausgearbeitet hat Beethoven das Werk hauptsächlich während des Sommers 1802 in Heiligenstadt. Im Oktober wurde die Komposition kurz nach Niederschrift des „Heiligenstädter Testaments“ abgeschlossen. Am 5. April 1803 kam die Zweite unter der Leitung des Meisters gleichzeitig mit dem 3. Klavierkonzert op. 37 und dem Oratorium „Christus am Ölberg“ op. 85 im Theater an der Wien zur Uraufführung. Sie erfuhr eine unterschiedliche Beurteilung und fand eine nur laue Aufnahme. März 1804 erschien sie im Verlag Wiener Kunst- und Industriekontor. Das Autograph scheint verloren gegangen zu sein. Beethoven widmete seine 2. Symphonie dem Fürsten Carl von Lichnowsky, einem seiner größten Mäzene, der auch mit Mozart befreundet war.

Stilistische Stellung

Obwohl die 2. Symphonie während der Zeit der beginnenden Schwerhörigkeit entstanden ist, in der Beethoven das „Heiligenstädter Testament“ schrieb, ist bei ihr nichts von der depressiven Gefühlswelt dieses Dokuments spürbar. Im Gegenteil! Das mit der überschäumenden Kraft jugendlichen Elans gestaltete Werk stellt in seiner frischen, musikantischen Haltung eine der liebenswürdigsten und diesseitigsten Schöpfungen des Meisters dar. Darüber hinaus offenbart es einen wesentlichen Fortschritt in der Entwicklung von Beethovens symphonischem Stil und zeigt in weit höherem Maß als die Erste ein Eigenprofil. Während letztere stilistisch Haydn nahesteht, ist die 2. Symphonie in ihrer teils anmutigen, teils kapriziösen Thematik mehr dem Geist Mozarts verbunden. So führt gleich die bedeutsame Einleitung einen lieblichen Gedanken in phantasiereicher Gestaltung durch, worauf ein Allegro von sprudelnder Vitalität folgt, bei dem selbst das gesangliche 2. Thema einen beschwingten und heiteren Charakter hat. Bemerkenswert ist die gewichtige Behandlung der Satz-Coda. Der 2. Satz mit seinen vier kantablen Themen und dem humorvoll-behäbigen Abgesang ist einer der populärsten Beethoven-Sätze. Der 3. Satz wurde hier von Beethoven erstmals als Scherzo betitelt. Mit genialer Phantasie ist das stürmische Thema des Hauptsatzes, dem im Trio eine wiegende Tanzweise gegenübergestellt ist, taktweise auf verschiedene Oktaven und Instrumentengruppen verteilt. Auch im letzten Satz geht der Komponist neue Wege, indem er drei Themen (statt der üblichen zwei) aufstellt, die äußerst fesselnd verarbeitet sind. In seinem musikantischen Schwung hat der Satz ein kapriziöses Gepräge, weshalb ihn Berlioz als das „zweite Scherzo" dieser Symphonie bezeichnet hat. An verschiedenen Stellen treten romantische Züge in Erscheinung, so im Larghetto (z. B. T. 108 ff) und in der Coda des Schlußsatzes, wo bei der zweiten Fermate mit dem überraschenden Eintritt des Sextakkords von Fis-dur und durch die darauffolgende Pianissimo-Episode der fröhliche und festliche Ausklang des Werkes eine hintergründige Verzögerung erfährt.

Formübersicht:

1. Satz (Sonatensatzform/Haupttonart D-dur)
Einleitung: T. 1—33
Exposition: T. 34—131
1. Gr. T. 34—72: H. T. 34—37

Zwischensatz T. 61—72
2. Gr. T. 73—101: H. T. 73—76

Epilog T. 102—125; Epilog-Coda T. 126—131
Durchführung: T. 132—215
Reprise: T. 216—301
Satz-Coda: T. 302—360

2. Satz (Sonatensatzform/Haupttonart A-dur)
Exposition: T. 1—99
1. Gr. T. 1—31: Th. a) T. 1—8

Th. b) T. 17—24

2. Gr. T. 32—81: Th. a) T. 33—36

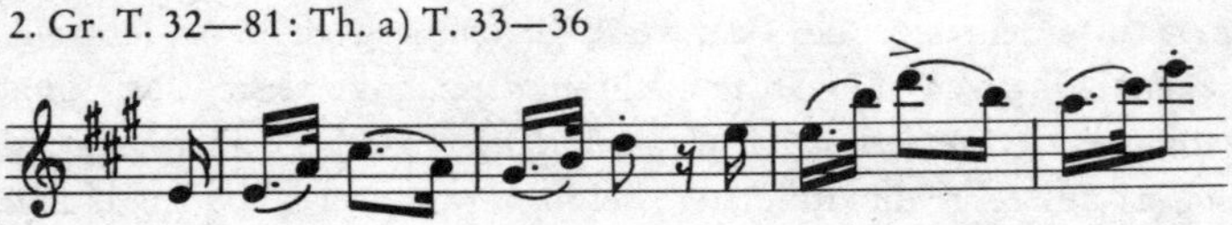

Th. b) T. 48—51

Epilog T. 82—95; Epilog-Coda T. 96—99

Durchführung: T. 100—157

Reprise: T. 158—263

Satz-Coda: T. 264—276

3. Satz (Scherzo/Haupttonart D-dur)

Hauptsatz: T. 1—84: H. T. 1—8

Trio: T. 85—130: H. T. 85—92

Reprise des Hauptsatzes: T. 1—84

4. Satz (Sonatensatzform/Haupttonart D-dur)

Exposition: T. 1—107

1. Gr. T. 1—25: H. T. 1—6

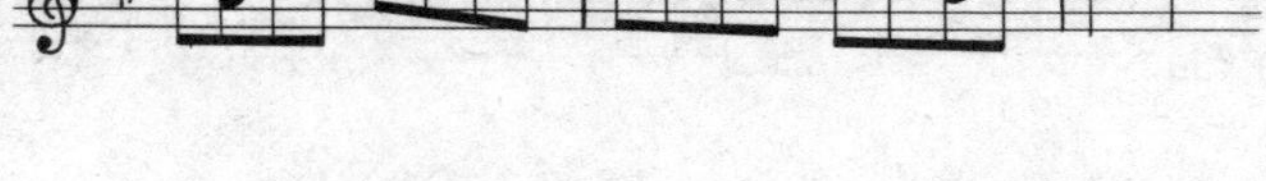

2. Gr. T. 26—51: H. T. 26—32

3. Gr. T. 52—83: H. T. 52—55

Epilog T. 84—107
Durchführung: T. 108—184
Reprise: T. 185—289
Satz-Coda: T. 290—442 (durchführungsartig breit angelegt)

3. SYMPHONIE

Es-dur op. 55

,,Eroica"

(Fürst Franz Joseph von Lobkowitz)

Sätze: Allegro con brio/Marcia funebre (Adagio assai)/Scherzo (Allegro vivace)/Finale (Allegro molto-Poco Andante-Presto)
Orchester: 2 Fl., 2 Ob., 2 Kl., 2 Fag., 3 Hr., 2 Trp., P., Str.
Aufführungsdauer: ca. 50 Minuten
Verlag: Br. & H.

Geschichtliches

Die Anregung, auf Napoleon Bonaparte eine Symphonie zu schreiben, hat Beethoven möglicherweise bereits im Jahre 1798 von General Bernadotte, dem damaligen französischen Gesandten in Wien empfangen. Beethoven begeisterte sich für die Persönlichkeit Napoleons, den ihm Bernadotte als Bringer der Freiheit und Ordnung, als Genie und Helden schilderte. Wie das erhaltene Eroica-Skizzenbuch (1802/04) bezeugt, hat sich der Meister bei oft schwachen ersten Einfällen in zäher und mühevoller Arbeit erst nach und nach zu der großartigen Gestaltung durchgerungen. Die ersten Skizzen datieren aus dem Jahre 1801. In der Hauptsache ist die Eroica von Mai bis November 1803 in Baden bei Wien und in Oberdöbling entstanden. Die Anfang 1804 vollendete Partitur trug den Titel „Sinfonia grande, intitolata Bonaparte". Als der Komponist eben im Begriff war, ein sauber kopiertes Exemplar seiner Symphonie nach Paris zu senden, traf die Nachricht ein, daß Napoleon sich am 18. Mai 1804 die Kaiserkrone aufgesetzt hatte. Nach Berichten von Augenzeugen (Graf Moritz von Lichnowsky und Ferdinand Ries) riß daraufhin Beethoven wütend das Titelblatt aus der Partitur. Er war tief enttäuscht, in Napoleon „auch nur einen Verächter der Menschenrechte“ erblicken zu müssen. Für die Drucklegung des Werkes, dessen Autograph heute verschollen ist, bei dem Wiener Verlag Kunst- und Industriekontor (März 1806) gab der Meister seiner Symphonie sodann einen neuen Titel: „Sinfonia eroica, composta per festeggiare il sovvenire d'un grand'uomo“ (Heroische Symphonie, komponiert, um das Andenken an einen großen Mann zu feiern). Beethoven widmete die 3. Symphonie dem Fürsten Franz Joseph von Lobkowitz, einem seiner größten und reichsten Gönner, der seit 1784 als Regierender Fürst zu Wittingan in Böhmen residierte. In dessen Wiener Palais erfolgte unter der Leitung des Komponisten im August 1804 bei einem „Subskriptionskonzert“ die Uraufführung. Nach einer anderen Überlieferung erklang das Werk zum ersten Mal in einem der von den Bankiers Würth und Fellner (Wien) veranstalteten Sonntag-Vormittags-Konzerte. Die erste öffentliche Aufführung fand, ebenfalls unter der Leitung des Meisters, am 7. April 1805 im Theater an der Wien statt, gelegentlich einer „Musikalischen Akademie“ des hervorragenden Geigers Franz Clement, dem Beethoven später sein Violinkonzert gewidmet hat.

Stilistische Stellung

Die Eroica, die in zeitlicher Nähe des „Fidelio“ entstanden ist, bedeutet einen markanten Wendepunkt in Beethovens Schaffen: die Hinwendung zur großen Symphonik. Gegenüber den beiden vorangegangenen Symphonien eröffnet sie eine neue Ausdruckswelt. Bewunderungswürdig ist der Reichtum der Phantasie, erstaunlich die Souveränität der freien Handhabung der Formen. Die bedeutungsvolle Behandlung von Nebengedanken schafft eine Weitung der Form, die dramatischen Entwicklungen führen zu einer grandiosen Monumentalgestaltung. Die Aufnahme des Trauermarsches, einer vordem nur in der Oper oder im Oratorium vorkommenden Form, die Beethoven schon bei seinem op. 26 in die Klaviersonate und hier auch in die symphonische Architektur vorgenommen hat, ist ebenso neuartig wie die gewichtige Behandlung des Scherzos. Die kunstvoll gebauten Zwischensätze (Fugati), welche die Variationenfolge des Finalsatzes unterbrechen, erhöhen die fesselnde Wirkung. Trotz aller Kühnheit der Konzeption und trotz dem freien Walten des schöpferischen Genius ist an der klassischen Sonatensatzform festgehalten. Die Eroica ist daher keine Programmusik; es liegt ihr auch keine Handlung zugrunde. Dennoch ist der geistige Gehalt des Werkes von einer poetischen Idee bestimmt. Man hat in diesem Sinn die einzelnen Sätze ausgedeutet und z. B. im 1. Satz die Lebenskämpfe des Helden, im 2. Satz die Auseinandersetzung mit dem Sterben und den Dingen nach dem Tod („Fanfaren des Ewigen Gerichts", T. 160 ff), im 3. Satz die frohe Lebensbejahung des Helden, im letzten Satz Bilder des Heldenlebens im Lichte des Ideals gesehen. Mag man zu solchen subjektiven Auslegungen stehen, wie man will: der Titel ,,Eroica" berechtigt jedenfalls zu der Auffassung, daß der Symphonie eine Leitidee zugrundeliegt: die Verherrlichung des heroischen Menschen. Beethoven gestaltete die Variationen des letzten Satzes über ein Thema, dessen Melodie er ursprünglich für das zweite Stück seiner 6 Contratänze für Klavier erfunden hatte. Durch die Wiederverwendung in der Schlußnummer seines Balletts „Die Geschöpfe des Prometheus" erhielt das Thema gewissermaßen programmatische Bedeutung. Kurz vor Entstehung der Eroica schrieb der Meister wieder über dieses Thema seine Klaviervariationen op. 35, die direkt als Vorarbeit zu dem Finalsatz der 3. Symphonie anzusehen sind. Durch die bedeutsame Behandlung des Prometheus-Themas, das Beethoven sicherlich nicht zufällig oder mangels eines besseren Einfalls dem krönenden Schlußsatz seines gewaltigen Werkes zugrundegelegt hat, zeigte er offenbar eine inhaltliche Beziehung zu der Gestalt des Titanen Prometheus auf, was gleichzeitig symptomatisch ist für die Deutung des heroischen Begriffs in der Eroica. Beethoven faßt hier das Heroische im geistigen Sinn auf wie die großen Philosophen und Dichter seiner Zeit: Kant, Herder, Schiller, Goethe. Sein Held ist nicht der von unbesiegbarer Körperkraft strotzende Übermensch wie Siegfried, sondern der auf den Höhen der Menschheit thronende Kämpfer für ethische Ideale.

Formübersicht:

1. Satz (Sonatensatzform/Haupttonart Es-dur)
Einleitung: T. 1—2
Exposition: T. 3—151
1. Gr. T. 3—82: H. T. 3—6

Zwischensatz mit drei Nebengedanken T. 45—82

a)

b)

c)

2. Gr. T. 83—108: H. T. 83—86

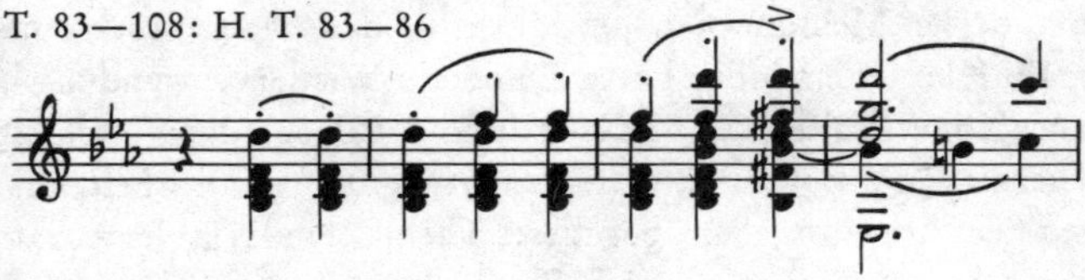

Epilog T. 109—143; Epilog-Coda T. 144—151

Durchführung: T. 152—397 mit zwei Nebengedanken:

T. 284 ff

T. 338 ff

Reprise: T. 398—550

Satz-Coda: T. 551—691 (durchführungsartig breit angelegt)

2. S a t z (Erweiterte dreiteilige Liedform/Haupttonart c-moll)

Hauptsatz: T. 1—68: 1. Th. T. 1—8

2. Th. T. 17—23

Mittelsatz (Maggiore): T. 69—104: Th. T. 69—70

Durchführungsartiger Einschub (Minore): T. 105—172
Reprise des Hauptsatzes: T. 173—208
Satz-Coda: T. 209—247

3. S a t z (Scherzo/Haupttonart Es-dur)
Hauptsatz: T. 1—166: H. T. 1—14

Trio: T. 167—255: H. T. 167—181

Reprise des Hauptsatzes: T. 255—422
Satz-Coda: T. 423—441

4. S a t z (Variationenform/Haupttonart Es-dur)
Einleitung: T. 1—11
Introduktion mit dem Baß des Themas: T. 12—75

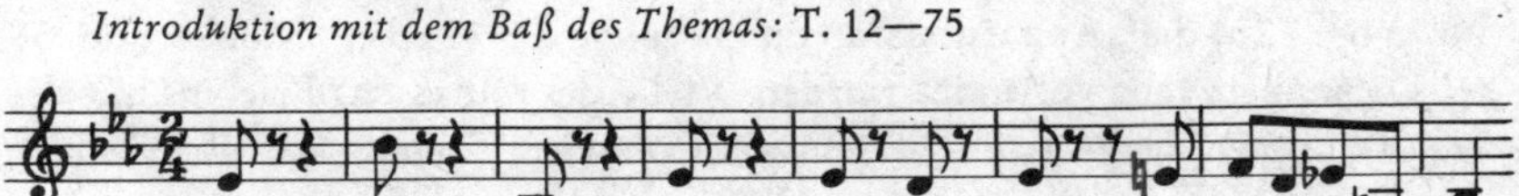

a) einstimmig: T. 12—43
b) dreistimmig: T. 44—59
c) vierstimmig: T. 60—75
Thema: T. 76—107:

Überleitung T. 107—116
Zwischengruppe: T. 117—174 (Fugato über den Kopf des Thema-Basses)
1. Variation: T. 175—182
2. Variation: T. 183—190
Zwischengruppe: T. 191—210
3. Variation: T. 211—257
4. Variation: T. 258—265
Zwischengruppe: T. 266—348 (Fugato über die kombinierten Thema-Köpfe)
5. Variation: T. 349—364
Zwischengruppe: T. 365—380
6. Variation: T. 381—396
Abgesang: T. 396—430
Satz-Coda: T. 431—473

4. SYMPHONIE

B-dur op. 60

(Graf Franz von Oppersdorff)

Sätze: Adagio-Allegro vivace/Adagio/Allegro vivace/Allegro ma non troppo
Orchester: 1 Fl., 2 Ob., 2 Kl., 2 Fag., 2 Hr., 2 Trp., P., Str.
Aufführungsdauer: ca. 33 Minuten
Verlag: Br. & H.

Geschichtliches

Die Entstehung der Vierten fällt in das Jahr 1806, jenes Jahr außerordentlicher Produktivität Beethovens, in dem außer dieser Symphonie die Rasumowsky-Quartette op. 59, das Violinkonzert op. 61, die Ouverture Leonore Nr. 3 op. 72 a, die „Appassionata“ op. 57 sowie das 4. Klavierkonzert op. 58 teils begonnen, teils vollendet wurden. Vielleicht war es das Erlebnis mit der „Unsterblichen Geliebten“ (vermutlich Comtesse Therese von Brunswick), das die schöpferische Phantasie des Meisters nach dem Fiasko mit der zweiten

Fidelio-Fassung (März 1806) so mächtig beflügelte. Die in Beethovens Nachlaß gefundenen Liebesbriefe an die „Unsterbliche Geliebte", datiert vom 6./7. Juli, stammen nach Ansicht angesehener Beethoven-Forscher aus dem Jahre 1806. Die 4. Symphonie wurde im Herbst 1806 vollendet. Im März 1807 fand die Uraufführung unter der Leitung des Meisters im Palais des Fürsten Lobkowitz in Wien statt. Das Autograph des Werkes kam mit der Mendelssohn-Stiftung 1908 in den Besitz der Preußischen Staatsbibliothek, Berlin (z. Z. Deutsche Staatsbibliothek, Berlin), die Drucklegung erfolgte 1808 im Verlag Kunst- und Industriekontor, Wien. Beethoven widmete seine Vierte dem Grafen Franz von Oppersdorff, der seinen Wohnsitz in einem Barockschloß bei Ober-Glogau (Oberschlesien) hatte und der zeitweilig zu dem Kreis der aristokratischen Verehrer und Förderer des Meisters gehörte.

Stilistische Stellung

Die 4. Symphonie gehört zu den anmutigsten Schöpfungen Beethovens. Wenngleich inhaltlich ebenfalls ohne Problematik, unterscheidet sie sich doch merklich von den beiden ersten Symphonien. Während dort bei aller technischen Meisterschaft die jugendliche Kraft des Einfalls dominiert, gibt hier das entscheidende Gepräge die reife Gestaltungskunst, die sich vor allem in einer verdichteten und breiteren Anlage sowie in der Ausgewogenheit der einzelnen Abschnitte offenbart. Der 1. Satz entwickelt aus einer romantisch-dämmerigen Einleitung mit einem ruckartig eintretenden dynamischen Aufleuchten des Tutti eine beschwingte symphonische Musik von kraftstrotzender Vitalität, zu der das zart-versonnene Adagio mit seiner edlen Kantabilität und seiner verträumten Ausdruckswelt einen starken Gegensatz schafft. Der 3. Satz ist ein Scherzo, obgleich er nicht als solches betitelt ist. Bezeichnend für die Tendenz nach Vergrößerung der Dimensionen ist hier, wie später bei der 7. Symphonie, das zweimalige Erscheinen des Trios, das wiederum eine weitere, wenn auch verkürzte Wiederholung des Hauptsatzes bedingt. Den heiteren Charakter bestimmt ein übermütig-keckes Synkopenthema, dem im Trio eine wiegend-tänzerische Melodie mit schelmischen Lockrufen der Geigen gegenübergestellt ist. Den fröhlichen Beschluß macht ein Finale von ausgelassener Stimmung. In reizvollem Wechselspiel lösen ein sprudelndes Hauptthema und ein graziös-elegantes Seitenthema einander ab, bis schließlich in der Coda der Kopf des 1. Themas, geschäftig wispernd, sogar von den Großvätern des Orchesters, den Kontrabässen, übernommen wird. Von humoristischer Wirkung ist der Schluß der Symphonie: verlegen tastend suchen nacheinander die 1. Violinen, Fagott sowie die 2. Violinen und Bratschen den verlorengegangenen melodischen Faden wieder aufzufinden; da reißen plötzlich die tiefen Instrumente mit voller Wucht die thematische Führung an sich, um das Werk überraschend schnell zum Abschluß zu bringen.

Formübersicht:

1. S a t z (Sonatensatzform/Haupttonart B-dur)
   Einleitung: T. 1—38
   Exposition: T. 39—186
   1. Gr. T. 39—106: H. T. 43—50

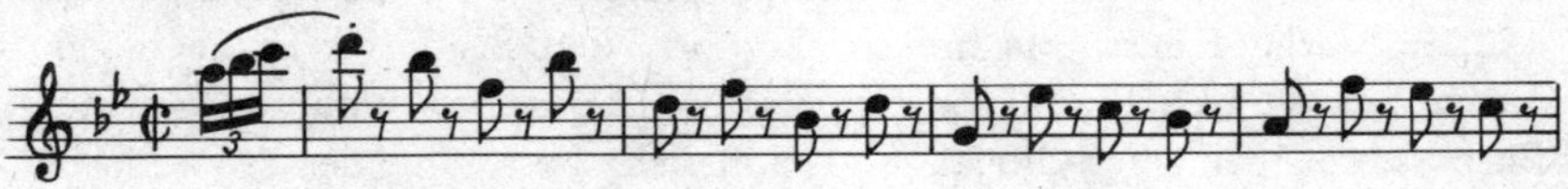

Zwischensatz T. 65—80; anschließend Wiederholung des H. und Nachsatz T. 81—106

2. Gr. T. 107—140: H. T. 107—116

3. Gr. T. 141—176: H. T. 141—148

Epilog T. 177—186

Durchführung: T. 187—336
Reprise: T. 337—466
Satz-Coda: T. 467—498

2. S a t z (Sonatensatzform ohne Durchführung/Haupttonart Es-dur)
   Exposition: T. 1—37
   1. Gr. T. 1—25: H. T. 2—8

Zwischensatz T. 17—25

2. Gr. T. 26—33: H. T. 26—27

Zwischensatz T. 28—33
Epilog T. 34—37; Rückleitung T. 38—40
Reprise: T. 41—95; nach dem 1. H. durchführungsartiger Einschub T. 50—64
Satz-Coda: T. 96—104

3. S a t z (Scherzo/Haupttonart B-dur)
Hauptsatz: T. 1—90: H. T. 1—4

Trio: T. 91—175: H. T. 91—106

Rückleitung T. 175—178
1. Reprise des Hauptsatzes: T. 179—268
Reprise des Trios: T. 269—353; Rückleitung T. 353—356
2. Reprise des Hauptsatzes: T. 357—393
Satz-Coda: T. 394—397

4. S a t z (Sonatensatzform/Haupttonart B-dur)
Exposition: T. 1—99
1. Gr. T. 1—36: H. T. 1—4

Zwischensatz T. 12—36
2. Gr. T. 37—87: H. T. 37—44

Epilog T. 88—99
Durchführung: T. 100—184
Reprise: T. 185—318 (mit erweitertem Epilog)
Satz-Coda: T. 319—355

5. SYMPHONIE

c-moll op. 67

(Fürst Franz Joseph von Lobkowitz
und Graf Andreas Kyrillowitsch von Rasumowsky)

Sätze: Allegro con brio/Andante con moto/Allegro/Allegro
Orchester: 2 Fl., 1 Picc., 2 Ob., 2 Kl., 2 Fag., 1 Kfag., 2 Hr., 2 Trp., 3 Pos., P., Str.
Aufführungsdauer: ca. 32 Minuten
Verlag: Br. & H.

Geschichtliches

In zähem Ringen und in einem meist langwierigen Schaffensprozeß entwickelte Beethoven seine kühnen und großartigen Ideen aus oft primitiven ersten Einfällen. So reichen die Skizzen zur c-moll-Symphonie bis in das Jahr 1800 zurück. Die eigentliche Beschäftigung mit dem Werk erstreckt sich von Anfang 1804 bis Frühjahr 1808, wobei die Hauptarbeit in das Jahr 1807 fällt. Die Uraufführung erfolgte am 22. Dezember 1808 im Theater an der Wien bei jenem denkwürdigen Monsterkonzert, in welchem unter der Leitung des Meisters neben der Fünften auch die Pastorale op. 68, das 4. Klavierkonzert op. 58, die Chorphantasie op. 80 sowie mehrere Sätze der C-dur-Messe op. 86 erstmalig erklangen. Das Autograph kam mit der Mendelssohn-Stiftung 1908 an die Preußische Staatsbibliothek, Berlin (z. Z. Deutsche Staatsbibliothek, Berlin). April 1809 erschien das Werk im Verlag Breitkopf & Härtel, Leipzig. Beethoven widmete die Fünfte seinen beiden größten Mäzenen, dem Fürsten Franz Joseph von Lobkowitz und dem Grafen Andreas Kyrillowitsch von Rasumowsky.

Stilistische Stellung

Beethoven war äußerst zurückhaltend mit erläuternden Angaben über sein Schaffen und machte nur ausnahmsweise, wie in den Partituren der Eroica und der Pastorale, Andeutungen über die poetische Grundidee seiner Werke. So kam es, daß seine Kompositionen verschiedenartige Auslegungen erfuhren, die jeweils aus den künstlerischen Anschauungen der Zeit resultierten. Bei der 5. Symphonie, die wohl zu allen Zeiten als eine der populärsten Schöpfungen des Meisters Musiker wie Laien in gleicher Weise angesprochen hat, wurde von Beethovens Schüler Anton Schindler eine Äußerung des Komponisten überliefert, nach der er die Anfangstakte mit den Worten kommentiert haben soll: „So pocht das Schicksal an die Pforte." Die Zuverlässigkeit von Schindlers Bericht wurde allerdings vielfach angezweifelt. Wie dem auch sei, das Werk erhielt jedenfalls auf diese Weise die Bezeichnung „Schicksalssymsphonie", einen Untertitel, der zwar nicht von Beethoven stammt, aber doch im Laufe der Zeit Tradition geworden ist. Des weiteren erblickt eine allgemein vertretene Auffassung in Beethovens Fünfter eine musikalisch stilisierte Versinnbildlichung des menschlichen Ringens „per aspera ad astra" („Durch Nacht zum Licht"). In diesem Sinne wird die 5. Symphonie oft in Parallele zur Neunten gezogen. Der Vergleich dieser beiden hinsichtlich ihres geistigen Gehalts einander ähnlichen Werke ist zweifellos naheliegend und interessant. Bewirken bei der Neunten die größeren Dimensionen eines geweiteten formalen Aufbaus sowie vor allem die Hinzuziehung des dichterischen Wortes eine Verdeutlichung der künstlerischen Aussage, so erfolgt diese bei der Fünften auf indirekte Weise durch die strenge Geschlossenheit der konzentrierten Form sowie durch die zwingende Ausdruckskraft der absoluten Musik. Bewunderungswürdig ist das klassische Ebenmaß in der Gegenüberstellung des energiegeladenen kämpferischen Elements mit der edlen Kantabilität der lyrischen Partien, wie es in allen vier Sätzen in Erscheinung tritt. Beethoven wollte ursprünglich den 3. Satz, der übrigens hier kein Scherzo ist, selbständig abschließen und im Pianissimo ausklingen lassen. Die überwältigende Wirkung der spannungsgeladenen genialen Überleitung vom 3. zum 4. Satz beruht auf dem Zusammenwirken dreier Steigerungselemente; dynamisch: durch das rasche Crescendo zum Fortissimo nach der langen, verhaltenen Pianissimo-Episode; harmonisch: durch die plötzliche Auflichtung von dem düsteren Moll zum hellen Dur; instrumental: durch den Einsatz der drei Posaunen, die Beethoven hier zum erstenmal in einer Symphonie verwendet hat.

Formübersicht:

1. Satz (Sonatensatzform/Haupttonart c-moll)

Einleitung: T. 1—5

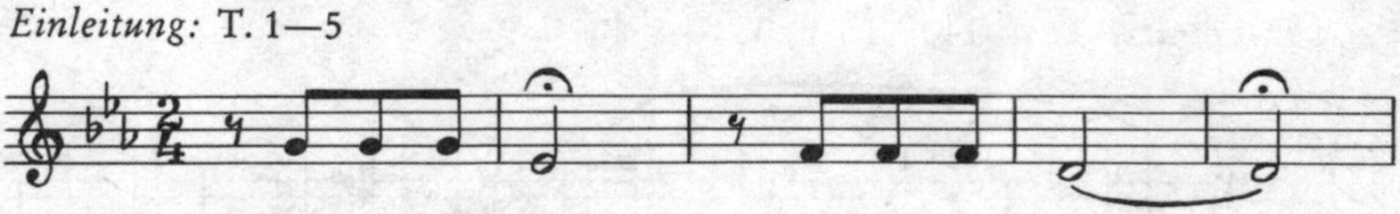

Exposition: T. 6—122

1. Gr. T. 6—62: H. T. 6—21

Zwischensatz T. 25—62
2. Gr. T. 63—109: H. T. 63—66

Epilog T. 110—122
Durchführung: T. 125—247
Reprise: T. 248—373
Satz-Coda: T. 374—502 (durchführungsartig breit angelegt)

2. S a t z (Variationenform/Haupttonart As-dur)
Themagruppe: T. 1—49: Th. a) T. 1—8

Th. b) T. 23—26

1. Variation: T. 50—98
2. Variation: T. 99—106 (nur Th. a))
3. Variation: T. 107—114 (nur Th. a))
4. Variation: T. 115—166 (erweitert)
5. Variation: T. 167—184 (nur Th. a), Minore)
6. Variation: T. 185—204 (nur Th. a))
Satz-Coda: T. 205—247

3. S a t z (Dreiteilige Liedform/Haupttonart c-moll; Mittelsatz C-dur)
Hauptsatz: T. 1—140: Th. a) T. 1—8

Th. b) T. 19—26

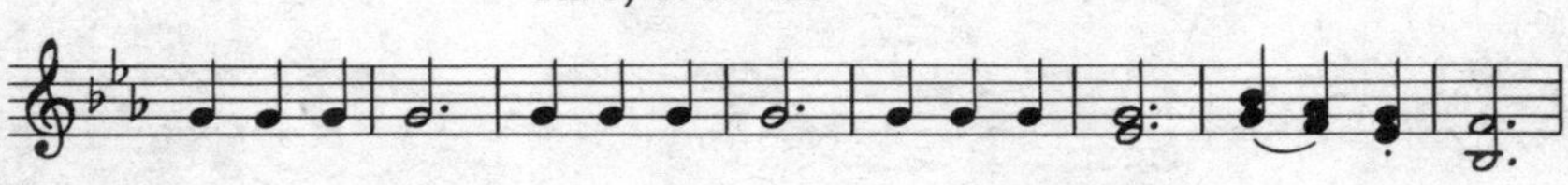

Mittelsatz: T. 141—235: Th. T. 141—146

Reprise des Hauptsatzes: T. 236—323
Satz-Coda: T. 324—373 (Überleitung zum Finalsatz)
4. Satz (Sonatensatzform/Haupttonart C-dur)
Exposition: T. 1—85
1. Gr. T. 1—44: H. T. 1—4

Zwischensatz T. 26—44 (mit einem selbständigen Nebengedanken T. 26—33)

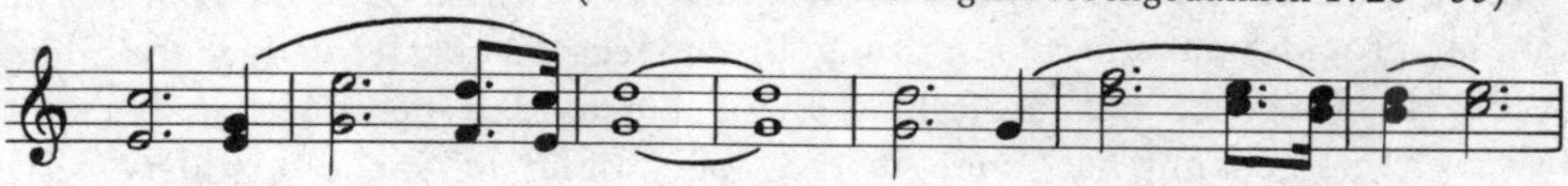

2. Gr. T. 45—63: H. T. 45—48

Epilog T. 64 —85
Durchführung: T. 86—152
Einschub: T. 153—206 (Reminiszenz aus dem 3. Satz)
Reprise: T. 207—317
Satz-Coda: T. 318—444

6. SYMPHONIE

F-dur op. 68

„Pastorale"

(Fürst Franz Joseph von Lobkowitz
und Graf Andreas Kyrillowitsch von Rasumowsky)

Sätze: Allegro ma non troppo (Erwachen heiterer Gefühle bei der Ankunft auf dem Lande)/ Andante molto mosso (Szene am Bach)/Allegro (Lustiges Zusammensein der Landleute)/Allegro (Gewitter, Sturm)/Allegretto (Hirtengesang — Frohe und dankbare Gefühle nach dem Sturm)
Orchester: 2 Fl., 1 Picc., 2 Ob., 2 Kl., 2 Fag., 2 Hr., 2 Trp., 2 Pos., P., Str.
Aufführungsdauer: ca. 40 Minuten
Verlag: Br. & H.

Geschichtliches

Die Kunstform des Pastorale („Hirtenstück" — „Schäferspiel") läßt sich sowohl in der Poesie als auch in der Musik bis in das Mittelalter zurückverfolgen. Auf dem Gebiet der Instrumentalmusik ist vor allem die Literatur des 17. und 18. Jahrhunderts an Stücken pastoralen Charakters reich. Bei allen diesen Werken spielte die deskriptive Musik mit Naturschilderungen, Vogelstimmen-Imitationen, Sturm- und Gewittermalerei eine große Rolle. Unter den Pastoral-Symphonien der zweiten Hälfte des 18. Jahrhunderts beansprucht in Hinblick auf Beethovens Pastorale ein Werk besonderes Interesse: die „Portrait musical de la Nature" betitelte Symphonie des Biberacher Komponisten Justinus Heinrich Knecht (1752—1817), der zeitweilig auch als Hofkapellmeister in Stuttgart wirkte. Dieses Werk ist in seiner programmatischen Gestaltung Beethovens Pastorale weitgehend ähnlich. Es ist wohl mit Sicherheit anzunehmen, daß der Meister Knechts Symphonie gekannt hat, weil sie 1784 bei Boßler in Speyer erschienen ist, dem Verlag, in dem ein Jahr vorher Beethovens Erstlingssonaten herausgekommen waren. Die ausführlichen Programmerläuterungen, die Knecht den fünf Abschnitten seiner Symphonie beigefügt hat, legen den Schluß nahe, daß Beethoven von den Gedankengängen dieses Komponisten inspiriert worden war. Den eigentlichen Anlaß, eine Symphonie auf die Natur zu schreiben, wird man jedoch in des Komponisten Naturliebe erblicken müssen. Der Meister war bekanntlich ein großer Naturfreund. Den Winter verbrachte er in der Stadt, während er in der übrigen Zeit des Jahres meist auf dem Lande lebte. Die Pastorale ist in der Zeit von September 1807 bis Sommer 1808 entstanden. Sie wurde im Juli 1808 ungefähr gleichzeitig mit der c-moll-Symphonie in Heiligenstadt beendet. Die Uraufführung erfolgte unter der Leitung des Meisters am 22. Dezember 1808 im Theater an der Wien, und zwar bei jenem Monsterkonzert, in welchem auch die 5. Symphonie op. 67, das 4. Klavierkonzert op. 58, die Chorphantasie op. 80 sowie mehrere Sätze der C-dur-Messe op. 86 erstmalig erklangen. Das Autograph befindet sich seit 1910 im Besitz des Beethovenhauses in Bonn. Im Mai 1809 ist die Pastorale bei Breitkopf & Härtel erschienen. Sie ist, wie die Fünfte, Beethovens prominentesten Wohltätern, dem Fürsten Franz Joseph von Lobkowitz und dem Grafen Andreas Kyrillowitsch von Rasumowsky gewidmet.

Stilistische Stellung

In den Skizzen wurde die 6. Symphonie erst „Sinfonia caracteristica" und „Sinfonia pastorella" bezeichnet, bei der Drucklegung überschrieb Beethoven sie schließlich: „Symphonie pastorale". Auf der Rückseite des Titelblattes steht der Vermerk: „Pastoral-Sinfonie oder Erinnerung an das Landleben", und in der 1. Violinstimme: „Mehr Ausdruck der Empfindung als Mahlerey." Unter den Skizzen finden sich noch einige weitere Anmerkungen, wie: „Jede Mahlerey, nachdem sie in der Instrumentalmusik zu weit getrieben, verliehrt." — „Auch ohne Beschreibung wird man das Ganze, welches mehr Empfindung als Tongemählde, erkennen." Hieraus ist zu entnehmen, daß es sich bei der Pastorale keineswegs um ein Werk der Programmusik* handelt, trotz dem Realismus verschiedener tonmalerischer Partien im Charakter der Schilderungsmusik der klassischen Zeit, wie sie z. B. auch in den beiden großen Oratorien von Haydn anzutreffen sind. Mit der Formulierung „Ausdruck der Empfindung" hat Beethoven seine künstlerische Absicht klar definiert: Die ästhetische Wirkung des Tonmalerischen in der Pastorale erschöpft sich nicht in einer musikalisch stilisierten Nachahmung der Natur, wie etwa bei Dittersdorfs Programmsymphonien nach Ovids Metamorphosen; sie vermittelt vielmehr darüber hinaus den Ausdruck der seelischen Empfindungen, wie sie in den Satz-Überschriften angedeutet sind. In diesem Sinne ist auch der 4. Satz aufzufassen, dessen Deutung als Programmusik naheliegt, weil hier der Meister den Verlauf eines Gewitters in einer tonmalerischen Zeichnung schildert, von der auch die freie Form des Satzes bestimmt wird. Was die kompositionstechnische Ausführung anlangt, so besticht, wie bei der Fünften, die großartige Konzentration der künstlerischen Aussage. Im 1. und im letzten Satz bedient sich der Meister des Kunstmittels der liegenden Bässe zur Erzielung des pastoralen Charakters, wobei er mit den schlichten und knapp dimensionierten Themen durch kontrapunktische Feinarbeit köstliche Wirkungen schafft. Der 2. Satz vermittelt das Naturerlebnis vor allem aus der traditionellen Malerei der Wasserbewegung und der Vogelstimmen-Imitation. Von realistischen Wirkungen erfüllt sind der 3. und 4. Satz: bei dem lustigen Zusammensein der Landleute die humoristische Verwendung rustikaler Motive (Dorfmusikanten, das Stampfen der Tänzer im Zweiviertel-Taktteil); im Gewittersatz das Rollen des Donners durch das Zusammenspiel von Violoncello-Quintolen mit den Sechzehnteln der Kontrabässe, die charakteristische Figur der 1. Violinen für das Zucken der Blitze sowie bei dem Losbrechen des entfesselten Naturelements der Einsatz der Piccoloflöte

* Die Programmusik sucht, meist nach einem literarischen Vorwurf, den Ablauf außermusikalischer Vorgänge mit charakteristischen musikalischen Mitteln darzustellen, deren Form und Inhalt bei dem Hörer entsprechende Gedankenverbindungen auslösen.

(Pfeifen des Sturmes), der Pauken (Donner) und der zwei Posaunen (Einschlag). Letztere drei Instrumente läßt der Komponist in den ersten drei Sätzen pausieren, um sie eigens für die hier beabsichtigte Wirkung aufzusparen. In feinsinniger Weise ist die Melodie der choralartigen Wendung der Holzbläser, die zum letzten Satz überleitet, aus dem die Regentropfen charakterisierenden Staccato-Motiv in der Vergrößerung gebildet. Der Finalsatz ist auf einem pastoralen Thema aufgebaut, das in variierter Verarbeitung bald lyrisch verklärt, bald hymnisch gesteigert erscheint, wodurch der fromme Hirtengesang bzw. die frohen und dankbaren Gefühle nach dem Sturm ihren stilisierten Ausdruck finden. Mit dem schalmeiartigen Motiv der Satzeinleitung, das von dem gedämpften 1. Horn leise intoniert wird, klingt das Werk stimmungsvoll aus.

Formübersicht:

1. Satz (Sonatensatzform/Haupttonart F-dur)

Exposition: T. 1—138

1. Gr. T. 1—66: H. T. 1—4

Zwischensatz T. 53—66

2. Gr. T. 67—92: H. T. 67—74

3. Gr. T. 93—114: H. T. 93—99

Epilog T. 115—126; Epilog-Coda T. 127—138

Durchführung: T. 139—278

Reprise: T. 279—414

Satz-Coda: T. 415—512

2. S a t z (Sonatensatzform/Haupttonart B-dur)
Exposition: T. 1—53
1. Gr. T.1—32: H. T. 1—6

Zwischensatz T. 19—32
2. Gr. T. 33—46: H. T. 33—37

Epilog T. 47—49; Epilog-Coda T. 50—53
Durchführung: T. 54—90
Reprise: T. 91—124
Satz-Coda: T. 125—139; Vogelstimmen-Kadenz T. 129 ff.

3. S a t z (Scherzo/Haupttonart F-dur)

Hauptsatz: T. 1—161: Th. a) T. 1—16

Th. b) T. 91—98

Überleitung zum Trio T. 161—164

Trio: T. 165—204: H. T. 165—168

Reprise des Hauptsatzes: T. 205—264 (verkürzt) *attacca:*

4. S a t z (Freie Form/Tonart wechselnd)

Regentropfen T. 3 ff:

Donnerrollen T. 21 ff:

Blitze T. 33 ff:

Sturm T. 78 ff

Einschlag T. 106 ff

5. Satz (Sonatensatzform/Haupttonart F-dur)
Einleitung: T. 1—8
Exposition: T. 9—55
1. Gr. T. 9—41: H. T. 9—16

Zwischensatz T. 32—41
2. Gr. T. 42—49: H. T. 42—45

Epilog T. 50—55
Durchführung: T. 56—116
Reprise: T. 117—163
Satz-Coda: T. 164—264

7. SYMPHONIE

A-dur op. 92

(Moritz Reichsgraf von Fries)

Sätze: Poco sostenuto-Vivace/Allegretto/Presto/Allegro con brio
Orchester: 2 Fl., 2 Ob., 2 Kl., 2 Fag., 2 Hr., 2 Trp., P., Str.
Aufführungsdauer: ca. 38 Minuten
Verlag: Br. & H.

Geschichtliches

Wie die meisten Symphonien Beethovens ist auch die Siebente in einem längeren Schaffensprozeß entstanden. So reichen die ersten Skizzen, unter denen sich bereits das hier noch „Variations“ überschriebene und nachmals so populär gewordene 1. Thema des 2. Satzes befindet, bis in das Jahr 1806 zurück. Die Trio-Melodie des Scherzos geht auf ein niederösterreichisches Wallfahrerlied zurück. Die Hauptbeschäftigung mit dem Werk fällt in die Zeit von Herbst 1811 bis Juli 1812. Bei einer Akademie im Universitätssaal Wien, am 8. Dezember 1813, kam die Siebente unter der Leitung des Meisters zur Uraufführung, zusammen mit der sogenannten Schlacht-Symphonie „Wellingtons Sieg oder Die Schlacht bei Vittoria" op. 91, die Beethoven ursprünglich für das mechanische Musikinstrument Panharmonium des Metronom-Erfinders Johann N. Mälzel konzipiert hatte. Im Orchester wirkten neben dem Konzertmeister Schuppanzigh die namhaftesten Musiker des damaligen Wien mit, darunter Salieri, Spohr, Hummel, Moscheles, Mayseder, Meyerbeer. Die 7. Symphonie wurde enthusiastisch aufgenommen, der 2. Satz mußte sogleich wiederholt werden. Das Autograph gelangte 1908 durch die Mendelssohn-Stiftung in den Besitz der Preußischen Staatsbibliothek, Berlin (z. Z. Deutsche Staatsbibliothek, Berlin). Die Drucklegung erfolgte Anfang November 1816 im Verlag S. A. Steiner & Co., Wien. Das Werk ist dem Reichsgrafen Moritz von Fries gewidmet, der einer jüdischen Patrizierfamilie aus der Schweiz entstammte. Der auch von Goethe geschätzte kunstliebende Graf führte dank seinem Reichtum ein großes und gastfreundliches Haus, in dem die vornehmste Wiener Gesellschaft, der Hochadel, Künstler und Gelehrte verkehrten und in dem sich die bedeutendsten Musiker, Schauspieler und Sänger produzierten. Beethoven stand in einem langjährigen freundschaftlichen Verhältnis zu der Familie des Grafen, der ihn auch materiell unterstützte.

Stilistische Stellung

Die 7. Symphonie wurde bekanntlich von Richard Wagner als „Apotheose des Tanzes" bezeichnet. In der Entfesselung des Rhythmischen verbindet sich bei ihr das Apollinische mit dem Dionysischen, der Höhenflug des Geistes mit dem Pulsschlag des Lebens. Nach einer spannungsgeladenen Einleitung, bei der wuchtige Akkordschläge und drängende Sechzehntel-Tonleitern den ruhigen Grundcharakter aufrütteln, beginnt mit dem federnden Hauptthema des 1. Satzes der symphonische Tanz. Der zwingende Rhythmus dieses Themas bleibt die bestimmende und treibende Kraft auch für die weitere Entwicklung des Satzes. Im 2. Satz, der von einem Quartsextakkord der Holzbläser und Hörner eingerahmt ist, erfährt die pulsierende Bewegung eine Moderierung zu einem Schreiten. Über dem ostinaten Bewegungsrhythmus erhebt sich ein feierlicher Gesang, der in erhabener Steigerung durch die verschiedenen Instrumente geht, unterbrochen von einem lyrischen Mittelsatz bzw. von einem kurzen Doppelfugato. Das ausgelassen dahinwirbelnde Scherzo führt in die Sphäre sprühenden Lebens zurück. Kontrastwirkungen im Dynamischen wie in der formalen Anlage beherrschen das Feld: zu den hüpfenden Rhythmen des Hauptsatzes tritt in starkem Gegensatz das in majestätischer Ruhe dahinströmende Trio mit der gleichsam als Fermate wirkenden liegenden Stimme in den Violinen bzw. in Pauke und Trompeten. Wie schon bei der 4. Symphonie, erscheint das Trio zweimal, was eine weitere Wiederholung des Hauptsatzes zur Folge hat. Ausrufungszeichen gleich, leiten zwei energiegeladene Tutti-Fanfaren den letzten Satz ein, in welchem das Dionysische mit den fortlaufend gleichartigen primitiven Kadenzierungen, mit den kraftgeladenen Schwerpunktsverschiebungen auf den leichten Taktteil, mit der erregenden Wirkung der ostinaten Bässe und der Orgelpunkte sowie mit der Steigerung des Rhythmus vom stampfenden Marschschritt bis zum stürmischen Galopp vollends entfesselt wird.

Formübersicht:

1. Satz (Sonatensatzform/Haupttonart A-dur)
Einleitung: T. 1—62
Exposition: T. 63—176
1. Gr. T. 63—118: H. T. 67—74

Zwischensatz T. 112—118
2. Gr. T. 119—141: H. T. 119—124

Epilog T. 142—176
Durchführung: T. 177—277
Reprise: T. 278—390
Satz-Coda: T. 391—450

2. Satz (Dreiteilige Liedform/Haupttonart a-moll)
Hauptsatz: T. 1—116: 1. Th. a) T. 3—26

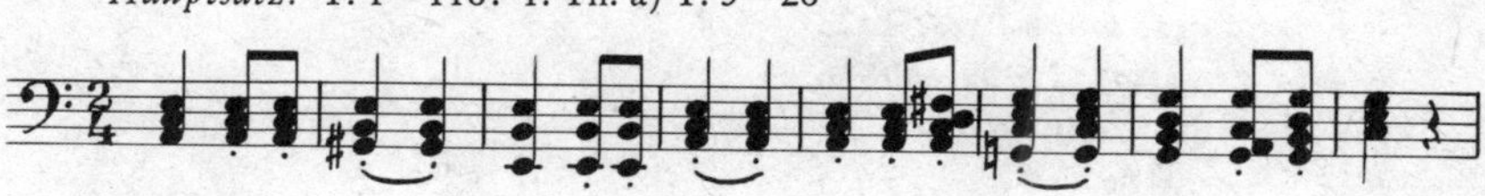

1. Th. b) T. 27—50 (kombiniert mit 1. Th. a))

Zweimalige Wiederholung der kombinierten Th.; Überleitung T. 99—101
2. Th. T. 101—109

Mittelsatz: T. 117—149: Th. T. 117—120

Reprise des Hauptsatzes: T. 150—242 (beginnt mit den kombinierten zwei 1. Th., dann durchführungsartiger Einschub [Fugato], anschließend 2. Th.)
Satz-Coda: T. 243—278

3. S a t z (Scherzo/Haupttonart F-dur; Trio D-dur)
Hauptsatz: T. 1—148: H. T. 1—24

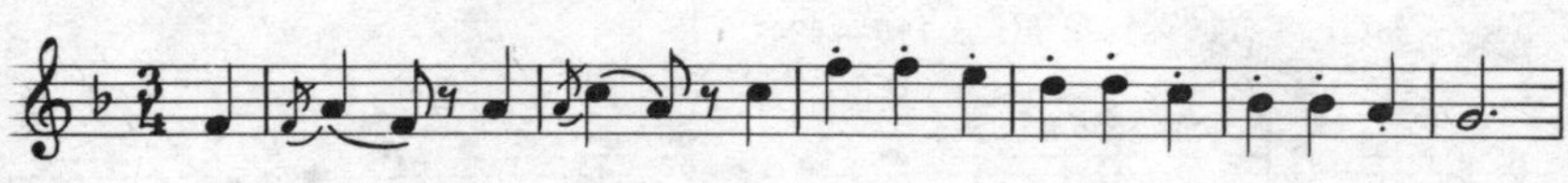

Trio: T. 149—236: H. T. 149—164

1. Reprise des Hauptsatzes: T. 237—408
Reprise des Trios: T. 409—496
2. Reprise des Hauptsatzes: T. 497—644
Satz-Coda: T. 645—653

4. S a t z (Sonatensatzform/Haupttonart A-dur)
Einleitung: T. 1—4
Exposition: T. 5—121
1. Gr. T. 5—73: H. T. 5—20

Zwischensatz T. 20—73
2. Gr. T. 74—92: H. T. 74—78

Epilog T. 92—121
Durchführung: T. 122—219
Reprise: T. 220—340
Satz-Coda: T. 341—465

8. SYMPHONIE
F-dur op. 93

Sätze: Allegro vivace e con brio/Allegretto scherzando/Tempo di Menuetto/ Allegro vivace
Orchester: 2 Fl., 2. Ob., 2 Kl., 2 Fag., 2 Hr., 2 Trp., P., Str.
Aufführungsdauer: ca. 26 Minuten
Verlag: Br. & H.

Geschichtliches

Die ungefähr gleichzeitig mit der 7. Symphonie entstandene Achte wurde von Beethoven selbst hoch geschätzt. So äußerte er bei einem Vergleich der beiden Werke, die Siebente gehöre zu seinen großen Symphonien, die Achte sei aber die bessere. Die Entstehung der 8. Symphonie fällt in die Jahre 1811/12, wobei der Meister an dem Werk hauptsächlich im Sommer 1812 in verschiedenen böhmischen Bädern gearbeitet hat. Gelegentlich einer Akademie am 27. Februar 1814 im Großen Redoutensaal zu Wien führte Beethoven seine Achte zum erstenmal auf, zusammen mit dem Terzett „Tremate, empi“ op. 116 sowie mit einer Wiederholung der 7. Symphonie und der „Schlacht bei Vittoria". Das Autograph kam 1875 in den Besitz der Preußischen Staatsbibliothek, Berlin (z. Z. Deutsche Staatsbibliothek, Berlin). Die Drucklegung erfolgte 1817 im Verlag S. A. Steiner & Co., Wien. Die Achte ist die einzige Beethoven-Symphonie, die keine Widmung trägt.

Stilistische Stellung

Die 8. Symphonie ist in der Klarheit des Aufbaus, in der Konzentriertheit der Aussage und in der Schlagkraft der Wirkung eine der reifsten und genialsten Schöpfungen des Meisters. Der 1. Satz ist voll ungebändigter Kraft. Entsprechend dem lebendigen Grundcharakter des Werkes ist auf den sogenannten Langsamen Satz verzichtet. An dessen Stelle tritt ein humorvolles Allegretto scherzando von durchsichtiger Faktur, welches mit kammermusikalischer Feinarbeit ausgestattet ist. Das über einen stereotypen Begleitrhythmus aufgebaute Hauptthema dieses Satzes soll nach Schindlers Zeugnis auf einen Scherzkanon zurückgehen, den der Meister im Frühjahr 1812 auf den Erfinder des Metronoms Johann N. Mälzel bei einer Gesellschaft im Freundeskreis improvisiert hatte. Dies dürfte jedoch nicht den Tatsachen entsprechen, da das Metronom, dessen Idee eigentlich von dem Amsterdamer Mechaniker Dietrich Nikolaus Winkel stammte und von dem geschäftstüchtigen Mälzel nur ausgewertet wurde, erst einige Jahre nach der Entstehung der Achten (1816) konstruiert worden ist. Überdies beweisen die erhaltenen Skizzen, daß der Ureinfall des Themas schon längere Zeit zurücklag. Auch das übliche Scherzo fehlt; es wird von einem gemütlichen Menuett mit volksliedhafter Thematik ersetzt. Voll überschäumender Lebensfreude ist der Ausdrucksgehalt des letzten Satzes. Seinem bald im Pianissimo dahinhuschenden, bald im Fortissimo übermütig polternden 1. Thema ist ein lyrischer Seitengedanke gegenübergestellt. Bemerkenswert ist hier die durch eine zweimalige Reprise und Durchführung erweiterte Sonatensatzform.

Formübersicht:

1. Satz (Sonatensatzform/Haupttonart F-dur)

Exposition: T. 1—104

1. Gr. T. 1—37: H. T. 1—11

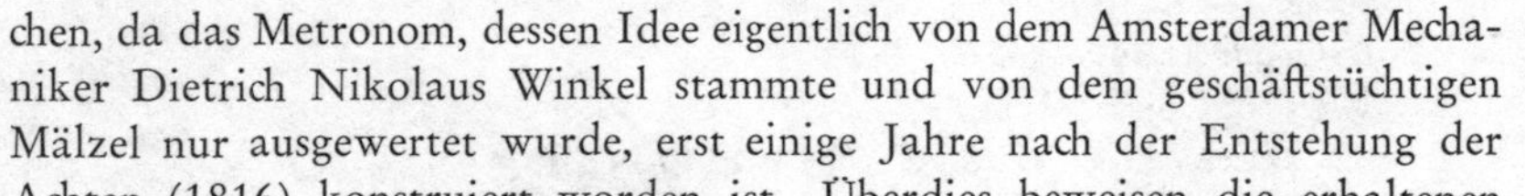

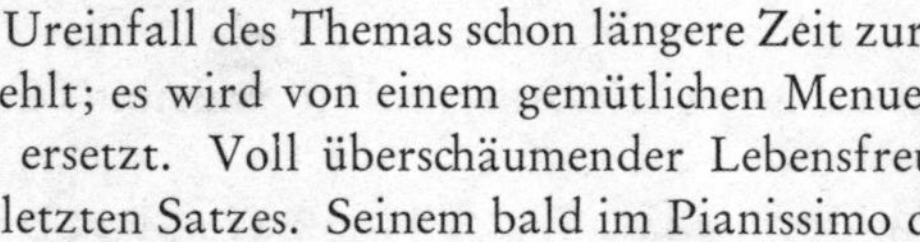

Zwischensatz T. 12—37

2. Gr. T. 38—69: H. T. 38—43

Epilog T. 70—104

Durchführung: T. 104—189

Reprise: T. 190—301

Satz-Coda: T. 301—373

2. S a t z (Sonatensatzform ohne Durchführung/Haupttonart B-dur)

Exposition: T. 1—39

1. Gr. T. 1—19: H. T. 2—3

Zwischensatz T. 9—19

2. Gr. T. 20—29: H. T. 20—23

Epilog T. 30—39

Reprise: T. 40—72

Satz-Coda: T. 73—81

3. S a t z (Menuett/Haupttonart F-dur)

Hauptsatz: T. 1—44: H. T. 3—10

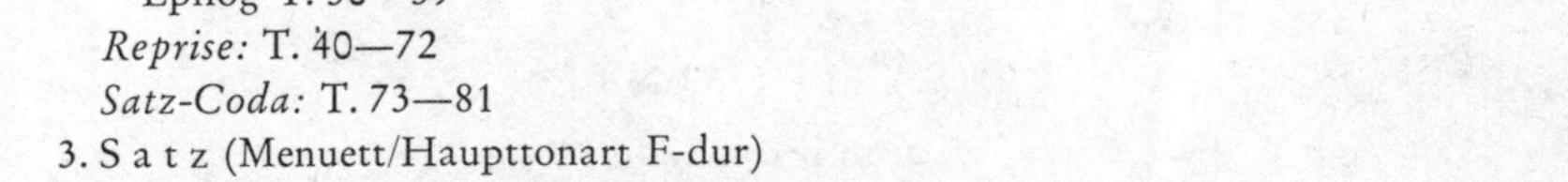

Trio: T. 45—78: H. T. 45—52

Reprise des Hauptsatzes: T. 1—44

4. S a t z (Sonatensatzform/Haupttonart F-dur)
Exposition: T. 1—90
1. Gr. T. 1—47: H. T. 1—10

Zwischensatz T. 28—47
2. Gr. T. 48—67: H. T. 48—55

Epilog T. 68—90
1. Durchführung: T. 91—161
1. Reprise: T. 162—266
2. Durchführung: T. 267—355
2. Reprise: T. 356—437
Satz-Coda: T. 438—502

9. SYMPHONIE
d-moll op. 125
(König Friedrich Wilhelm III. von Preußen)

Sätze: Allegro, ma non troppo, un poco maestoso/Molto vivace/Adagio molto e cantabile/Presto
Orchester: 2 Fl., 1 Picc., 2 Ob., 2 Kl., 2 Fag., 1 Kfag., 4 Hr., 2 Trp., 3 Pos., P., Triangel, große Trommel, Becken, Str.
Solisten: 1 Sopran, 1 Alt, 1 Tenor, 1 Baß
Chor: Sopran, Alt, Tenor, Baß
Aufführungsdauer: ca. 68 Minuten
Verlag: Br. & H.

Geschichtliches

Unter allen Werken Beethovens hatte seine 9. Symphonie die längste Entstehungszeit. Die erste Skizze, welche das Hauptthema des Scherzos enthält, stammt aus dem Jahre 1815. Es folgen dann weitere Entwürfe zum 1. und 2. Satz in den Jahren 1817/18. Wegen der vordringlichen Arbeit an der Missa solemnis op. 123 unterbrach Beethoven seine Beschäftigung mit der Neunten, die er erst im Sommer 1822 wieder aufnehmen konnte. Die Hauptarbeit fällt in das Jahr 1823. Ende dieses Jahres lag das Werk in Skizze und Februar 1824 in Partitur fertig vor. Der Entstehungsprozeß zeugt von dem mühevollen und zähen Ringen des Meisters um die endgültige Gestaltwerdung und von dem langwierigen Ausreifen der musikalischen Gedanken bei allen vier Sätzen, das Trio des Scherzos ausgenommen, das verhältnismäßig schnell entstanden ist. Insbesondere der letzte Satz bereitete dem Komponisten großes Kopfzerbrechen, hatte er doch noch im Sommer 1823 hierfür ein „Finale istrumentale“ skizziert, bis er sich endgültig für die Fassung mit Hinzuziehung der menschlichen Stimme entschied. Der Plan einer Komposition von Schillers Ode „An die Freude“ reicht weit zurück. Bereits in seiner Bonner Zeit (1793) hatte Beethoven die Absicht, das Schillersche Gedicht zu vertonen. Im Jahre 1812 taucht erneut der Gedanke auf, Teile der Ode im Rahmen einer Ouverture mit Chor zu komponieren. Aus dem hierfür skizzierten Material schuf der Meister später (1815) die „Ouverture zur Namensfeier“ op. 115. Die Idee einer Vertonung der Ode für den Finalsatz der Neunten tritt zum erstenmal in einem Skizzenheft von 1822 zutage. In der zweiten Hälfte des Jahres 1823 nahm Beethoven die Ausarbeitung des letzten Satzes in Angriff, wobei er zuerst den chorischen Teil und die vorangehenden Instrumentalvariationen über die Freuden-Melodie und erst zum Schluß die instrumentale und rezitativische Einleitung komponierte. Aus den Skizzen ist zu ersehen, daß dem Meister vor allem die Überleitung zu Schillers Versen große Mühe machte. So wollte er ursprünglich dem Baß-Rezitativ die Worte unterlegen: „Laßt uns das Lied des unsterblichen Schiller singen!“ Er überlegte noch andere Wendungen, bis er die endgültige Lösung fand: „O Freunde, nicht diese Töne! — sondern laßt uns angenehmere anstimmen, und freudenvollere!“. Von Schillers Ode wurden vertont: die 1. und 3. Strophe vollständig, von der 2. Strophe nur der erste Teil und von der 4. Strophe nur der zweite Teil. Die Uraufführung der Neunten fand in einer Akademie Beethovens am 7. Mai 1824 im k.u.k. Hoftheater nächst dem Kärntnertor statt, bei der zu Beginn die 1822 zur Eröffnung des Josephstädter Theaters geschriebene Ouverture „Zur Weihe des Hauses“ op. 124 gespielt wurde und außerdem drei Sätze aus der Missa solemnis (Kyrie, Credo und Agnus Dei) zum erstenmal in Wien erklangen. Die Solisten waren: Henriette Sonntag (Sopran), Caroline Unger (Alt), Anton Haitzinger (Tenor) und der Bassist Seipelt. Da der taube Meister die Beifallsstürme nicht hören konnte, schrieb ihm Schindler auf die Konversationstafel über die Reaktion des Publikums: „zerdrückt, zertrümmert über die Größe Ihrer Werke". Von dem Autograph schenkte Beethoven kurz vor seinem Tod seinem Freund Schindler die ersten drei Sätze und Teile des 4. Satzes. In den Jahren 1846 und 1901 kam nach und nach die gesamte Eigenschrift-Partitur in den Besitz der Preußischen Staatsbibliothek, Berlin (z. Z. Deutsche Staatsbibliothek, Berlin). Im Druck erschien die Neunte Ende August 1826 bei dem Verlag Schott in Mainz. Beethoven hatte ursprünglich vor, das Werk seinem ehemaligen Schüler Ferdinand Ries zu widmen, der seit 1813 in London lebte und dort als einflußreiches Mitglied der Philharmonischen Gesellschaft Beethoven wiederholt Kompositionsaufträge und Einladungen zu Konzertreisen nach der britischen Hauptstadt vermittelte. Der Meister hatte für London die Komposition von zwei Symphonien geplant, ausgeführt wurde jedoch nur eine, die Neunte. Aus den Konzertreisen wurde nichts, ebenso unterblieb die Widmung an Ries, sehr zu dessen Enttäuschung. Nachdem Zar Alexander I. von Rußland, dem nunmehr Beethoven seine Neunte zueignen wollte, 1825 gestorben war, erfolgte schließlich die Widmung an König Friedrich Wilhelm III. von Preußen. Dieser ließ dem Meister mit einem Dankschreiben einen Brillantring übersenden; in Beethovens Hände gelangte aber nur ein einfacher Goldring mit einem rötlichen Stein von geringem Wert. Es blieb unaufgeklärt, ob es sich hierbei um einen Irrtum oder einen Betrug des ausführenden Organs am preußischen Hof handelte.

Stilistische Stellung

Mit der 9. Symphonie und der Missa solemnis erlangte Beethovens Monumentalstil einen Gipfel, der von keinem anderen seiner Werke erreicht, geschweige denn überboten worden ist. Aber auch ihrem inneren und geistigen Gehalt nach stellen diese beiden Werke Schöpfungen von einer Spannweite dar, die alle Bezirke seelischen Erlebens umfaßt. Es sind Ausnahmewerke, die nicht in den musikalischen Alltag gehören, sondern nur in festlichem Rahmen dargeboten werden sollten, weil sie nicht nur äußerste Anforderungen an die Ausführenden stellen, sondern auch eine außergewöhnliche Aufnahmebereitschaft von seiten der Zuhörerschaft verlangen. Die dunklen und kämpferischen Gewalten des 1. Satzes mit dem schon in der 2. Symphonie vorausgeahnten Hauptthema eröffnen das symphonische Drama. Nach der dämonischen Hetzjagd des Scherzos, das hier mit wohlüberlegter Absicht an die zweite Stelle der Satzfolge gerückt ist, und nach dem heiligen Gesang des reichvariierten Adagios leitet eine dissonante „Schreckensfanfare" zu dem großartigsten Instrumentalrezitativ der Musikliteratur über. Eingestreut in das ausdrucksvolle, bald leidenschaftliche, bald resignierende Unisonorezitativ der Violoncelli und Kontrabässe ziehen nochmals die Hauptgedanken der ersten drei Sätze vorüber. Überraschend werfen die Holzbläser in zarter Intonation einen neuen Gedanken ein, welcher den rezitativischen Gesang der Baßinstrumente zu einer abschließenden Wendung führt. Diese greifen die neuaufgetretene Weise, das Freuden-Thema, nun selbst auf. Nach und nach stimmen in kanonartigen Einsätzen die anderen Instrumente ein, bis schließlich die Melodie im strahlenden Glanz des Tutti aufleuchtet. In dramatisch erregender Weise wird der Freudengesang jäh abgebrochen durch das nochmalige Einfallen der Schreckensfanfare des Satzbeginns. Da tritt wie ein Deus ex machina die menschliche Stimme auf den Plan, was nicht als Versagen der Instrumentalmusik, wie Richard Wagner meinte, aufzufassen ist, sondern als höchster Grad einer die letzten Möglichkeiten musikalischer Ausdrucksweise erschöpfenden künstlerischen Gestaltungsreife bezeichnet werden muß. Überdies erfolgt die Vertonung der Schillerschen Ode nicht in Art einer Kantate, die der Symphonie angehängt ist, sondern im Rahmen einer symphonischen Variationenform. Bei den nun folgenden Variationen erfährt die Freuden-Melodie verschiedene Abwandlungen, am originellsten vielleicht in dem fröhlichen B-dur-Marsch mit dem Tenor-Solo („Froh, wie seine Sonnen fliegen") sowie anschließend in dem stürmischen Doppelfugato des Orchesters. Die Tonart B-dur wird durch eine kühne harmonische Wendung zu ihrer Dominante erreicht, wodurch gleichzeitig das Wort „Gott" bei seinem letztmaligen Erklingen faszinierend gesteigert wird. Einen großartigen Gegensatz schafft eine Zwischengruppe mit dem psalmodierenden Gegenthema („Seid umschlungen, Millionen!") und dem darauffolgenden weihevollen Sang „Ihr stürzt nieder, Millionen", der auf einem Nonenakkord sphärenhaft ausklingt („Über Sternen muß er wohnen!"). Mit allem Prunk barocker Polyphonie erscheinen daraufhin Haupt- und Gegenthema in einem Doppelfugato kombiniert. Zum Abschluß führen Solostimmen und Chor den Variationensatz über die freudetrunkene, menschheitsverbindende Ode Schillers empor zu ekstatischem Jubel.

Formübersicht:

1. Satz (Sonatensatzform/Haupttonart d-moll)
   Exposition: T. 1—163

1. Gr. T. 1—79: H. T. 17—21

Zwischensatz T. 63—79 (mit einem Nebengedanken: T. 74—79)

2. Gr. T. 80—101: H. T. 80—87

3. Gr. T. 102—137: H. T. 102—105

Epilog T. 138—149; Epilog-Coda T. 150—163
Durchführung: T. 164—300 (mit einem Nebengedanken: T. 192—197)

Reprise: T. 301—512 (mit durchführungsartig erweitertem Epilog)
Satz-Coda: T. 513—547

2. S a t z (Scherzo/Haupttonart d-moll; Trio D-dur)

Hauptsatz: T. 1—425

1. Teil: T. 1—176

Einleitung T. 1—8

Th. a) T. 9—12 (fugenartig eingeführt)

Th. b) T. 93—100

Überleitung: T. 151—176

2. Teil: T. 177—263 Th. a) abwechselnd dreitaktig (unter Weglassung seines 4. Taktes) und viertaktig durchgeführt

Reprise des 1. Teils: T. 264—399

Überleitung: T. 400—425

Trio: T. 426—544: Th. a) T. 426—434

Th. b) T. 436—444

Reprise des Hauptsatzes: T. 545—957

Satz-Coda: T. 958—968

3. Satz (Variierte und erweiterte dreiteilige Liedform/Haupttonart B-dur)

Hauptsatz: T. 1—82: Th. a) T. 3—18

Th. b) T. 25—32

Wiederholung der Gruppe mit den Th. a) und b) (variiert): T. 43—82

Mittelsatz: T. 83—98

Reprise des Hauptsatzes: T. 99—151: Th. a) variiert, an Stelle von Th. b): durchführungsartiger Anhang

Satz-Coda: T. 151—157

4. Satz (Variationenform/Haupttonart d-moll — D-dur)

Einleitung: T. 1—91

Fanfare T. 1—7

Instrumental-Rezitativ T. 8—16

Wiederholung der Fanfare und Fortsetzung des Rezitativs T. 17—29; Reminiszenz 1. Satz T. 30—37; Fortsetzung des Rezitativs T. 38—47; Reminiszenz 2. Satz T. 48—55; Fortsetzung des Rezitativs T. 56—62; Reminiszenz 3. Satz T. 63—64; Fortsetzung des Rezitativs T. 65—76; Einführung des H.-Kopfes T. 77—80; Fortsetzung und Abschluß des Rezitativs T. 81—91

Themagruppe: T. 92—296: Th. (Freuden-Melodie) T. 92—115

nach dreimaliger Wiederholung des Th. Abgesang: T. 188—207

Wiedereintritt der Fanfare des Satzbeginns und Rezitativ des Baß-Sängers: T. 208—236

Zweimalige Wiederholung des Th., abwechselnd von den Solisten und dem Chor vorgetragen: T. 241—296

1. Variation: T. 297—320 (Solistenquartett und Chor)

Überleitung T. 321—330

2. Variation: T. 331—430 (Th. das erste Mal nur vom Orchester vorgetragen, das zweite Mal mit Tenorsolo und Männerchor)

3. Variation: T. 431—516 (Doppelfugato des Orchesters über den Th.-Kopf)

Nachsatz T. 517—542

4. Variation: T. 543—594 (Chor)

Zwischengruppe: T. 595—654 (Chor): Th. a) T. 595—626

Th. b) T. 627—654

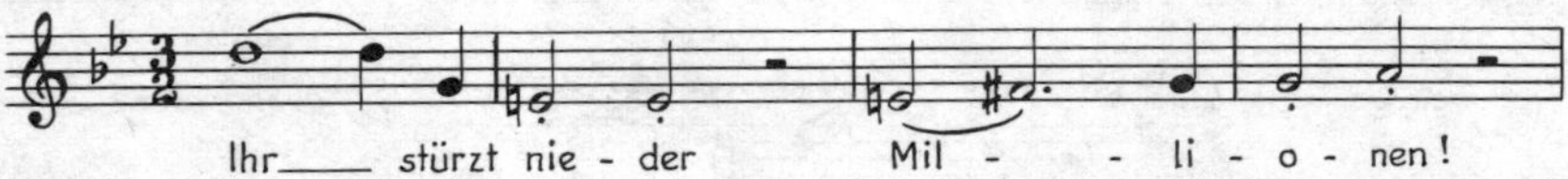

5. *Variation:* T. 655—729 (Chor): Doppelfuge (Freuden-Melodie mit Th. a) der Zwischengruppe kombiniert)

anschließend Nachsatz T. 730—762

Satz-Coda: T. 763—940 (Soli und Chor; durchführungsartig breit angelegt)

FRANZ PETER SCHUBERT

* 31. Januar 1797 in Lichtenthal bei Wien (jetzt: Wien IX),
† 19. November 1828 in Wien

Biographisches

Franz Schuberts Vorfahren waren Bauern und im Neißer-Land (Schlesien) ansässig. Der Vater des Komponisten, Franz Theodor Schubert, stammte aus Neuendorf in Mähren. Er war nach seiner Ausbildung in Wien seit 1786 als „Wirklicher Lehrer" an der Trivialschule am Himmelpfortgrund in Lichtenthal bei Wien tätig. Seine um sieben Jahre ältere Ehefrau, die Schlosserstochter Maria Elisabeth Vietz, aus dem am Fuß der Bischofskoppe gelegenen Zuckmantel, war auch Schlesierin. Nachdem Schubert von seinem Vater und von seinem ältesten Bruder Ignaz sowie von dem Chorregenten der Pfarrkirche „Zu den vierzehn Nothelfern" in Lichtenthal, Michael Holzer, einen gediegenen Elementarunterricht erhalten hatte, wurde er im Oktober 1808 nach wohlbestandener Prüfung durch den Hofmusikdirektor Antonio Salieri und den Vize-Hofkapellmeister Jospeh Eybler als Sängerknabe in die k. u. k. Hofkapelle und damit auch als Schüler in das Stadtkonvikt aufgenommen, das ehemals eine Lehranstalt der Jesuiten war und seit 1803 von dem Piaristenorden betreut wurde. In dem Konviktsorchester, das von dem Burgtheater-Bratscher und Hoforganisten Wenzel Ruziczka geleitet wurde, durfte er als Geiger mitwirken. Hierbei hatte er Gelegenheit, eine große Anzahl Instrumentalwerke, vor allem aber die Symphonien Haydns, Mozarts und Beethovens kennenzulernen. Anderseits wurde er als Sängerknabe der weltberühmten Hofkapelle in die Kunst der Vokalmusik eingeführt und mit den Gesangswerken der alten und der zeitgenössischen Meister vertraut gemacht. Im Juli 1812 wurde er auch Schüler Antonio Salieris, der die Begabung des Jünglings wohl zu schätzen wußte, aber nie sich für ihn fördernd einsetzte. Am 4. November 1828 meldete sich der Meister noch bei Simon Sechter zum Unterricht im strengen Satz an; zwei Wochen danach machte jedoch eine Typhuserkrankung seinem Leben ein allzufrühes Ende.

1. SYMPHONIE

D-dur (D 82)

(Dr. Franz Innozenz Lang)

Sätze: Adagio-Allegro vivace/Andante/Menuetto (Allegro)/Allegro vivace
Orchester: 1 Fl., 2 Ob., 2 Kl., 2 Fag., 2 Hr., 2 Trp., P., Str.
Aufführungsdauer: ca. 26 Minuten
Verlag: Br. & H.
Autograph: GMfr

Geschichtliches

Schubert, der, ähnlich wie Mozart, bereits im Kindesalter die Fülle seiner Eingebungen leicht und rasch zu Papier brachte, komponierte während seiner Konviktszeit eine stattliche Reihe von Liedern und Instrumentalwerken, die er kurz vor seinem Austritt aus dem Konvikt mit seiner 1. Symphonie krönte. Diese wurde am 28. Oktober 1813 vollendet und dem Konviktsdirektor gewidmet. Das Werk ist wohl erstmalig von dem Orchester des Instituts gespielt worden, seine Veröffentlichung erfolgte jedoch erst 1884 im Rahmen der von Eusebius Mandyczewski besorgten Gesamtausgabe (I, 1) bei dem Verlag Breitkopf & Härtel, Leipzig.

Stilistische Stellung

Die stilistische Einordnung Schuberts wird unterschiedlich gehandhabt. So wird er bald zu den Wiener Klassikern, bald zu den Romantikern gerechnet. In der Tat sind beide Richtungen in seinen Werken vertreten, und gerade diese Mischung ergibt den typischen Eigenstil des Meisters. In seinem symphonischen Schaffen tritt zunächst eine deutlich wahrnehmbare Anlehnung an die Vorbilder Haydn, Mozart und Beethoven in Erscheinung. So hat bei Schuberts Erster besonders seine Lieblingssymphonie, Beethovens Zweite, zu Pate gestanden, und aus der Eroica wurde in freier Nachbildung das „Prometheus"-Thema für die 2. Gruppe des 1. Satzes übernommen. Es finden sich aber auch Mozartsche Züge, so besonders in dem liedhaften Andante, während der 3. Satz dem Menuett-Typus Haydns nahesteht. Das im klassischen Habitus musikantisch gestaltete Werk enthält darüber hinaus bereits Merkmale, die für das Idiom des späteren Schubert charakteristisch sind: eine in der Wiener Volksmusik beheimatete Melodik und die frappierende Wirkung mancher harmonischen Rückungen. In formaler Hinsicht ist bemerkenswert, daß bei der Reprise des 1. Satzes die langsame Einleitung mit einbezogen wurde.

Formübersicht:

1. S a t z (Sonatensatzform/Haupttonart D-dur)
Einleitung: T. 1—20
Exposition: T. 21—207
1. Gr. T. 21—77: H. T. 21—28

2. Gr. T. 78—140: H. T. 78—86

Epilog T. 141—207

Durchführung: T. 208—322

Reprise: T. 323—522 (Langsame Einleitung des Satzes mit einbezogen)

Satz-Coda: T. 523—548

2. Satz (Dreiteilige Liedform/Haupttonart G-dur)

Hauptsatz: T. 1—22: H. T. 1—7

Mittelsatz: T. 23—91: H. T. 23—30 (mit durchführungsartigem Anhang)

Reprise des Hauptsatzes: T. 92—113

Satz-Coda: T. 114—126

3. Satz (Menuett/Haupttonart D-dur)

Hauptsatz: T. 1—62: H. T. 1—18

Trio: T. 63—95: H. T. 63—70

Reprise des Hauptsatzes: T. 1—62

4. Satz (Sonatensatzform/Haupttonart D-dur)

Exposition: T. 1—135

1. Gr. T. 1—84: H. T. 1—12

Zwischensatz T. 17—35; Wiederholung des H.; Nachsatz und Überleitung T. 52—84

2. Gr. T. 84—114: H. T. 86—93

Epilog T. 115—135
Durchführung: T. 136—196
Reprise: T. 197—334
Satz-Coda: T. 335—366

2. SYMPHONIE

B-dur (D 125)

Sätze: Largo-Allegro vivace/Andante/Menuetto (Allegro vivace)/Presto vivace
Orchester: 2 Fl., 2 Ob., 2 Kl., 2 Fag., 2 Hr., 2 Trp., P., Str.
Aufführungsdauer: ca. 28 Minuten
Verlag: Br. & H.
Autograph: GMfr

Geschichtliches

Schon ein Jahr nach seiner Ersten hat Schubert eine weitere Symphonie begonnen. Sie ist in der Zeit vom 10. Dezember 1814 bis 24. März 1815 entstanden. Der junge Meister hatte inzwischen nach einem zehnmonatigen Präparandenkurs im St.-Anna-Stift eine Stelle als Lehrer in der Schule seines Vaters angetreten. Im Gegensatz zu Beethoven, der sich selbstbewußt in den Kreisen des Wiener Hochadels bewegte und der durch diesen eine tatkräftige Förderung erfuhr, war der Schulgehilfe Schubert gesellschaftlich gehemmt, obwohl er gesellig war und einen großen Freundeskreis von Dichtern, Malern und Musikern hatte. Er fand daher keinen Mäzen, der ihm eine Aufführung seiner Symphonien ermöglichte. So kam es, daß die Zweite erst am 27. Oktober 1877 im Kristallpalast zu London durch A. F. Manns zur Uraufführung gelangte. Sir August Friedrich Manns war deutscher Abstammung und seit 1854 Dirigent am Crystal-Palace. Er setzte sich vor allem für selten gespielte Werke der Wiener Klassiker ein und führte 1881 in einem Schubert-Zyklus sämtliche Symphonien des Meisters auf. Die 2. Symphonie ist im Rahmen der Gesamtausgabe (I, 1) 1884 bei Breitkopf & Härtel erschienen.

Stilistische Stellung

Die Zweite unterscheidet sich in ihrer symphonischen Struktur kaum von der Ersten. Eine Anlehnung an Beethoven weist diesmal nur der 1. Satz auf dessen Hauptthema an das der „Prometheus"-Ouverture anklingt, während der 2. Satz mit seinen reizvollen Variationen, das Menuett mit seinem ländlerartigen Trio und das sprudelnde Finale mit seinem volkstümlich-lustigen Seitenthema mehr an Haydn und Mozart orientiert sind. Typisch für Schubert ist die bereits hier angestrebte Weitung der Form, die vor allem in den Ecksätzen mit ihren breitangelegten Epilogen evident ist, in denen rondoartig jeweils das 1. Hauptthema nochmals erscheint.

Formübersicht:

1. Satz (Sonatensatzform/Haupttonart B-dur)
   Einleitung: T. 1—10
   Exposition: T. 11—265
   1. Gr. T. 11—79: H. T. 11—14

Zwischensatz T. 49—79
2. Gr. T. 80—183: H. T. 80—87

Zwischensatz T. 126—183
Epilog T. 184—222 (beginnt mit einer Wiederholung des H. der 1. Gr. in der Dominanttonart); Epilog-Coda T. 223—265
Durchführung: T. 267—333
Reprise: T. 334—592 (beginnt in der Tonart der Unterdominante)
Satz-Coda: T. 592—614

2. Satz (Variationenform/Haupttonart Es-dur)
   Themagruppe: T. 1—17

Variationen 1—5: T. 18—102 (je Variation 17 Takte)
Satz-Coda: T. 103—122

3. S a t z (Menuett/Haupttonart c-moll; Trio Es-dur)
Hauptsatz: T. 1—44: H. T. 1—12

Trio: T. 45—68: H. T. 45—52

Reprise des Hauptsatzes: T. 1—44
4. S a t z (Sonatensatzform/Haupttonart B-dur)
Exposition: T. 1—299
1. Gr. T. 1—91: H. T. 5—12

Zwischensatz T. 55—91
2. Gr. T. 92—193: H. T. 96—111

Zwischensatz T. 136—193
Epilog T. 194—251 (beginnt mit einer Wiederholung des H. der 1. Gr. in der Tonart der Dominante); Epilog-Coda T. 252—299
Durchführung: T. 300—399
Reprise: T. 400—702
Satz-Coda: T. 703—727

3. SYMPHONIE
D-dur (D 200)

Sätze: Adagio maestoso-Allegro con brio/Allegretto/Menuetto vivace/Presto vivace
Orchester: 2 Fl., 2 Ob., 2 Kl., 2 Fag., 2 Hr., 2 Trp., P., Str.
Aufführungsdauer: ca. 23 Minuten
Verlag: Br. & H.
Autograph: GMfr

Geschichtliches

Das Jahr 1815 brachte quantitativ wie qualitativ einen ersten Schaffenshöhepunkt in Schuberts kompositorischem Wirken. Die reiche künstlerische Ernte des Achtzehnjährigen umfaßte zwei Symphonien, fünf Opern, ein Streichquartett, zwei Klaviersonaten sowie eine Reihe von Klavierstücken, zwei Messen und drei kleinere kirchliche Werke, sechzehn Männer- und drei Frauenchöre, drei Gesänge für gemischten Chor, eine Gratulationskantate (für den Vater) sowie 114 Lieder, darunter die nachmals so berühmt gewordenen „Rastlose Liebe“, „Heidenröslein“ und „Erlkönig“. Die 3. Symphonie ist in der Zeit vom 24. Mai bis 19. Juli 1815 entstanden. Es ist unverständlich, daß dieses köstliche Werk von den Zeitgenossen unbeachtet blieb und daß selbst ein Schubert-Freund wie der Wiener Hofkapellmeister Johann Herbeck 1860 in einem Konzert der Gesellschaft der Musikfreunde nur den letzten Satz aufführte, während er vorangehend drei Sätze aus anderen Schubert-Symphonien spielte. Die erste Aufführung des ganzen Werkes erfolgte erst am 19. Februar 1881 im Londoner Kristallpalast durch August Friedrich Manns. Die Dritte ist im Rahmen der Gesamtausgabe (I, 1) 1884 bei dem Verlag Breitkopf & Härtel veröffentlicht worden.

Stilistische Stellung

Es ist erstaunlich, in welch hohem Maß Schuberts symphonische Gestaltungskunst in der so kurzen Zeitspanne von der Vollendung der 2. Symphonie bis zur Komposition der Dritten gereift war. Zwar machen sich auch hier noch Bindungen an die Vorbilder bemerkbar; doch zeichnet sich bereits weitgehend die Physiognomie eines Eigenprofils ab, das in der mit wienerischem Charme ausgestatteten inspirierten Melodik, in der feingestuften Dynamik und vor allem in den überraschenden harmonischen Rückungen in Erscheinung tritt. Die klassische Form ist beibehalten, die künstlerische Aussage aber konzentrierter als bei den zwei vorangegangenen Symphonien. Das ganze Werk ist von heiterem und beschwingtem Charakter. Daher fehlt auch der Langsame Satz, an dessen Stelle ein mit volksliedartigen Weisen gestaltetes Allegretto tritt. Das Hauptthema des ungemein lebendigen Presto-Finales ist in der Art einer Tarantella angelegt; es zeugt von Schuberts Vertrautheit mit der südländischen Volksmusik, die er wohl seinem italienischen Lehrer Salieri verdankte, bedeutete aber vielleicht auch eine Konzession an den um diese Zeit einsetzenden Rossini-Kult.

Formübersicht:

1. S a t z (Sonatensatzform/Haupttonart D-dur)

Einleitung: T. 1—18

Exposition: T. 19—89

1. Gr. T. 19—55: H. a) T. 19—20

H. b) T. 35—38

Zwischensatz T. 43—55

2. Gr. T. 56—70: H. T. 56—60

Epilog T. 71—89

Durchführung: T. 90—142

Reprise: T. 143—199

Satz-Coda: T. 200—222

2. S a t z (Dreiteilige Liedform/Haupttonart G-dur)

Hauptsatz: T. 1—36: H. T. 1—8

Mittelsatz: T. 37—82: H. T. 37—40

Reprise des Hauptsatzes: T. 83—118

Satz-Coda: T. 119—124

3. S a t z (Menuett/Haupttonart D-dur)

Hauptsatz: T. 1—56: H. T. 1—8

Trio: T. 57—84: H. T. 57—64

Reprise des Hauptsatzes: T. 1—56

4. S a t z (Sonatensatzform/Haupttonart D-dur)

Exposition: T. 1—149

1. Gr. T. 1—82: H. T. 1—8

Zwischensatz T. 9—32; Wiederholung des H. und Nachsatz T. 33—82

2. Gr. T. 83—128: H. T. 83—87

Epilog T. 129—149

Durchführung: T. 150—195

Reprise: T. 196—352

Satz-Coda: T. 353—500

4. SYMPHONIE
c-moll (D 417)
„Tragische"

Sätze: Adagio molto-Allegro vivace/Andante/Menuetto (Allegro vivace)/ Allegro

Orchester: 2 Fl., 2 Ob., 2 Kl., 2 Fag., 4 Hr., 2 Trp., P., Str.

Aufführungsdauer: ca. 30 Minuten

Verlag: Br. & H.

Autograph: GMfr

Geschichtliches

Auch im Jahre 1816 hat Schubert wiederum zwei Symphonien geschrieben: seine Vierte in c-moll und seine Fünfte in B-dur. Die 4. Symphonie wurde am 27. April 1816 vollendet. Sie ist am 19. November 1849 durch die Musikgesellschaft Euterpe unter der Leitung von August Ferdinand Riccius in Leipzig uraufgeführt worden. Ihre Veröffentlichung erfolgte im Rahmen der Gesamtausgabe (I, 1) 1884 bei dem Verlag Breitkopf & Härtel.

Stilistische Stellung

Schubert soll die Bezeichnung ,,Tragische" für seine c-moll-Symphonie erst später vorgenommen haben. Es wird auch die Ansicht vertreten, daß diese Benennung gar nicht von dem Meister selbst, sondern von anderer Seite stamme, wie Robert Schumann meinte. Eduard Hanslick glaubte wiederum, man solle das Werk besser als „Pathetische" bezeichnen. Aber auch dies dürfte seinen Charakter nur teilweise umschreiben. Vielleicht wollte Schubert mit der Bezeichnung „Tragische" in erster Linie die elegische Grundhaltung seiner Vierten hervorheben. In der Tat fehlen hier jene sonnigen, heiteren oder volkstümlich-behaglichen Züge in Melodik und Gehalt, wie sie in den ersten drei Symphonien durchwegs anzutreffen sind. Wegen seiner Grundtonart c-moll, die sich in den Ecksätzen zum lichten C-dur aufhellt, wird das Werk oft zu Beethovens 5. Symphonie oder zu dessen Coriolan-Ouverture in Parallele gezogen. Die Auffassung, daß Schubert hier epigonenhaft in die Fußstapfen des Großen getreten sei, ist wohl ziemlich abwegig. Die breite formale Anlage und die vergrößerte Orchesterbesetzung (das einzige Mal vier Hörner in einer Schubert-Symphonie!) deuten zwar auf die Tendenz zu großformatiger Gestaltung. Aber während bei Beethoven der heroische Kampf und dramatische Entwicklungen im Brennpunkt des symphonischen Geschehens stehen, vollzieht sich dieses bei der „Tragischen" mehr in epischer Form. Dazu macht sich ein Vorherrschen romantischer Züge bemerkbar, verbunden mit einer Annäherung an den Stil der Lieder und Klavierkompositionen des Meisters. So wird dem Lyrischen ein breites Feld eingeräumt, wie in dem gefühlswarmen 2. Satz, dessen Kopf-Motiv der Komponist später noch einmal in seinem As-dur-Impromptu op. 142 Nr. 2 verwertet hat. Wie immer bei Schubert wird auch in dieser Symphonie das charakteristische Gepräge der Tonsprache vielfach durch die Kühnheit der Modulationen bestimmt.

Formübersicht:

1. Satz (Sonatensatzform/Haupttonart c-moll — C-dur)
   Einleitung: T. 1—29
   Exposition: T. 30—133

1. Gr. T. 30—66: H. T. 30—38

Zwischensatz T. 39—66
2. Gr. T. 67—112: H. T. 67—75

Zwischensatz T. 89—112
Epilog T. 113—133
Durchführung: T. 134—176
Reprise: T. 177—267
Satz-Coda: T. 268—286

2. S a t z (Sonatensatzform ohne Durchführung/Haupttonart As-dur)
Exposition: T. 1—109
1. Gr. T. 1—52: H. T. 1—8

Zwischensatz T. 25—52
2. Gr. T. 53—79: H. T. 53—56

Epilog T. 80—109
Reprise: T. 110—216
Satz-Coda: T. 216—271

3. S a t z (Menuett/Haupttonart Es-dur)
Hauptsatz: T. 1—54: H. T. 1—14

Trio: T. 55—86: H. T. 55—62

Reprise des Hauptsatzes: T. 1—54

4. Satz (Sonatensatzform/Haupttonart c-moll — C-dur)

Exposition: T. 1—193

1. Gr. T. 1—84: H. a) T. 5—20

H. b) T. 33—36

Zwischensatz T. 63—84

2. Gr. T. 85—128: H. T. 85—93

Epilog T. 129—188; Epilog-Coda T. 189—193

Durchführung: T. 195—288

Reprise: T. 289—476

Satz-Coda: T. 477—485

5. SYMPHONIE
B-dur (D 485)

Sätze: Adagio molto-Allegro vivace/Andante con moto/Menuetto (Allegro vivace)/Allegro

Orchester: 1 Fl., 2 Ob., 2 Fag., 2 Hr., Str.

Aufführungsdauer: ca. 27 Minuten

Verlag: Br. & H.

Autograph: PrStB

Geschichtliches

Die 5. Symphonie ist im September 1816 entstanden. Die Partitur wurde am 3. Oktober abgeschlossen. Das Werk ist noch im gleichen Jahr von einem Liebhaber-Orchester* im Hause des Burgtheatermusikers Otto Hadwig uraufgeführt worden. Die erste öffentliche Aufführung erfolgte mehr als ein halbes Jahrhundert später, am 1. Februar 1873, im Kristallpalast zu London unter der Leitung von August Friedrich Manns. Die Fünfte wurde 1885 im Rahmen der Gesamtausgabe (I, 2) bei dem Verlag Breitkopf & Härtel veröffentlicht.

Stilistische Stellung

Als Gegenstück zu seiner „Tragischen" ließ Schubert mit der 5. Symphonie ein Werk von heiterem Charakter folgen. Der Gegensatz tritt auch in der äußeren Ausstattung zutage. Der breiteren formalen Anlage sowie der größeren Orchesterbesetzung in der Vierten stehen bei der Fünften die knappe konzentrierte Form und eine Kammerorchester-Besetzung gegenüber. Letztere gab vielfach zu der Auffassung Anlaß, Schubert habe die instrumentale Beschränkung lediglich zur leichteren Ausführbarkeit des Werkes für das Liebhaber-Orchester vorgenommen. Dem widerspricht aber schon allein die Tatsache, daß das Hadwigsche Orchester auch Kompositionen mit größerer Besetzung zu spielen pflegte (z. B. von Méhul, Cherubini, Spontini, Beethoven). Und was den technischen Schwierigkeitsgrad anlangt, so sind in dieser Hinsicht die Anforderungen bei der Fünften keineswegs geringer als bei den übrigen Symphonien Schuberts. Es dürften also nicht äußere, sondern künstlerische Gründe für den Meister bestimmend gewesen sein, die instrumentalen Mittel bei seiner 5. Symphonie zu reduzieren. Offenbar weist die Struktur dieses Werkes ganz in die Welt Mozarts. Dabei mag Schubert vor allem dessen g-moll-Symphonie KV 550 als Vorbild vorgeschwebt haben, weil beiden Werken gewisse gemeinsame Züge zu eigen sind: die gleiche Orchesterbesetzung, Ähnlichkeiten in der formalen Anlage, in der Instrumentation und in manchen motivischen Wendungen. Ihrem geistigen Gehalt nach sind sie jedoch voneinander grundverschieden. Daher handelt es sich bei Schuberts 5. Symphonie nicht um ein Epigonenwerk. Sie ist nicht, wie der Wiener Kritiker

* Die Konzerte der „Liebhaber-Orchester", die oft ein beträchtliches künstlerisches Niveau aufwiesen, waren bis in das 19. Jahrhundert hinein ein wichtiger Faktor des öffentlichen Musiklebens gewesen. Sie spielen daher in der Geschichte des Konzertwesens eine bedeutsame Rolle.

Eduard Hanslick schmähte, „ein schwacher Abguß von Mozart", sondern in der ausgeprägten Individualität ihrer Tonsprache ein echtes Kind der Schubertschen Muse: reich an melodischer Erfindung und sonnig in ihrem biedermeierlichen Charakter.

Formübersicht:

1. S a t z (Sonatensatzform/Haupttonart B-dur)

Exposition: T. 1—117

1. Gr. T. 1—64: H. T. 5—23

Zwischensatz T. 41—64

2. Gr. T. 65—91: H. T. 65—72

Epilog T. 92—109; Epilog-Coda T. 110—117

Durchführung: T. 118—170

Reprise: T. 171—275

Satz-Coda: T. 276—299

2. S a t z (Sonatensatzform ohne Durchführung/Haupttonart Es-dur)

Exposition: T. 1—66

1. Gr. T. 1—23: H. T. 1—4

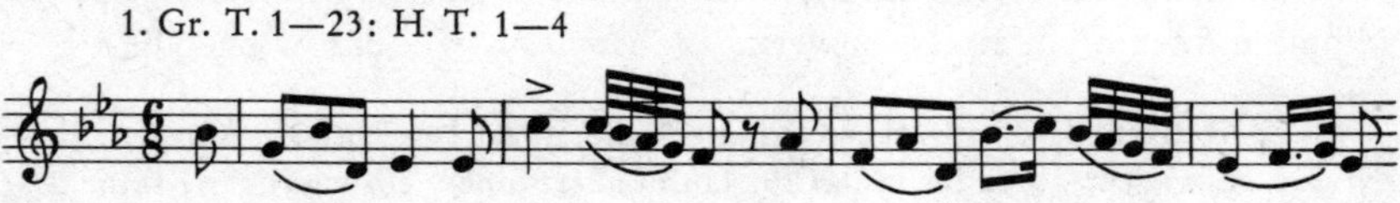

Zwischensatz T. 9—23
2. Gr. T. 24—41: H. T. 27—34

Epilog T. 41—66
Reprise: T. 67—117
Satz-Coda: T. 118—141
3. S a t z (Menuett/Haupttonart g-moll; Trio G-dur)
Hauptsatz: T. 1—88: H. T. 1—8

Trio: T. 89—128: H. T. 89—96

Reprise des Hauptsatzes: T. 1—88
4. S a t z (Sonatensatzform/Haupttonart B-dur)
Exposition: T. 1—151
1. Gr. T. 1—78: H. T. 1—8

Zwischensatz T. 47—78

2. Gr. T. 79—124: H. T. 79—94

Epilog T. 125—151
Durchführung: T. 152—236
Reprise: T. 237—386
Satz-Coda: T. 387—393

6. SYMPHONIE
C-dur (D 589)

Sätze: Adagio-Allegro/Andante/Scherzo (Presto)/Allegro moderato
Orchester: 2 Fl., 2 Ob., 2 Kl., 2 Fag., 2 Hr., 2 Trp., P., Str.
Aufführungsdauer: ca. 32 Minuten
Verlag: Br. & H.
Autograph: GMfr

Geschichtliches

Nachdem Schubert in den Jahren 1815 und 1816 je zwei Symphonien vollendet hatte, machte er auf diesem Schaffensgebiet eine Pause von etwa einem Jahr. Seine nächste Symphonie, die Sechste, entstand in der Zeit von Oktober 1817 bis Februar 1818. Sie wird heute gewöhnlich als „Kleine C-dur-Symphonie" bezeichnet zum Unterschied von der 1828 vollendeten großen und letzten Symphonie des Meisters, die in der gleichen Tonart steht und daher „Große C-dur-Symphonie" benannt wird. Die Uraufführung soll noch im Jahre 1818 durch ein Liebhaber-Orchester in Wien erfolgt sein, die erste öffentliche Aufführung fand jedoch erst zehn Jahre später am 14. Dezember 1828 unter der Leitung von J. Schmiedel in einem Konzert der Gesellschaft der Musikfreunde in Wien statt, das diese wohl zum Gedenken an den wenige Wochen vorher erfolgten Tod des Meisters veranstaltete. In dem Konzert sollte eigentlich die Große C-dur-Symphonie aufgeführt werden. Da dieses

Werk jedoch als „unspielbar“ abgelehnt worden war, griff man auf die 6. Symphonie zurück. Die Veröffentlichung der Sechsten erfolgte 1885 im Rahmen der Gesamtausgabe (I, 2) bei dem Verlag Breitkopf & Härtel.

Stilistische Stellung

Als Gioacchino Rossini 1816 auf der Wiener Opernbühne Fuß faßte, flogen ihm im Nu alle Herzen des Publikums zu. Selbst Beethoven sprach sich anerkennend über den Maestro aus, dessen melodischen Erfindungsreichtum und rasche Schaffensweise er bewunderte. Auch Schubert war, wenn auch mit Einschränkungen, von Rossini angetan, was ihn veranlaßte, im Jahre 1817 zwei „Ouverturen im italienischen Stil“ zu schreiben. In seiner etwa um die gleiche Zeit komponierten 6. Symphonie sind wohl ebenfalls Rossinische Einflüsse festzustellen, jedoch nicht in einem Maße, daß der Eindruck entstünde, der Meister habe hier seinen Eigenstil zugunsten einer dem Zeitgeschmack huldigenden Gestaltungsweise aufgegeben. Der Geist Rossinis ist vor allem im 2. und 4. Satz spürbar, wo sich stilistische Ähnlichkeiten in der Melodiebildung, der formalen Anlage (Ouverturenform), der Figuration und der Instrumentation finden. Bemerkenswert ist ferner, daß Schubert in der Sechsten zum erstenmal die Form des Beethovenschen Scherzos übernommen hat. Auch in der thematischen Gestaltung erinnert der 3. Satz, der breit angelegt ist, bisweilen an die entsprechenden Sätze in Beethovens 1. und 2. Symphonie. Das ganze Werk ist durchwegs von anmutigem und unbeschwertem Charakter, seine Melodik ist graziös und reizvoll, wenngleich sie hinsichtlich der Inspiration unter allen Schubert-Symphonien vielleicht am wenigsten Substanz hat.

Formübersicht:

1. Satz (Sonatensatzform/Haupttonart C-dur)
   Einleitung: T. 1—30
   Exposition: T. 31—152
   1. Gr. T. 31—78: H. T. 31—38

Zwischensatz T. 64—78
2. Gr. T. 79—110: H. T. 79—86

Epilog T. 111—152
Durchführung: T. 153—211
Reprise: T. 212—325
Satz-Coda: T. 326—391
2. S a t z (Sonatensatzform ohne Durchführung/Haupttonart F-dur)
Exposition: T. 1—80
1. Gr. T. 1—40: H. T. 1—8

2. Gr. T.41—74: H. T. 41—44

Epilog T. 75—80

Reprise T. 82—128 (H. der 1. Gr. variiert; 2. Gr. beginnt mit Zwischensatz T. 107 ff)

Satz-Coda: T. 129—134

3. S a t z (Scherzo/Haupttonart C-dur; Trio E-dur)

Hauptsatz: T. 1—170: H. T. 1—8

Trio: T. 171—240: H. T. 171—187

Rückleitung T. 241—250

Reprise des Hauptsatzes: T. 1—170

4. S a t z (Sonatensatzform ohne Durchführung/Haupttonart C-dur)

Exposition: T. 1—230

1. Gr. T. 1—90: H. T. 1—14

Zwischensatz T. 47—90

2. Gr. T. 91—127: H. T. 91—106

3. Gr. T. 128—182: H. T. 128—136

Epilog T. 182—230
Rückleitung T. 231—245
Reprise: T. 246—466
Satz-Coda: T. 467—561

SYMPHONIE
E-dur (D 729)

Autograph: Royal College of Music, London

Geschichtliches

Im August 1821 entwarf Schubert in Skizze eine Symphonie in E-dur, von der er jedoch nur 110 Takte ausarbeitete. Der Rest blieb unausgeführt. Schuberts Bruder Ferdinand sandte 1846 das Manuskript aus dem Nachlaß an Felix Mendelssohn Bartholdy, der aber eine Vollendung des Werkes nach den Skizzen ablehnte. Über Mendelssohns Bruder Paul gelangte das Autograph in die Hände des Direktors des Royal College of Music, Sir George Grove, auf dessen Veranlassung sodann der irische Komponist John-Francis Barnett die Symphonie vervollständigte. In dieser Fassung gelangte das Werk am 5. Mai 1883 im Kristallpalast in London zur Uraufführung. Barnetts Bearbeitung konnte aber ebensowenig wie die 1934 von Felix Weingartner vorgenommene bei der musikalischen Welt Anklang finden. Der Verlag Breitkopf & Härtel hat 1883 die Barnettsche Fassung im Klavierauszug erscheinen lassen. Die beiden handschriftlichen Exemplare der Partitur sind bei dem Brand des Kristallpalastes (1936) bzw. bei der Zerstörung des Verlagshauses von Breitkopf & Härtel in Leipzig (1943) vernichtet worden.

SYMPHONIE
h-moll (D 759)
„Unvollendete"

Sätze: Allegro moderato/Andante con moto
Orchester: 2 Fl., 2 Ob., 2 Kl., 2 Fag., 2 Hr., 2 Trp., 3 Pos., P., Str.
Aufführungsdauer: ca. 22 Minuten
Verlag: Br. & H.
Autograph: GMfr

Geschichtliches

Über die Entstehungsgeschichte von Schuberts h-moll-Symphonie, dem berühmtesten Werk des Meisters auf symphonischem Gebiet, konnte eine mit einwandfreien historischen Belegen gesicherte Klarheit bis heute noch nicht erzielt werden. Fest steht nur, daß Schubert das Werk im Herbst 1822 komponiert und mit der Ausführung der Partitur am 30. Oktober begonnen hat. Da nur der 1. und 2. Satz abgeschlossen vorliegen, erhielt die Symphonie den Beinamen „Unvollendete". Von dem Scherzo hat der Komponist noch neun Takte ausgeführt, sonst sind nur Skizzen erhalten. Felix Weingartner und einige andere Musiker unternahmen den gewagten Versuch, aus diesem Material Scherzo und Finale nachzukomponieren, ein Unterfangen, das bei der musikalischen Welt keinen Anklang finden konnte. Über die Gründe, warum Schubert nicht mehr selbst die beiden letzten Sätze vollendet hat, kann man nur Vermutungen anstellen. Es ist höchst unwahrscheinlich, daß der Meister, der seine Eingebungen rasch niederzuschreiben pflegte, die Vervollständigung gerade dieses Werkes für nicht lohnend hielt, weil ihm etwa die zwei fertiggestellten Sätze zu unbedeutend erschienen waren. Viel plausibler ist die Annahme, daß er zu der Überzeugung gelangt war, in den beiden Sätzen alles Wesentliche ausgesagt zu haben, so daß ihm, ähnlich wie Beethoven bei der Klaviersonate op. 90, eine viersätzige Fassung überflüssig erschien. Diese Auffassung würde auch der oft geübten Exegese entsprechen, welche die Unvollendete in Beziehung zu Schuberts Erzählung „Der Traum" bringt, die der Meister kurz vor Entstehung seiner h-moll-Symphonie verfaßt hatte (Juli 1822) und in der sich sein Lebens- und Künstlerschicksal widerspiegelt. Das Autograph der Unvollendeten schenkte Schubert 1824 dem Steiermärkischen Musikverein Graz zum Dank für die ihm im vorangegangenen Jahr verliehene Ehrenmitgliedschaft. Auch dies kann als Beweis dafür angesehen werden, daß der Meister die zweisätzige Symphonie für abgeschlossen betrachtete. Schuberts Freund und Mitschüler bei Salieri, der Komponist und damalige Direktor des Steiermärkischen Musikvereins Anselm Hüttenbrenner, bewahrte die Partitur bei sich auf. Als später der Wiener Hofkapellmeister Johann Herbeck durch Hüttenbrenners Bruder Joseph von der Schenkung Kenntnis erhalten hatte, suchte er Anselm in Ober-Andritz bei Graz auf und fand dort am 30. April 1865 unter anderen Schubert-Manuskripten das Autograph der Unvollendeten. Herbeck brachte sodann das Werk am 17. Dezember 1865 in einem Konzert der Gesellschaft der Musikfreunde in Wien zur Uraufführung. Die h-moll-Symphonie wurde erstmals 1866 veröffentlicht. In der Gesamtausgabe (I, 2) bei Breitkopf &

Härtel ist sie 1885 als Symphonie Nr. 8, und die später entstandene Große C-dur-Symphonie als Nr. 7 erschienen, entsprechend der Reihenfolge, in welcher diese Werke aufgefunden und uraufgeführt worden waren. Neuerdings wird die Numerierung vielfach nach der Entstehungszeit vorgenommen. Danach würde die Unvollendete unter Auslassung der E-dur-Symphonie als Schuberts 7. Symphonie zu bezeichnen sein.

Stilistische Stellung

Das Jahr 1822 kann als der Zeitpunkt angesehen werden, zu dem Schubert in das Stadium der künstlerischen Vollreife gelangt war. Dies bezeugen die drei Meisterschöpfungen, welche das kompositorische Schaffen dieses Jahres krönten: die Wanderer-Phantasie, die As-dur-Messe und die h-moll-Symphonie. Mit der Unvollendeten macht sich auf symphonischem Gebiet ein Stilwandel bemerkbar, demzufolge der Komponist gegenüber den vorangegangenen Symphonien neue Wege beschritten hat. Wohl hat er auch bei der h-moll-Symphonie am klassischen Formschema festgehalten; aber die Abhängigkeit von den Vorbildern ist nunmehr geschwunden. Erscheint bei den früheren symphonischen Werken der musikalische Ausdruck noch objektiv an die formale Fessel gebunden, so ist jetzt das Melos von einem poetischen Stimmungsgehalt ganz im Geist der Romantik erfüllt. Der eigentümliche Reiz der Unvollendeten liegt vielleicht darin, daß die beiden Sätze trotz der wundervollen Geschlossenheit des Werkes gegensätzliche Welten berühren: im Irdischen verwurzelt ist der 1. Satz mit seinem von Melancholie und Sehnsucht erfüllten 1. Hauptgedanken, seinem in der Wiener Volksmusik beheimateten 2. Thema und mit den von dramatischen Steigerungen durchzogenen kämpferischen Partien. Dem tritt im 2. Satz eine überirdische Sphäre von ewiger Schönheit und seliger Abgeklärtheit gegenüber.

Formübersicht:

1. S a t z (Sonatensatzform/Haupttonart h-moll)

Einleitung: T. 1—8

Exposition: T. 9—109

1. Gr. T. 9—41: H. T. 13—20

Zwischensatz T. 26—41
2. Gr. T. 42—93: H. T. 44—52

Zwischensatz T. 63—93
Epilog T. 94—109
Durchführung: T. 110—217
Reprise: T. 218—327
Satz-Coda: T. 328—368
2. S a t z (Sonatensatzform/Haupttonart E-dur)
Exposition: T. 1—111
1. Gr. T. 1—63: H. T. 3—7

Zwischensatz T. 33—63
2. Gr. T. 64—95: H. T. 66—83

Epilog T. 96—111
Durchführung: T. 111—141
Reprise: T. 142—267
Satz-Coda: T. 268—312

SYMPHONIE

„Gmunden-Gasteiner" (D 849)

Geschichtliches

Die 1825 in Gmunden und Gastein entstandene sog. „Gmunden-Gasteiner-Symphonie" ist verschollen. Nach dem Zeugnis von Schuberts Freunden v. Spaun, v. Schwind und v. Bauernfeld muß es sich um ein großes Werk gehandelt haben, das dem Meister sehr am Herzen lag. Er hat es daher auch der Gesellschaft der Musikfreunde in Wien gewidmet, von der er dafür ein Ehrengeschenk von 100 Gulden erhielt. Der Eingang der Partitur ist im Archivverzeichnis der Gesellschaft vermerkt. Eine Aufführung, die für den Winter 1825/26 geplant war, hat anscheinend nicht stattgefunden. Trotz allen Nachforschungen ist es bis jetzt nicht gelungen, die Partitur ausfindig zu machen. Anderseits ist es doch sehr unwahrscheinlich, daß ein so gewichtiges Werk aus dem sorgsam behüteten Archiv spurlos verschwinden konnte. Nun wäre es immerhin denkbar, daß Schubert, da offenbar eine Aufführung der Symphonie abgelehnt worden war, seine Partitur wieder zu sich nahm, um sie nochmals zu überarbeiten. Möglicherweise wäre dann die im März 1828 fertiggestellte Große C-dur-Symphonie eine Neufassung der „Gmunden-Gasteiner Symphonie". Dafür würde auch die Tatsache sprechen, daß die Gesellschaft der Musikfreunde im Frühjahr 1828 die C-dur-Symphonie aufzuführen versuchte (siehe diese/Geschichtliches). Natürlich stellt diese Ansicht nur eine Hypothese dar, deren Gültigkeit erst durch einwandfreie Belege erhärtet werden müßte.*

SYMPHONIE
C-dur (D 944)
„Große C-dur-Symphonie"

Sätze: Andante-Allegro ma non troppo/Andante con moto/Scherzo (Allegro vivace)/Finale (Allegro vivace)
Orchester: 2 Fl., 2 Ob., 2 Kl., 2 Fag., 2 Hr., 2 Trp., 3 Pos., P., Str.
Aufführungsdauer: ca. 50 Minuten
Verlag: Br. & H.
Autograph: GMfr

Geschichtliches

Es ist nicht überliefert, wann Schubert mit der Komposition seiner letzten Symphonie begonnen hat, bekannt ist lediglich, daß sie im März 1828 abgeschlossen wurde (vgl. „Gmunden-Gasteiner Symphonie"). Die Gesellschaft der Musikfreunde wollte anschließend das Werk in Wien zur Uraufführung bringen. Das großenteils aus Liebhabern bestehende Orchester lehnte aber nach einer Probe die Symphonie als unspielbar ab. So blieb die Partitur in Schuberts Nachlaß bei seinem Bruder Ferdinand liegen, bis sie am 1. Januar 1839 von Robert Schumann dort aufgefunden wurde. Dieser sandte sie sogleich an Felix Mendelssohn Bartholdy, der die Symphonie bald darauf, am 21. März 1839, im Gewandhaus zu Leipzig zur erfolgreichen Uraufführung brachte. Eine weitere Verbreitung war dem Werk allerdings zunächst nicht beschieden. Die Gesellschaft der Musikfreunde führte am 15. Dezember 1839 in

---

* Die von Kloiber 1961 im Manuskript aufgestellte und 1964 im Druck erschienene Hypothese dürfte jetzt erhärtet sein: bei den Schubertforschungen aus dem „Schubert-Jahr" 1978 wurde mit kriminaltechnischen Mitteln erwiesen, daß die in Schuberts verschnörkelter Schrift geschriebene 5 (1825) im Autograph der Großen C-dur-Symphonie mit späterer Tinte in eine 8 (1828) korrigiert wurde. Noch O. E. Deutsch (1883–1967) hatte der „Gmunden-Gasteiner-Symphonie" eine eigene Werknummer (849) gegeben.

Wien nur die zwei ersten Sätze auf, wobei zwischen dem 1. und 2. Satz eine Arie aus Donizettis „Lucia di Lammermoor" eingelegt wurde. Die Kritik verhielt sich unfreundlich. Noch 1842 und 1844 lehnten die Orchester in Paris und London die Symphonie als „zu lang und zu schwierig" ab. Die Partitur wurde 1849 veröffentlicht. Im Rahmen der Gesamtausgabe (I, 2) ist die Große C-dur-Symphonie, so genannt im Gegensatz zu der Kleinen C-dur-Symphonie Nr. 6, im Jahre 1885 bei dem Verlag Breitkopf & Härtel als Symphonie Nr. 7 erschienen. Die Numerierung der beiden letzten Symphonien Schuberts in der Gesamtausgabe entspricht der Reihenfolge, in der sie aufgefunden und uraufgeführt worden waren. In neuerer Zeit wird die Zählung vielfach nach der Entstehung vorgenommen. Danach würde die Große C-dur-Symphonie bei Einrechnung der 1825 entstandenen und angeblich verschollenen „Gmunden-Gasteiner-Symphonie" unter Auslassung der E-dur-Symphonie als Schuberts Neunte zu bezeichnen sein.

Stilistische Stellung

Über Schuberts Große C-dur-Symphonie hat bereits Robert Schumann in einem Artikel alles Wesentliche gesagt. Leider wird aus diesem begeisterten Zeugnis einer artverwandten Künstlerseele immer nur das Schlagwort von der „himmlischen Länge der Symphonie, wie ein dicker Roman in vier Bänden etwa von Jean Paul" zitiert, was heute meist falsch aufgefaßt wird, damals aber als höchstes Lob galt, da zu der Zeit Jean Paul schwärmerisch verehrt wurde. Schumann betont zunächst die landschaftliche Gebundenheit des Werkes und bezeichnet es als ein echtes Kind der wienerischen Muse. Er rühmt die meisterliche Technik, den Erfindungsreichtum, die glänzende Instrumentation, „das Kolorit bis in die feinste Abstufung" und vor allem den poetischen Gehalt, wozu er bemerkt, es sei „über das Ganze eine Romantik gegossen, wie man sie schon anderswoher an Franz Schubert kennt". Er betont ferner, daß Schubert „im Bewußtsein seiner bescheideneren Kräfte" es vermieden hat, an den späten Beethoven anzuknüpfen und daß durch die „völlige Unabhängigkeit, in der die Symphonie zu denen Beethovens steht", Schuberts eigentlicher Genius sich offenbaren konnte. In der Tat tritt in der C-dur-Symphonie der Symphoniker dem Liederkomponisten ebenbürtig zur Seite. Darüber hinaus erweist sich der Meister hier, ähnlich wie in der Messenkomposition bei seiner im gleichen Jahr entstandenen hochbedeutenden Es-dur-Messe, in besonderem Maße als unmittelbarer Vorläufer Anton Bruckners durch die großräumige Gestaltung der formalen Anlage, die konsequente Periodisierung der musikalischen Gedanken, die häufige Anwendung der Terrassendynamik und die vielfältige Handhabung der Instrumentation nach dem Prinzip der Klanggruppentektonik. Den romantischen Charakter des Werkes manifestiert sogleich das von den Hörnern unisono vorgetragene Thema der Andante-Einleitung, die unmerklich in das Allegro überleitet. Der 1. Satz ist von pulsierendem Leben erfüllt und von dramatischen Entwicklungen durchzogen. Zum Abschluß der in der Art einer Stretta gesteigerten Coda erklingt das Einleitungsthema in strahlendem Glanz. In romantischer Sphäre bewegt sich vor allem der 2. Satz mit seiner teils graziösen, teils liedhaften Melodik. Die Thematik des tänzerischen Scherzos ist in der Wiener Volksmusik verwurzelt. Auch das 2. Thema des vital bewegten, festlich prunkhaften Finales entspringt dem gleichen Nährboden. Bisweilen sind elegische Wendungen transzendenten Charakters eingestreut. Schumann weist in seinem Artikel auf eine solche Stelle hin (2. Satz T. 148 ff) und sagt: „. . . da wo ein Horn wie aus der Ferne ruft, das scheint mir aus anderer Sphäre herabgekommen zu sein. Hier lauscht auch alles, als ob ein himmlischer Gast im Orchester herumschliche."

Formübersicht:

1. Satz (Sonatensatzform/Haupttonart C-dur)

Einleitung: T. 1—77: H. T. 1—8

Exposition: T. 78—253

1. Gr. T. 78—133: H. T. 78—94

Zwischensatz T. 94—133

2. Gr. T. 134—195: H. T. 134—141

Zwischensatz T. 150—195

3. Gr. T. 196—239: H. T. 199—205

Epilog T. 240—253
Durchführung: T. 254—355
Reprise: T. 356—569
Satz-Coda: T. 570—684

2. S a t z (Sonatensatzform ohne Durchführung/Haupttonart a-moll)
Einleitung: T. 1—7
Exposition: T. 8—160
1. Gr. T. 8—92: 1. Th. T. 8—16

Abgesang des 1. Th. T. 24—29
2. Th. T. 30—33

anschließend 1. Wiederholung des 1. Th. T. 45—57, Wiederholung des 2. Th. (verändert) T. 58—75 und 2. Wiederholung des 1. Th. T. 76—88; Überleitung T. 89—92

2. Gr. T. 93—124: 1. Th. T. 93—96

2. Th. T. 104—112

anschließend Wiederholung des 1. Th.

Epilog T. 125—159
Reprise: T. 160—329 (durchführungsartiger Einschub T. 226—266)
Satz-Coda: T. 330—380

3. S a t z (Scherzo/Haupttonart C-dur; Trio A-dur)
Hauptsatz: T. 1—238: 1. Th. T. 1—4

2. Th. T. 31—40

Trio: T. 239—404: H. T. 247—262

Reprise des Hauptsatzes: T. 1—238
4. S a t z (Sonatensatzform/Haupttonart C-dur)
Exposition: T. 1—384
1. Gr. T. 1—162: H. T. 1—18

Zwischensatz T. 37—162
2. Gr. T. 163—336: H. T. 169—200

Zwischensatz T. 257—336
Epilog T. 337—384
Durchführung: T. 385—598
Reprise: T. 599—972
Satz-Coda: T. 973—1153 (durchführungsartig breit angelegt)

FELIX JAKOB LUDWIG MENDELSSOHN BARTHOLDY

* 3. Februar 1809 in Hamburg, † 4. November 1847 in Leipzig

Biographisches

Felix Mendelssohn war ein Enkel des Aufklärungs-Philosophen Moses Mendelssohn, der als Sohn des Lehrers der jüdischen Gemeinde in Dessau, Mendel Dessau, in ärmlichen Verhältnissen aufgewachsen war, sich später Mendelssohn genannt und durch zähen Fleiß einen außergewöhnlichen geistigen und gesellschaftlichen Aufstieg genommen hatte. Der Vater des Komponisten, Abraham Mendelssohn, war Bankier und mit Lea, einer Tochter des Berliner Bankiers Salomon, verheiratet. Er hatte sich, wie der ältere Bruder seiner Frau, bei seinem Übertritt zum Christentum (Protestantismus) den Beinamen Bartholdy * zugelegt. Unter der Obhut seines aufgeschlossenen Vaters und seiner feingebildeten Mutter erhielt der junge Felix in Berlin, wohin die Familie 1811 von Hamburg übergesiedelt war, eine vielseitige Ausbildung. Schon in zartem Knabenalter offenbarte er eine ungewöhnliche Frühreife in den Schönen Künsten (Musik, Literatur und Malerei). Für seine musikalische Entwicklung wurden bestimmend der Berliner Akademieprofessor und Leiter der 1789 von Fasch gegründeten Singakademie Karl Friedrich Zelter (1758—1832) sowie der Klavierpädagoge und Clementi-Schüler Ludwig Berger (1777—1839), die seine hauptsächlichen Lehrer waren. Durch Zelter wurde das zwölfjährige Wunderkind bei Goethe eingeführt, dessen Sympathien Felix sich rasch gewinnen konnte und in dessen Haus er auch später wiederholt zu Gast war. Dank dem Wohlstand des väterlichen Hauses bekam Mendelssohn schon frühzeitig Gelegenheit zur praktischen Musikausübung. Ein aus Mitgliedern der Kgl. Kapelle zusammengestelltes kleines Orchester ermöglichte ihm, die Klangwelt des Orchesters zu studieren und sich dirigiertechnische Erfahrungen zu erwerben; in Hauskonzerten konnte er als Pianist und Dirigent eigene Kompositionen vor erlesener Gesellschaft zu Gehör bringen. Da Mendelssohn sich schon vom elften Lebensjahr an auch auf symphonischem Gebiet versuchte, waren bis zum Jahre 1822 bereits elf vier- bis sechsstimmige Symphonien für Streichorchester sowie eine Symphonie in D-dur für vollbesetztes Orchester entstanden, die alle im Elternhaus aufgeführt, jedoch nicht veröffentlicht wurden. Darüber hinaus komponierte Mendelssohn im Verlauf seines Schaffens fünf Symphonien.

Bedeutungsvoll war Mendelssohns Wirken auf dem Gebiet der Musikpflege. Als Leiter der Gewandhauskonzerte (seit 1835) machte der Komponist, der

* Bartholdy hieß der ehemalige Eigentümer des Berliner Gartens der Familie Salomon.

sich 1837 mit der aus Fankfurt am Main gebürtigen Pfarrerstochter Cécile Jeanrenaud vermählte, durch seine vorbildliche Interpretation klassischer und zeitgenössischer Werke sowie durch die Gründung eines Konservatoriums (1843) Leipzig zu einem richtunggebenden Zentrum des deutschen Musiklebens.

1. SYMPHONIE
c-moll op. 11
(Philharmonische Gesellschaft London)

Sätze: Allegro di molto/Andante/Menuetto (Allegro molto)/Allegro con fuoco
Orchester: 2 Fl., 2 Ob., 2 Kl., 2 Fag., 2 Hr., 2 Trp., P., Str.
Aufführungsdauer: ca. 37 Minuten
Verlag: Br. & H.

Geschichtliches

Die 1824 geschriebene und später der Philharmonischen Gesellschaft London gewidmete Symphonie Nr. 1 in c-moll ist noch weitgehend dem Vorbild Haydns und Mozarts verhaftet. Ihre Uraufführung erfolgte am 1. Februar 1827 in Leipzig unter der Leitung des damaligen Gewandhauskapellmeisters Johann Philipp Christian Schulz. Da Mendelssohn nur einen Teil seiner Werke, und zwar in der Reihenfolge ihrer Veröffentlichung, mit einer Opuszahl versehen hat (op. 1—72), stimmen bei den Symphonien, die z. T. erst nach dem Tod des Komponisten herausgegeben wurden, Numerierung und Werkzahlen nicht mit der Entstehungszeit überein. Die 1. Symphonie ist 1854 von dem Verlag Schlesinger und 1875 in der von Julius Rietz besorgten Gesamtausgabe bei Breitkopf & Härtel (1874—77) veröffentlicht worden.

2. SYMPHONIE
B-dur op. 52
„Lobgesang"

Sätze: Maestoso con moto-Allegro/Allegretto un poco agitato/Adagio religioso/Kantate (Allegro moderato maestoso)
Orchester: 2 Fl., 2 Ob., 2 Kl., 2 Fag., 4 Hr., 2 Trp., 3 Pos., P., Str.
Solisten: 2 Soprane, 1 Tenor
Chor: Sopran, Alt, Tenor, Baß
Aufführungsdauer: ca. 37 Minuten
Verlag: Br. & H.

Geschichtliches

Das symphonische Werk, welches in der Gesamtausgabe bei Breitkopf & Härtel als 2. Symphonie bezeichnet worden ist, hat eigentlich den Titel „Lobgesang / Eine Symphonie-Kantate nach Worten der Heiligen Schrift". Mendelssohn gestaltete es, jedoch nur rein äußerlich, nach dem Vorbild von Beethovens 9. Symphonie. Auf drei ineinander übergehende instrumentale Sätze folgt als Abschluß eine Kantate mit Solisten und Chor. Die Partitur trägt als Motto das Lutherwort: „Sondern ich wöllt alle künste, sonderlich die Musica, gern sehen im dienst des der sie geben und geschaffen hat". Der „Lobgesang" wurde 1840 zur 400-Jahr-Feier der Erfindung der Buchdruckerkunst geschrieben und am 25. Juni 1840 in der Thomaskirche zu Leipzig unter der Leitung des Komponisten uraufgeführt. Später nahm Mendelssohn im letzten Satz Kürzungen vor, und in dieser Gestalt erlebte das Werk, insbesondere bei Chorfesten, zahlreiche Aufführungen.

3. SYMPHONIE

a-moll op. 56

„Schottische"

(Königin Victoria von Großbritannien und Irland)

Sätze: Andante con moto-Allegro un poco agitato/Vivace non troppo/ Adagio/Allegro vivacissimo

Orchester: 2 Fl., 2 Ob., 2 Kl., 2 Fag., 4 Hr., 2 Trp., P., Str.

Aufführungsdauer: ca. 38 Minuten

Verlag: Br. & H.

Geschichtliches

Die längste Entstehungszeit hatte Mendelssohns letzte Symphonie, genannt die „Schottische". Die Anregung zu dem Werk empfing der Komponist bereits im Juni 1829 an den historischen Stätten der Maria Stuart, gelegentlich seiner Reise nach Schottland. Wie aus den erhaltenen Skizzen ersichtlich ist, beschäftigte sich Mendelssohn mit dieser Symphonie etappenweise, so 1830/31 während der Italienreise und 1832 in Berlin. Im Winter 1841 wurde das Werk in Berlin ausgearbeitet und im Januar 1842 endgültig fertiggestellt. Die Uraufführung erfolgte am 3. März 1842 im Leipziger Gewandhaus unter der Leitung des Komponisten. Die „Schottische" ist als Symphonie Nr. 3 op. 56 noch zu Lebzeiten Mendelssohns von dem Verlag Breitkopf & Härtel veröffentlicht worden.

Stilistische Stellung

In der Kunstgeschichte wird das Biedermeier bisweilen als eine von romantischen Strömungen durchsetzte bürgerliche Abart des prunkhaften klassizistischen Empirestils bezeichnet. Typische Kennzeichen des Biedermeierstils sind in der Malerei wie in der Dichtkunst Ehrfurcht und Gläubigkeit, ein maßvoller Gefühlsausdruck und die Neigung zum Bewahren. Diese Züge treten auch im Schaffen Mendelssohns vorherrschend in Erscheinung. Sie resultierten einerseits aus seinem lyrischen Naturell, anderseits aus der musikalischen Erziehung und aus den äußeren Lebensumständen. Sein Kompositionslehrer Zelter, der streng an der Tradition festhielt, wies den jungen Schüler in die Bahnen einer konservativen Richtung und erweckte in ihm die Begeisterung nicht nur für die Wiener Klassiker, sondern auch für die Meister des strengen Satzes J. S. Bach und Händel. Sein Klavierlehrer, der „gemütswarme" Berger, ein Freund von John Field, war Romantiker. Er kultivierte den Sinn für einen poetisch-schwärmerischen Vortrag und für das Empfindsame. Ein Leben, das von materiellen Sorgen frei und von schicksalhagten Erschütterungen verschont blieb, sowie eine glanzvolle künstlerische Laufbahn, die kaum Fehlschläge und Enttäuschungen zu verzeichnen hatte, bewahrten Mendelssohn vor harten Lebenskämpfen. Dies hat einen entsprechenden Niederschlag in seinem künstlerischen Schaffen gefunden, dessen Erlebnisinhalt nichts von dem kämpferischen Geist eines Beethoven, von der verzehrenden Dämonie eines Chopin, Schumann, Berlioz, Richard Wagner, E. Th. A. Hoffmann hat. Es war wohl in erster Linie das Erlebnis der nordischen Landschaft und ihrer Menschen, das Mendelssohn, ähnlich wie bei seiner Hebriden-Ouverture, zu der „Schottischen" inspirierte. Das Stimmungshafte ist hier vielleicht noch stärker in den Vordergrund gerückt als bei den anderen Symphonien des Komponisten. Es ist sogleich spürbar bei dem melancholischen Thema der Einleitung, das am Schluß des von gedeckten Moll-Farben beherrschten 1. Satzes wiederkehrt und zu dem scherzoartigen lebendig-bewegten 2. Satz überleitet, der mit seiner frischen Melodik im Volkston tänzerischen Charakter hat. Eine andere Welt berührt der 3. Satz mit seiner süßen Kantabilität, deren Glanz bisweilen durch eine marschartige Moll-Episode abgedunkelt wird. Das mit musikalischen Gedanken üppig ausgestattete Finale hatte Mendelssohn erst „Allegro guerriero" überschrieben. Er änderte aber später die Tempobezeichnung in Allegro vivacissimo ab, wohl in der Erkenntnis, daß der Satz mit seiner von vitaler Rhythmik und pulsierender Bewegung erfüllten Musik eher von ausgelassen-festlichem als von streitbar-kämpferischem Inhalt ist. Eine Apotheose, die einen dem Thema der Einleitung verwandten Gedanken in einer großen Steigerung hymnusartig entwickelt, schließt das Werk wirkungsvoll ab. Die vier Sätze gehen pausenlos ineinander über. Diese zyklische Verknüpfung war für die damalige Zeit ungewöhnlich, sie ist daher auch nicht widerspruchslos hingenommen worden.

Formübersicht:

1. Satz (Sonatensatzform/Haupttonart a-moll)

Einleitung: T. 1—62: Th. T. 1—8

Exposition: T. 63—208

1. Gr. T. 63—124: H. T. 63—71

Zwischensatz T. 99—124

2. Gr. T. 125—181: H. T. 126—133

Zwischensatz T. 158—181

Epilog T. 182—208

Durchführung: T. 209—333

Reprise: T. 334—426

Satz-Coda: T. 427—503

Überleitung zum 2. Satz: T. 503—522

2. Satz (Sonatensatzform/Haupttonart F-dur)

Exposition: T. 1—104

1. Gr. T. 1—71: H. T. 9—16

2. Gr. T. 72—92: H. T. 72—75

Epilog T. 93—104
Durchführung: T. 105—182
Reprise: T. 183—230
Satz-Coda: T. 231—273

3. Satz (Sonatensatzform/Haupttonart A-dur)
Einleitung: T. 1—9
Exposition: T. 10—61
1. Gr. T. 10—33: H. T. 10—13

2. Gr. T. 34—50: H. T. 34—41

Epilog T. 51—61
Durchführung: T. 62—77
Reprise: T. 78—135
Satz-Coda: T. 136—150

4. Satz (Sonatensatzform/Haupttonart a-moll — A-dur)
Exposition: T. 1—146
1. Gr. T. 1—66: H. T. 3—6

Zwischensatz T. 37—66
2. Gr. T. 67—108: H. T. 67—74

Epilog T. 109—146
Durchführung: T. 147—244
Reprise: T. 245—337
Satz-Coda: T. 338—490 (breit angelegt mit selbständigem Schlußgedanken)

4. SYMPHONIE
A-dur op. 90
„Italienische"

Sätze: Allegro vivace/Andante con moto/Con moto moderato/Saltarello (Presto)
Orchester: 2 Fl., 2 Ob., 2 Kl., 2 Fag., 2 Hr., 2 Trp., P., Str.
Aufführungsdauer: ca. 28 Minuten
Verlag: Br. & H.

Geschichtliches

Vom Sommer 1830 bis Herbst 1831 hielt sich Mendelssohn in Italien auf, wo ihn in Rom die Werke der Bildenden Kunst und in Neapel die Schönheiten der Natur begeisterten. „Ich verdanke dem, was nicht die eigentliche Musik ist: den Ruinen, den Bildern, der Heiterkeit der Natur am meisten Musik", schrieb er an seinen Lehrer Zelter. Das Studium der Bauten des Klassischen Altertums erweckte in dem Komponisten eine Einfühlung in den Geist der Antike, was ihm später bei der Komposition seiner Musik zu den Sophokles-Dramen „Antigone" und „Oedipus auf Kolonnos" zustatten kam. Dem Naturerlebnis verdankte er die Anregung zu seiner A-dur-Symphonie, die aus diesem Grund als „Italienische" bezeichnet worden ist. Das Werk wurde in Italien begonnen, jedoch erst 1832/33 in Berlin vollendet. Da die Symphonie im Auftrag der Philharmonischen Gesellschaft London geschrieben worden war, brachte Mendelssohn sie in London, und zwar am 13. Mai 1833 unter seiner Leitung zur Uraufführung. Die „Italienische" wurde in der Folge noch mehrmals umgearbeitet. Die letzte Fassung ist am 1. November 1849 durch Julius Rietz im Leipziger Gewandhaus erstaufgeführt worden. Auch ihre Drucklegung (1851 bei Breitkopf & Härtel) erfolgte erst nach Mendelssohns Tod. Daher hat sie die Bezeichnung 4. Symphonie und die spätere Opuszahl 90 erhalten, obwohl sie vor der „Schottischen" vollendet und aufgeführt worden war.

Stilistische Stellung

In der A-dur-Symphonie fand das Erlebnis der italienischen Landschaft und der südländischen Menschen eigentlich nur bei den Ecksätzen einen entsprechenden künstlerischen Niederschlag. Im 1. Satz spiegeln die hellen A-dur-Klänge und die pulsierende Bewegung die beschwingte Lebensfreude des sonnigen Südens wider. Merkwürdigerweise fehlt den Mittelsätzen das südliche Kolorit; sie weisen eher in die Ausdruckswelt nördlicher Regionen. Während seines Aufenthalts in Italien hatte Mendelssohn bisweilen Sehnsucht nach dem Norden, der seiner Individualität mehr lag. In einem Brief bekennt er: „Das rauchige Nest (London) ist und bleibt mein Lieblingsaufenthalt. Das Herz geht mir auf, sobald ich daran denke." So ist es zu erklären, daß er in Italien die Hebriden-Ouverture vollendet und zwischendurch auch an seiner „Schottischen" gearbeitet hat. Zu dem 2. Satz der „Italienischen" soll Mendelssohn zwar durch eine Prozession in Neapel angeregt worden sein; die Melodie soll dem Gesang und die Achtelbegleitung der Bässe den gemessenen Schritten der Prozessionsteilnehmer nachempfunden sein. Die melancholische Stimmung verleiht aber diesem Satz mehr den Charakter einer nordischen Ballade, wobei das Hauptthema etwas an das Lied von Mendelssohns Lehrer Zelter „Der König in Thule" anklingt. Auch der menuettartige, gemächliche 3. Satz läßt südliche Impressionen vermissen. Die romantischen Hörnerklänge des Trios weisen vollends in die heimelige Sphäre des deutschen Waldes. Das dem feurigen Temperament des Südländers vergleichbare Brio des Presto-Finales rechtfertigt dagegen wiederum den Beinamen der A-dur-Symphonie. Es ist „Saltarello" * überschrieben, wodurch sein Inhalt charakterisiert ist. Bemerkenswert ist, daß mit diesem in Moll stehenden Satz eine Dur-Symphonie abgeschlossen wird, was in der gesamten symphonischen Literatur einmalig sein dürfte.

Formübersicht:

1. S a t z (Sonatensatzform/Haupttonart A-dur)
   Exposition: T. 1—187
   1. Gr. T. 1—109: H. T. 3—10

Zwischensatz T. 23—50; Wiederholung des H. und Nachsatz T. 51—109
2. Gr. T. 110—139: H. T. 110—113

* Saltarello ist ein Springtanz in schnellem Sechsachtel-Takt, der in Spanien und in Süditalien beheimatet ist.

Epilog T. 140—187
Durchführung: T. 188—345 (mit einem fugatoartig behandelten selbständigen Gedanken: T. 202—205)

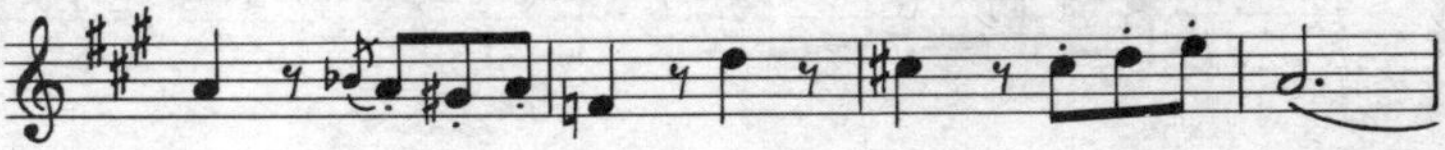

Reprise: T. 346—432
Satz-Coda: T. 433—563 (durchführungsartig breit angelegt)

2. S a t z (Sonatensatzform ohne Durchführung/Haupttonart d-moll)
Exposition: T. 1—56
1. Gr. T. 1—45: H. T. 4—11

Zwischensatz T. 35—45 (mit einem selbständigen Gedanken)
2. Gr. T. 45—49: H. T. 45—49

Epilog T. 49—56
Reprise: T. 57—86 (1. Gr. verkürzt)
Satz-Coda: T. 86—103 (beginnt mit dem Zwischensatz der 1. Gr.)

3. S a t z (Menuettform/Haupttonart A-dur; Trio E-dur)
Hauptsatz: T. 1—76: H. T. 1—8

Trio: T. 76—124: H. T. 76—92

Reprise des Hauptsatzes: T. 125—202
Satz-Coda: T. 202—223

4. Satz (Rondoform/Haupttonart a-moll)
Hauptgruppe: T. 1—52: H. T. 6—10

1. Zwischengruppe: T. 52—104: H. T. 52—56

1. Reprise der Hauptgruppe: T. 105—122
2. Zwischengruppe: T. 122—178: H. T. 122—126

2. Reprise der Hauptgruppe: T. 179—195
Reprise der 2. Zwischengruppe: T. 196—209
3. Reprise der Hauptgruppe: T. 210—234
Satz-Coda: T. 234—264

5. SYMPHONIE
D-dur op. 107
„Reformationssymphonie"

Sätze: Andante-Allegro con fuoco/Allegro vivace/Andante/Choral „Ein feste Burg ist unser Gott" (Andante con moto-Allegro vivace)
Orchester: 2 Fl., 2 Ob., 2 Kl., 2 Fag., 2 Hr., 2 Trp., 3 Pos., P., Str.
Aufführungsdauer: ca. 25 Minuten
Verlag: Br. & H.

Geschichtliches

Mendelssohn war tief religiös. Er hat eine Reihe von Werken auf biblische Texte geschrieben, unter denen vor allem seine beiden oft aufgeführten Oratorien „Paulus“ und „Elias“ hervorragen. Anläßlich der 300-Jahr-Feier der Augsburger Konfession komponierte er im Winter 1829/30 eine Symphonie in D-dur, in der Choralmotive wie „Ein feste Burg“ oder „Wachet auf“ verarbeitet wurden und die daher den Beinamen Reformationssymphonie erhielt. Sie wurde am 5. November 1832 unter Mendelssohns Leitung in Berlin uraufgeführt, hatte aber keinen nachhaltigen Erfolg. Da der Komponist auch selbst von dem Werk abrückte, wurde es erst nach seinem Tod veröffentlicht (1868 bei Simrock). In der Gesamtausgabe bei Breitkopf & Härtel ist es 1875 als 5. Symphonie op. 107 erschienen.

ROBERT ALEXANDER SCHUMANN

* 8. Juni 1810 in Zwickau, † 29. Juli 1856 in Endenich bei Bonn

Biographisches

Robert Schumann hatte von seinem Vater, dem Verlagsbuchhändler August Schumann, die literarische und von seiner Mutter Johanne Christiane, der Tochter des Ratschirurgen Schnabel aus Zeitz, die musikalische Begabung ererbt. Die Entfaltung seiner Fähigkeiten entsprach dieser Doppelbegabung. Seine Tätigkeit als geistreicher Musikschriftsteller und urteilssicherer Musikkritiker krönte er mit der Gründung der noch heute bestehenden „Neuen Zeitschrift für Musik“ (1834), durch sein schöpferisches Schaffen auf kompositorischem Gebiet gelangte er zu Weltruhm. Aber auch seine künstlerische Individualität offenbarte eine Doppelnatur, deren Komponenten er ganz im Geist der Romantik mit allegorischen Namen personifizierte. Der zwanzigjährige Schumann sammelte in Leipzig um sich einen Kreis gleichgesinnter Freunde, die sich nach dem streitbaren biblischen Sänger David „Davidsbündler“ nannten und die den Kampf gegen das Philistertum auf ihr Panier geschrieben hatten. Als Federführer dieses Bundes bewies Schumann ein kämpferisches Naturell, das er in „Florestan“ verkörpert sah, wohl in sinnvoller Beziehung zu der um geistige Freiheit ringenden Gestalt in Beethovens Oper „Fidelio“. Die andere Seite seines Wesens war eine sensibel-schwärmerische, für die er die Bezeichnung „Eusebius“ wählte. Dazu erfand er noch eine dritte Figur: „Meister Raro“, in der er zunächst ein Spiegelbild seines verehrten Lehrers Friedrich Wieck erblickte, die er aber darüber hinaus als Symbol einer erstrebenswerten abgeklärten Reife betrachtete, in deren Besitz er durch eine glückhafte Mischung der Florestan-Eusebius-Elemente zu gelangen hoffte. Der angesehene Klavierpädagoge Wieck war es denn auch gewesen, der seinen Schüler nach langem Schwanken, ob er Schriftsteller, Jurist oder Musiker werden solle, schließlich bewog, sich für die Musik zu entscheiden.

1. SYMPHONIE

B-dur op. 38

„Frühlingssymphonie“

(König Friedrich August II. von Sachsen)

Sätze: Andante un poco maestoso-Allegro molto vivace/Larghetto/Scherzo (Molto vivace)/Allegro animato e grazioso

Orchester: 2 Fl., 2 Ob., 2 Kl., 2 Fag., 4 Hr., 2 Trp., 3 Pos., P., Triangel, Str.

Aufführungsdauer: ca. 32 Minuten

Verlag: Br. & H.

Geschichtliches

Als Komponist wirkte Schumann zunächst bahnbrechend auf dem Gebiet der Klaviermusik und des Liedes, wo er Unvergängliches geschaffen hat. Während der weitaus größte Teil seiner Klavierwerke in der Zeit von 1829—39 entstanden ist, bescherte das Jahr 1840 ca. 130 Lieder. Im Herbst 1832 hatte der Meister auch bereits eine Symphonie komponiert. Der 1. Satz wurde in einem Konzert mit der schon damals berühmten jugendlichen Pianistin und Tochter seines Lehrers, Clara Wieck, am 18. November 1832 in Zwickau und das ganze Werk im darauffolgenden Jahr in Schneeberg aufgeführt. Da die Symphonie keinen nachhaltigen Erfolg hatte, wurde sie nicht veröffentlicht. Im Jahre 1841 trat nun Schumann gleich mit drei Symphonien auf den Plan. Die Begeisterung für die von ihm 1839 aufgefundene C-dur-Symphonie von Schubert beflügelte seine Phantasie, so daß er sich jetzt auch an die große zyklische Form der Symphonie heranwagte. Anderseits versetzte ihn die glückliche Zeit nach seiner Eheschließung mit Clara Wieck (12. September 1840), die er gegen den Widerstand des Brautvaters durch ein Gerichtsurteil erzwungen hatte, in einen Schaffensrausch. So ist die 1. Symphonie in vier Tagen und Nächten vom 23. bis 26. Januar 1841 entstanden. Bereits am 20. Februar war die Partitur vollendet, und am 31. März erlebte das Werk unter der Leitung von Felix Mendelssohn Bartholdy seine erfolgreiche Uraufführung in einem von Clara Schumann veranstalteten Gewandhauskonzert zu Leipzig. Die Symphonie wurde noch im gleichen Jahr bei Breitkopf & Härtel veröffentlicht, wo sie 1881 auch im Rahmen der Gesamtausgabe erschienen ist.

Stilistische Stellung

Schumann hat seine 1. Symphonie selbst als „Frühlingssymphonie" bezeichnet. Die Anregung zu dieser Benennung soll ihm ein Gedicht von Adolf Böttger gegeben haben, dessen letzte Verszeile „Im Tale zieht der Frühling auf" dem Hauptthema des 1. Satzes unterlegt werden kann. Wahrscheinlicher ist jedoch, daß Schumann, entsprechend seinen eigenen Worten, mit der Bezeichnung „Frühlingssymphonie" zum Ausdruck bringen wollte, das Werk sei, ähnlich wie im Frühjahr die Knospen der Blüten und Blätter, mit elementarem Drang seinem Innern entsprossen und stelle einen neuen Frühling in seinem Schaffen dar. So hat er auch die ursprünglich den einzelnen Sätzen zugeteilten Überschriften: „Frühlingsbeginn" — „Abend" — „Frohe Gespielen" — „Voller Frühling" nicht in die Druckausgabe aufgenommen. Ihre Streichung erfolgte vielleicht auch in der Absicht zu vermeiden, daß die

Symphonie als schildernde Musik im Sinne der damals gerade aufkommenden Richtung der Programmusik aufgefaßt werden könnte. Immerhin deuten aber diese Bezeichnungen auf den romantischen Empfindungs- und Stimmungsgehalt des Werkes. In der Anlage wird an der klassischen Symphonieform Beethovens festgehalten. Die langsame Einleitung bringt sogleich den Kopf des 1. Themas in leuchtender Größe. Schumann hatte ursprünglich dieses Motiv um eine Terz tiefer notiert analog dem 1. Hauptthema des Allegros. Die Ausführung dieser Fanfare auf den damals noch gebräuchlichen Naturhörnern und -trompeten befriedigte aber bei der Probe nicht. Schumann entschloß sich daher für die Höhersetzung dieser Stelle, um die schlechtklingenden Stopftöne zu vermeiden. Später bedauerte der Meister, die Notlösung vorgenommen zu haben. Da bei den heutigen Ventilinstrumenten die Schwierigkeiten von damals nicht mehr bestehen, ist es jetzt möglich, den Anfang der Symphonie in der von dem Komponisten eigentlich gewollten Tonhöhe auszuführen. Nach dem Vorbild in Schuberts großer C-dur-Symphonie geht der Einleitungsteil mit einem Stringendo unmerklich in das Allegro über. Der punktierte Rhythmus des schwungvollen Hauptthemas, der den ganzen Satz beherrscht, verleiht diesem ein charakteristisches Profil strahlender Lebensbejahung. Die breitausladende Kantilene des 2. Satzes, eine Melodie echt romantischen Gepräges, kommt dreimal zum Vortrag, zuerst durch die Violinen, dann durch die Violoncelli und schließlich durch Oboe und Horn. Unmittelbar schließt sich das Scherzo mit seinem feurig-vitalen Thema an. Es enthält zwei Trios, das eine im Rhythmus eines federnden Marschschrittes und das andere im Charakter eines wirbelnden Rundtanzes. Heiterkeit und fröhliche Stimmung beherrschen den letzten Satz, bei dem einem graziöshüpfenden Hauptthema als Seitengedanke die Melodie des 8. Stückes aus dem Klavierzyklus „Kreisleriana" gegenübertritt.

Formübersicht:

1. Satz (Sonatensatzform/Haupttonart B-dur)
   Einleitung: T. 1—38
   Exposition: T. 39—133
   1. Gr. T. 39—80: H. T. 39—46

Zwischensatz T. 55—80

2. Gr. T. 81—117: H. T. 81—88

Zwischensatz T. 96—117

Epilog T. 118—133

Durchführung: T. 134—293

Reprise: T. 294—380 (Kopf des 1. H. in der Verbreiterung)

Satz-Coda: T. 381—515 (breit angelegt mit einem selbständigen Nebengedanken: T. 437 ff)

2. S a t z (Dreiteilige Liedform/Haupttonart Es-dur)

Hauptsatz: T. 1—55: H. T. 1—23

Mittelsatz: T. 55—77

Reprise des Hauptsatzes: T. 78—99

Satz-Coda: T. 100—123 (mit Überleitung zum 3. Satz)

3. S a t z (Scherzo/Haupttonart d-moll; Trio I D-dur; Trio II B-dur)

Hauptsatz: T. 1—48: H. T. 1—8

Trio I: T. 49—231: H. T. 49—63

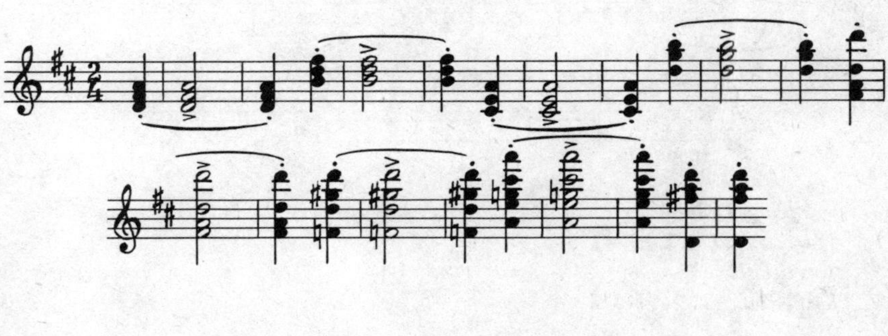

1. Reprise des Hauptsatzes: T. 232—280
Trio II: T. 281—344: H. T. 281—288

2. Reprise des Hauptsatzes: T. 345—360
Satz-Coda: T. 361—408
4. S a t z (Sonatensatzform/Haupttonart B-dur)
Einleitung: T. 1—6
Exposition: T. 7—97
1. Gr. T. 7—42: H. T. 7—10

Zwischensatz T. 31—42
2. Gr. T. 43—73: H. T. 43—49

3. Gr. T. 74—89: H. T. 74—81

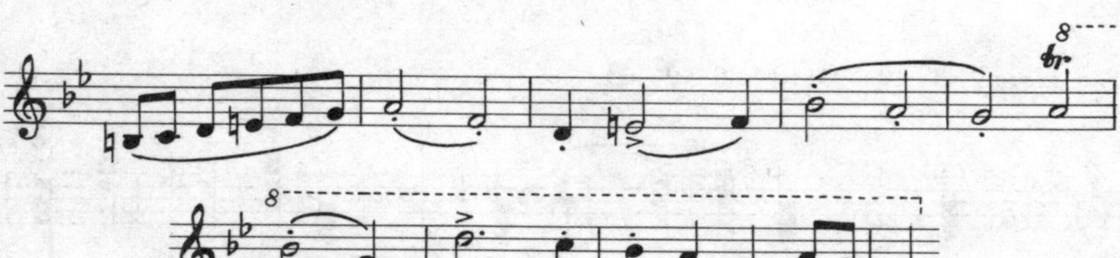

Epilog T. 89—97
Durchführung: T. 97—173
Reprise: T. 174—269
Satz-Coda: T. 269—347

OUVERTURE, SCHERZO UND FINALE FÜR ORCHESTER

E-dur op. 52

(Johannes J. H. Verhulst)

Sätze: Andante con moto-Allegro/Scherzo (Vivo)/Finale (Allegro molto vivace)
Orchester: 2 Fl., 2 Ob., 2 Kl., 2 Fag., 2 Hr., 2 Trp., 3 Pos., P., Str.
Aufführungsdauer: ca. 16 Minuten
Verlag: Br. & H.

Geschichtliches

Als zweites symphonisches Werk entstand in Schumanns Symphonien-Jahr 1841 eine dreisätzige Symphonie, die der Meister zunächst „Symphonette" betitelt hatte. Die drei Sätze wurden in wenigen Wochen komponiert und instrumentiert: die Ouverture vom 12. bis 17. April, Scherzo und Finale vom 19. April bis 8. Mai. Das Werk, das nunmehr die endgültige Bezeichnung „Ouverture, Scherzo und Finale für Orchester" erhielt, wurde zugleich mit der d-moll-Symphonie am 6. Dezember 1841 im Leipziger Gewandhaus unter der Leitung des Konzertmeisters Ferdinand David uraufgeführt. Schuld an dem geringen Erfolg war nach Schumanns Ansicht, daß das Konzert nicht von Mendelssohn einstudiert und dirigiert worden war. Der Komponist unterzog im Jahre 1845 seine kleine Symphonie unter Beratung mit Mendelssohn einer Umarbeitung, die hauptsächlich das Finale betraf. Daraufhin hatte das Werk Erfolg und wurde viel aufgeführt. Um die Jahrhundertwende verschwand es von den Konzertprogrammen, während es in neuerer Zeit wieder einem gesteigerten Interesse begegnet. Die Veröffentlichung erfolgte zunächst bei dem Leipziger Verlag Friedrich Kistner und 1887 im Rahmen der Gesamtausgabe bei Breitkopf & Härtel. Schumann hat das Werk dem holländischen Dirigenten Johannes Joseph Hermann Verhulst gewidmet, der von 1839—42 Leiter der Euterpe-Konzerte in Leipzig und der ein Duzfreund des Meisters war.

Stilistische Stellung

Die mit leichter Hand hingeworfenen drei Sätze wirken wie ein Nachhall aus der vitalen Welt der Frühlingssymphonie. Wohl um den lebendigen und unbeschwerten Charakter des Werkes zu unterstreichen, verzichtete Schumann auf die Hinzufügung eines lyrischen Langsamen Satzes; anderseits war es wahrscheinlich die knappe formale Anlage, die ihn bestimmte, den anspruchsvolleren Titel „Symphonette" später wegzulassen. Dem romantisch-pathetischen Charakter des 1. und 3. Satzes ist ein kontrastierend wirkendes Scherzo mit einem federnden Hauptthema und einer volksliedartigen Trio-Melodie gegenübergestellt.

Formübersicht:

1. Satz (Sonatensatzform [Ouverturenform]/Haupttonart e-moll — E-dur)
Einleitung: T. 1—17
Exposition: T. 18—125
1. Gr. T. 18—57: H. T. 18—21

2. Gr. T. 58—74: H. T. 58—66

3. Gr. T. 74—108: H. T. 74—78

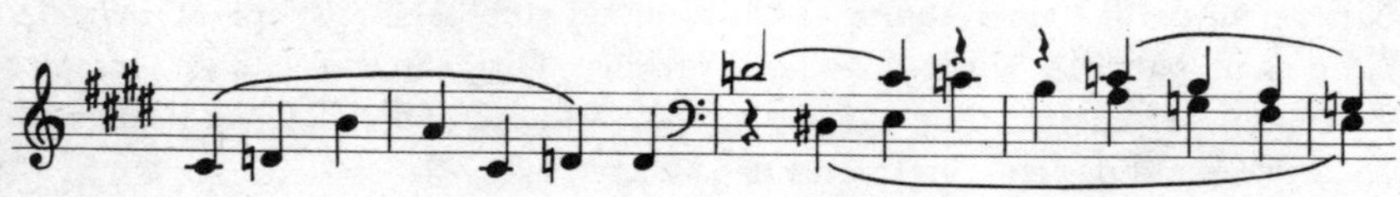

Epilog T. 109—125
Durchführung: T. 126—142
Reprise: T. 143—267
Satz-Coda: T. 268—346

2. S a t z (Scherzo/Haupttonart cis-moll; Trio Des-dur)
Hauptsatz: T. 1—55: H. T. 1—8

Trio: T. 56—71: H. T. 56—63

Reprise des Hauptsatzes: T. 72—136
Reprise des Trios: T. 137—152
Satz-Coda: T. 153—176

3. S a t z (Sonatensatzform/Haupttonart E-dur)
Einleitung: T. 1—4
Exposition: T. 5—100
1. Gr. T. 5—24: H. T. 5—12

2. Gr. T. 25—64: H. T. 25—28

Epilog T. 65—100
Durchführung: T. 101—230
Reprise: T. 231—349
Satz-Coda: T. 350—436 (unter Einbeziehung des 1. und 2. H. in der Vergrößerung)

2. SYMPHONIE
C-dur op. 61
(König Oskar I. von Schweden und Norwegen)

Sätze: Sostenuto assai-Allegro, ma non troppo/Scherzo (Allegro vivace)/ Adagio espressivo/Allegro molto vivace
Orchester: 2 Fl., 2 Ob., 2 Kl., 2 Fag., 2 Hr., 2 Trp., 3 Pos., P., Str.
Aufführungsdauer: ca. 34 Minuten
Verlag: Br. & H.

Geschichtliches

Von der Rußland-Tournee, die er 1844 mit seiner Frau Clara unternommen hatte, war Schumann schwer nervenleidend zurückgekehrt. Die Enttäuschung darüber, daß die stellvertretende Leitung der Gewandhauskonzerte für den längere Zeit beurlaubten Mendelssohn nicht ihm, sondern einem Ausländer, dem Dänen Niels W. Gade, übertragen worden war, und nicht zuletzt der ärztliche Rat, zur Heilung seines depressiven Gemütszustandes einen Milieuwechsel vorzunehmen, bewogen den Komponisten, im Dezember 1844 nach Dresden überzusiedeln. Im Laufe des Jahres 1845, während dessen Schumann sich zunächst mit Studien im strengen Satz nach den Werken J. S. Bachs und nach Cherubinis „Theorie des Kontrapunkts" beschäftigte, erfolgte nach und nach eine Besserung seines Gesundheitszustandes. Ende dieses Jahres setzte mit Vehemenz ein Schaffensauftrieb ein, der die Vollendung des bereits 1841 mit dem 1. Satz begonnenen, für Clara geschriebenen Klavierkonzerts op. 54 und die Inangriffnahme eines neuen symphonischen Werkes, der Symphonie in C-dur, zeitigte. Schumann skizzierte sie in wenigen Tagen (12.—18. Dezember), die Ausarbeitung beanspruchte längere Zeit. Im Herbst 1846 wurde die Partitur abgeschlossen. Am 5. November fand unter der Leitung von Mendelssohn die Uraufführung im Leipziger Gewandhaus statt, der am 16. November eine zweite Aufführung folgte. In der zwischen beiden Konzerten gelegenen Zeit hatte der Komponist verschiedene Verbesserungen an der Symphonie vorgenommen. Der Leipziger Verlag Karl Friedrich Whistling veröffentlichte das Werk 1848, im Rahmen der Gesamtausgabe ist es 1887 im Verlag Breitkopf & Härtel erschienen. Die C-dur-Symphonie ist eigentlich Schumanns Dritte und, wenn man die kleine Symphonie „Ouverture, Scherzo und Finale" mitrechnet, sein viertes symphonisches Werk. Da letzteres nicht als Symphonie bezeichnet und die bereits 1841 komponierte d-moll-Symphonie erst später gedruckt worden war, ist die C-dur-Symphonie als Symphonie Nr. 2 veröffentlicht worden.

Stilistische Stellung

Im Gegensatz zur dionysischen Haltung der Symphonien des Jahres 1841 weist die 2. Symphonie eine dem kämpferischen Stil Beethovens genäherte Gestaltung auf, die nicht zuletzt auch das Resultat eines künstlerischen Reifeprozesses ist, der sich bei dem Meister während der schöpferischen Pause von vier Jahren auf symphonischem Gebiet vollzogen hatte. Der erste Teil des Werkes, d. h. der leidenschaftlich erregte 1. Satz und das diesmal an die zweite Stelle der Satzfolge gerückte stürmische Scherzo, wird von dem feurigen „Florestan“-Element beherrscht, dem im 3. Satz das elegisch-träumerische „Eusebius“- Symbol gegenübertritt. Das Finale bringt, ganz im Sinne der „Meister Raro“-Gestalt, eine Mischung der Florestan-Eusebius-Elemente, was sich schon bei der melodischen Struktur abzeichnet. So ist das 1. Hauptthema dieses Satzes wohl schwungvoll, jedoch nicht so „launenhaft widerspenstig“ wie das des 1. Satzes, und das an die Melodie des Langsamen Satzes anklingende Thema der 2. Gruppe zeigt sich durch die prunkhafte Ausstattung mit Geigenläufen und Bläsertriolen hier in verwandeltem Charakter. Die Sonatensatzform wird im Finale sehr frei gehandhabt, und die Verarbeitung der musikalischen Gedanken erfolgt in einer ebenso erfindungsreichen wie interessanten Darstellung. Die Wiederkehr des aus den Urschritten Tonika-Dominante-Tonika gestalteten Einleitungs-Themas des 1. Satzes am Ende des Scherzos und des Finales offenbart die inhaltliche Bezogenheit des ganzen Werkes auf eine poetische Leitidee. Die eifrigen Kontrapunktstudien, die Schumann vor und während der Arbeit an der 2. Symphonie betrieb, fanden hier in einer bisweilen linearen Stimmführung ihren Niederschlag, so z. B. im 3. Satz, bei dem zur Melodie eine durchwegs selbständig geführte Baßstimme tritt und dessen kurzer Mittelteil in Art eines Fugatos gestaltet ist.

Formübersicht:

1. Satz (Sonatensatzform/Haupttonart C-dur)

Einleitung: T. 1—49: Leitthema T. 1—4

Exposition: T. 50—104

1. Gr. T. 50—73: H. T. 50—57

Zwischensatz T. 66—73
2. Gr. T. 73—92: H. T. 73—77

Epilog T. 92—104
Durchführung: T. 105—244
Reprise: T. 245—307
Satz-Coda: T. 308—391
2. S a t z (Scherzo/Haupttonart C-dur; Trio I G-dur; Trio II C-dur)
Hauptsatz: T. 1—97: H. T. 1—12

Trio I: T. 98—161: H. T. 98—102

1. Reprise des Hauptsatzes: T. 162—222
Trio II: T. 223—298: H. T. 223—239

2. Reprise des Hauptsatzes: T. 299—359
Satz-Coda: T. 360—397 (mit Einbeziehung des Th. der Einleitung des 1. Satzes, T. 384 ff)
3. S a t z (Zweiteilige Liedform/Haupttonart c-moll — C-dur)
Hauptteil: T. 1—61: H. T. 1—8

Mittelglied: (T. 62—73) und *Reprise des Hauptteils:* T. 74—117
Satz-Coda: T. 118—128

4. S a t z (Sonatensatzform ohne Durchführung/Haupttonart C-dur)
Einleitung: T. 1—4
Exposition: T. 5—104
1. Gr. T. 5—62: H. T. 5—12

Zwischensatz T. 46—62
2. Gr. T. 63—93: H. T. 63—65

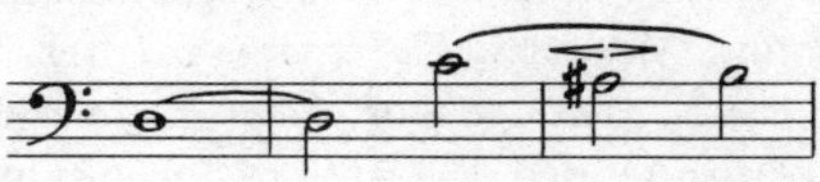

Epilog T. 94—104
Reprise: T. 105—279 (durchführungsartig frei behandelt, H. der 2. Gr. in der Umkehrung)
Satz-Coda: T. 280—589 (breit angelegt mit einem selbständigen Thema und mit Einbeziehung des Th. der Einleitung des 1. Satzes T. 423 ff)

3. SYMPHONIE

Es-dur op. 97

„Rheinische"

Sätze: Lebhaft/Scherzo (Sehr mäßig)/Nicht schnell/Feierlich/Lebhaft
Orchester: 2 Fl., 2 Ob., 2 Kl., 2 Fag., 4 Hr., 2 Trp., 3 Pos., P., Str.
Aufführungsdauer: ca. 31 Minuten
Verlag: Br. & H.

Geschichtliches

Im September 1850 war Schumann mit seiner Familie nach Düsseldorf übergesiedelt, wo ihm der nach Köln berufene Ferdinand Hiller das Amt des Städtischen Musikdirektors verschafft hatte. Die Erfüllung des langgehegten Wunsches nach einer derartigen Position löste bei dem Meister auch auf kompositorischem Gebiet eine Schaffensaktivität aus. So ist zunächst im Oktober

1850 das Konzert für Violoncello und Orchester op. 129 und daraufhin die Symphonie in Es-dur op. 97 entstanden. Das Werk wurde in der kurzen Zeit vom 2. November bis 9. Dezember 1850 fertiggestellt und am 6. Februar 1851 in einem Düsseldorfer Abonnementkonzert unter der Leitung des Komponisten uraufgeführt. Es ist als 3. Symphonie zunächst im Verlag Simrock und später im Rahmen der Gesamtausgabe (1887) bei Breitkopf & Härtel erschienen.

Stilistische Stellung

Die Es-dur-Symphonie trägt die Bezeichnung „Rheinische" nicht nur, weil sie im Rheinland entstanden ist, sondern wohl auch wegen ihres offenbar von rheinischer Lebensart inspirierten vitalen musikalischen Ausdrucksgehalts. Dieser ist vor allem den Ecksätzen zu eigen. Der als Scherzo bezeichnete 2. Satz hat seiner schlichten Thematik und dem gemäßigten Zeitmaß zufolge mehr den Charakter eines Menuetts. Gegensätze schaffen der in seinem Stimmungsgehalt versonnene 3. Satz und vor allem die feierliche Klangwelt des 4. Satzes, den Schumann unter dem Eindruck der prunkvollen Kardinalserhebung des Kölner Erzbischofs komponiert und ursprünglich „Im Charakter der Begleitung einer feierlichen Zeremonie" überschrieben hatte. Die lineare Stimmführung, der volle Klang des um drei Posaunen bereicherten instrumentalen Apparates sowie die freie, gleichsam improvisatorische formale Anlage verleihen dem Satz das Gepräge eines Orgel-Präludiums. Auch Tschaikowsky fand in seiner 1872 verfaßten Abhandlung über Schumanns 3. Symphonie anerkennende Worte für die klangliche Gestaltung des 4. Satzes. Im übrigen übt der russische Meister jedoch Kritik an Schumanns Instrumentierungsweise. Er rügt die „farblose Massigkeit der Orchestrierung", die den nicht durch vorhergehendes Studium vorbereiteten Zuhörern jede Möglichkeit raube, die Schönheiten in Schumanns symphonischen Werken zu würdigen. In der Tat hat der aus der Welt des Klaviers kommende Komponist an seinem individuellen Klangstil (Pedalwirkungen) auch in seinen orchestralen Werken festgehalten. Das hat zur Folge, daß bisweilen zur Erzielung eines plastischen Klangbildes differenzierte dynamische Abstufungen bei den einzelnen Instrumentengruppen vorgenommen werden müssen. Es ist jedoch abwegig, eine grundlegende Uminstrumentierung bei den Schumannschen Symphonien durchzuführen. Verschiedene derartige Versuche haben in der Praxis zu keinem befriedigenden Ergebnis geführt. Sie mußten enttäuschen, weil sie durch das Hereintragen wesens- und stilfremder Züge die Einheitlichkeit des Kunstwerks zerstörten.

Formübersicht:

1. S a t z (Sonatensatzform/Haupttonart Es-dur)

Exposition: T. 1—184

1. Gr. T. 1—94: H. T. 1—17

Zwischensatz T. 21—56; Wiederholung des H. und Überleitung T. 57—94

2. Gr. T. 95—142: H. T. 95—110

Epilog T. 143—165; Epilog-Coda T. 165—184

Durchführung: T. 185—410

Reprise: T. 411—527

Satz-Coda: T. 528—585

2. S a t z (Scherzo/Haupttonart C-dur; Trio a-moll)

Hauptsatz: T. 1—32: H. T. 1—8

(Wiederholung der Th.-Gr., variiert, T. 17—32)

Mittelsatz: T. 33—78: H. T. 33—40 (Trio über dem Orgelpunkt C)

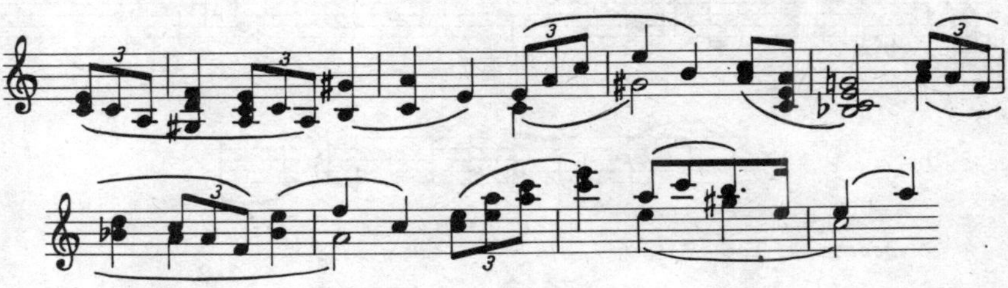

(durchführungsartiger Einschub T. 49—78)

Reprise des Hauptsatzes: T. 79—94

Satz-Coda: T. 95—133

3. S a t z (Dreiteilige Liedform/Haupttonart As-dur)
Hauptsatz: T. 1—17: H. T. 1—4

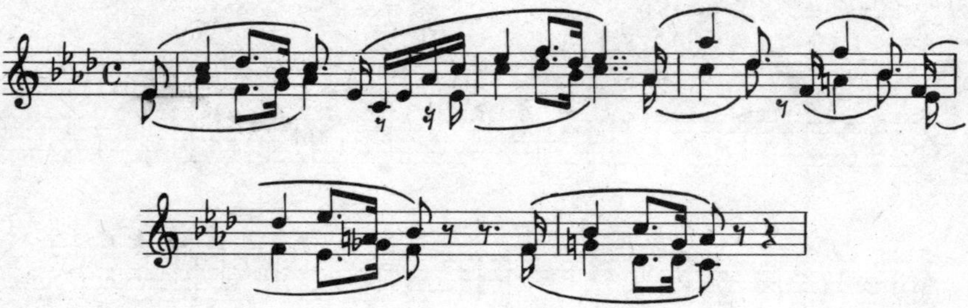

Mittelsatz: T. 18—35: H. T. 18—21

Reprise des Hauptsatzes: T. 36—44
Satz-Coda: T. 45—54

4. S a t z (Freie Form mit zwei kontrapunktisch verarbeiteten Th./Haupttonart es-moll)
Hauptthema: T. 1—6

Nebenthema: T. 6—7

5. S a t z (Sonatensatzform/Haupttonart Es-dur)
Exposition: T. 1—97
1. Gr. T. 1—71: H. T. 1—8

Zwischensatz T. 17—71
2. Gr. T. 72—79: H. T. 72—75

Epilog T. 80—97
Durchführung: T. 98—153 (mit Verarbeitung des Nebenthemas des 4. Satzes)
Reprise: T. 154—243
Satz-Coda: T. 244—329 (mit Verarbeitung des Hauptthemas des 4. Satzes in Dur, T. 271ff)

4. SYMPHONIE
d-moll op. 120
(Joseph Joachim)

Sätze: Ziemlich langsam-Lebhaft/Romanze (Ziemlich langsam)/Scherzo (Lebhaft)/Langsam-Lebhaft
Orchester: 2 Fl., 2 Ob., 2 Kl., 2 Fag., 4 Hr., 2 Trp., 3 Pos., P., Str.
Aufführungsdauer: ca. 29 Minuten
Verlag: Br. & H.

Geschichtliches

Die d-moll-Symphonie wurde bei ihrer Veröffentlichung als Schumanns Vierte bezeichnet; sie hat deshalb auch eine spätere Opuszahl erhalten. Ihrer Entstehung nach ist sie jedoch die 2. Symphonie des Meisters. In dem auf symphonischem Gebiet so fruchtbaren Jahr 1841 komponierte Schumann auch die d-moll-Symphonie. Die Arbeit an dem Werk wurde nach der Vollendung des 1. Satzes des Klavierkonzerts im Juni aufgenommen; am 13. September legte der Komponist die fertiggestellte Partitur seiner Frau Clara auf den Geburtstagstisch. Bei der Uraufführung am 6. Dezember 1841 im Leipziger Gewandhaus unter der Leitung des Konzertmeisters Ferdinand David konnte das Werk nicht den Beifall finden wie neun Monate zuvor die B-dur-Symphonie. Schumann legte daraufhin die Partitur — wie übrigens auch die der im gleichen Konzert uraufgeführten kleinen Symphonie „Ouverture, Scherzo und Finale“ — beiseite. Erst zehn Jahre später erinnerte er sich auf Anregung des Düsseldorfer Konzertkomitees wieder des Werkes. Er unterzog im Dezember 1851 die Partitur einer Umarbeitung, die hauptsächlich die Instrumentierung betraf. In dieser Gestalt erlebte die d-moll-Symphonie unter der Leitung des Komponisten zunächst am 1. März 1853 und anschließend bei dem Niederrheinischen Musikfest am 15. Mai des gleichen Jahres in Düsseldorf ihre Neuaufführung, wobei sie enthusiastisch aufgenommen wurde. Die zweite Fassung ist im gleichen Jahr bei Breitkopf & Härtel erschienen. Das Manuskript hat Schumann zu Weihnachten 1853 mit einer Widmung dem Geiger Joseph Joachim geschenkt. Das Autograph der Urfassung vom Jahre 1841 besaß Johannes Brahms. Er schätzte diese höher als die spätere Bearbeitung, die ihm hauptsächlich wegen ihrer dickflüssigen Instrumentation, verursacht durch eine reichlichere Verwendung der Blechbläser, dem Charakter des Werkes weniger zu entsprechen schien. Um sich von der Richtigkeit seiner Beurteilung zu überzeugen, ließ Brahms sogar auf eigene Kosten das Aufführungsmaterial von der ersten Fassung herstellen und die Symphonie danach in einem Privatkonzert unter Franz Wüllner aufführen, wobei er seine Ansicht bestätigt glaubte. Dennoch konnte er Clara Schumann bei der Herausgabe des Werkes im Rahmen der Gesamtausgabe (1882) nicht bewegen, die erste Fassung in diese aufzunehmen. Wenige Jahre später (1891) ist aber auch sie in Partitur und Stimmen vom Verlag Breitkopf & Härtel veröffentlicht worden.

Stilistische Stellung

Bei der d-moll-Symphonie, der heute wohl meistaufgeführten unter den Schumannschen Symphonien, ist lange Zeit ein mangelndes Gestaltungsvermögen ihres Schöpfers kritisiert worden. In der Tat hat Schumann hier mit genialer Konzeption die klassische Symphonieform in einer ungewöhnlichen Weise frei gehandhabt, die nicht mit orthodoxen Maßstäben gemessen werden kann. Da die vier Sätze unmittelbar ineinandergehen und sie auch durch die zyklische Verarbeitung einiger Themen zu einer Einheit verschmolzen sind, erscheint das ganze Werk mit seiner feurigen Rhythmik und seiner schwärmerischen Melodik einer poetischen Idee untergeordnet, die tief in der Romantik verwurzelt ist. Der Meister hatte es deshalb ursprünglich als „Symphonische Phantasie“ bezeichnet. Eine gewisse Problematik im Formalen besteht eigentlich nur im 1. Satz, weil hier die übliche Reprise der Exposition fehlt. Dafür ist innerhalb der breit ausgeführten Durchführung ein symmetrisch angelegter und modulatorisch kühn ausgestatteter Mittelteil (T. 101—248) mit zwei aufeinanderfolgenden selbständigen Gedanken eingebaut, von denen der eine mit seinem scharf profilierten punktierten Rhythmus von marschartigem, der andere von kantablem Charakter ist. Anschließend an diesen Mittelteil erfolgt epilogartig (T. 249 ff) die Weiterführung der Durchführung, wobei der zweite, lyrische Nebengedanke eine große Steigerung erfährt und schließlich in eine Stretta-artige Satz-Coda mündet. Die Romanze mit ihrer von Oboe und Solovioloncello vorgetragenen melancholischen Weise knüpft in ihrem Mittelsatz thematisch an die Einleitung der Symphonie an. Bei dem Scherzo ist dem energiegeladenen Thema des Hauptsatzes im Trio eine sanftwiegende, von ornamentalen Geigenfiguren umrankte Tanzweise gegenübergestellt. Das Finale eröffnet zunächst mit einer in feierlichem Ton gehaltenen langsamen Einleitung, bei der die 1. Violinen das Überleitungsthema zum Allegro des 1. Satzes aufgreifen. Das erste Thema des Schlußsatzes ist von dem Marschthema der Durchführung des 1. Satzes abgeleitet; dazu erklingt gleichzeitig in den Baßstimmen der erste Hauptthemakopf des 1. Satzes. Im übrigen gibt dem letzten Satz der für Schumann typische, feurig punktierte Rhythmus das charakteristische Gepräge.

Formübersicht:

1. S a t z (Sonatensatzform ohne Reprise/Haupttonart d-moll — D-dur)

Einleitung: T. 1—28; Th.:

Exposition: T. 29—86

1. Gr. T. 29—58: H. T. 29—32

Zwischensatz T. 43—58

2. Gr. T. 59—72: H. T. 59—62

Epilog T. 73—86

Durchführung: T. 87—336

Geschlossener Mittelteil T. 101—248 mit zwei selbständigen Nebenthemen:

Th. a) T. 121 ff

Th. b) T. 147 ff

anschließend epilogartige Weiterführung der Durchführung T. 249—336

Satz-Coda: T. 337—358

2. S a t z (Dreiteilige Liedform/Haupttonart a-moll)

Hauptsatz: T. 1—26: H. T. 3—10

an Stelle der Wiederholung des H. Zurückgreifen auf das Th. der Einleitung des 1. Satzes, abschließend erklingt der Schluß des Romanzen-Hauptthemas

Mittelsatz: T. 26—42: H. T. 26—30

Reprise des Hauptsatzes: T. 43—53

3. S a t z (Scherzo/Haupttonart d-moll; Trio B-dur)

Hauptsatz: T. 1—64: H. T. 1—16

Trio: T. 65—112: H. T. 65—73

Reprise des Hauptsatzes: T. 113—176
Reprise des Trios: T. 177—225
Überleitung zum Finale: T. 225—232

4. S a t z (Sonatensatzform/Haupttonart d-moll — D-dur)
Einleitung: T. 1—16
Exposition: T. 17—77
1. Gr. T. 17—38: H. T. 17—25

Zwischensatz T. 27—38
2. Gr. T. 39—66: H. T. 39—42

Epilog T. 67—77
Durchführung: T. 78—120
Reprise: T. 121—167 (1. Gr. verkürzt, beginnt mit Zwischensatzmotiv)
Satz-Coda: T. 168—236

JOHANNES BRAHMS

* 7. Mai 1833 in Hamburg, † 3. April 1897 in Wien

Biographisches

Johannes Brahms hatte die Musikalität von seinem aus Holstein stammenden Vater Johann Jakob Brahms, der als Kontrabassist im Philharmonischen Orchester Hamburg tätig war. Die Mutter des Meisters war die Hamburger Schneiderin Johanna Henrika Christiane Nissen, die siebzehn Jahre älter als ihr Gatte war. Johannes wuchs in dürftigen Verhältnissen in dem Gängeviertel der Hansestadt auf und mußte schon während der Schulzeit als Klavierspieler in Tanzkneipen zum Broterwerb der fünfköpfigen Familie beitragen. Seine musikalische Ausbildung erhielt er hauptsächlich von dem vortrefflichen Hamburger Komponisten Eduard Marxsen (1806—87), der in Wien studiert hatte. Durch ihn waren Brahms bereits im Knabenalter die großen Meister, allen voran Bach und Beethoven, nahegebracht worden. In den darauffolgenden langen Wanderjahren hatte der junge Komponist Gelegenheit, mit den beiden Strömungen des damaligen Musiklebens und ihren führenden Persönlichkeiten in Berührung zu kommen. Die auf den Glanz äußerlicher Wirkungen spekulierende Richtung Berlioz-Liszt-Wagner war dem wortkargen Niederdeutschen, bei dem sich in seltsamer Mischung knorrige Männlichkeit mit übergroßer Sensibilität paarten, wesensfremd, wie der bezeichnende Ausspruch des mit schlagfertigem Witz Begabten beweist: „Lieber will ich heiraten, als eine Oper schreiben." Dagegen fand Brahms in Schumann, dem größten „Beethovener" im Kreise der Romantiker, eine gleichgestimmte Seele. Der auf Rat seines Freundes Joseph Joachim im September 1853 angebahnte Konnex mit dem Ehepaar Robert und Clara Schumann führte denn auch zu einer zeitlebens währenden idealen Künstlerfreundschaft. Schumann setzte sich sogleich tatkräftig für Brahms ein. In seiner „Neuen Zeitschrift für Musik" veröffentlichte er am 28. Oktober 1853 einen „Neue Bahnen" überschriebenen Artikel, in welchem er mit dem Hinweis „Das ist ein Berufener" die musikalische Welt auf den Zwanzigjährigen aufmerksam machte. Nach der herben Enttäuschung mit seiner geliebten Vaterstadt Hamburg, wo man ihm bei der Besetzung des Dirigentenpostens der Philharmonischen Gesellschaft den Sänger Julius Stockhausen vorgezogen hatte, war Brahms im Herbst 1862 nach Wien übergesiedelt, das erst vorübergehend und später (1878) für dauernd seine Wahlheimat wurde. Hier fand er, gefördert von treuen Freunden wie dem mächtigen Musikkritiker Dr. Eduard Hanslick und dem bedeutenden Chirurgen und Musikenthusiasten

Professor Theodor Billroth, nicht nur sogleich Anerkennung als Komponist, Pianist und Dirigent, sondern er bekam auch einen lebendigen Kontakt zu der großen Tradition der Wiener Klassik, was für seine Entwicklung als Symphoniker von ausschlaggebender Bedeutung war.

1. SYMPHONIE
c -moll op. 68

Sätze: Un poco sostenuto-Allegro/Andante sostenuto/Un poco Allegretto e grazioso/Adagio-Più Andante-Allegro non troppo ma con brio
Orchester: 2 Fl., 2 Ob., 2 Kl., 2 Fag., 1 Kfag., 4 Hr., 2 Trp., 3 Pos., P., Str.
Aufführungsdauer: ca. 45 Minuten
Verlag: Br. & H.

Geschichtliches

Brahms hat sich, ähnlich wie Beethoven und Bruckner, erst im reifen Mannesalter dem symphonischen Schaffen zugewandt, nachdem er bereits auf anderen Gebieten mit einer stattlichen Reihe von meisterlichen Schöpfungen hervorgetreten war. An orchestralen Werken hat er vor seiner 1. Symphonie mehrere Chorwerke, unter denen „Ein deutsches Requiem" op. 45 (1868) hervorragt, das Klavierkonzert Nr. 1 op. 15 (1853), zwei Serenaden (op. 11 in D-dur, 1857, und op. 16 in A-dur, 1859) sowie die Variationen über ein Thema von Haydn op. 56a (1873) geschaffen. Der Meister war sich sehr wohl der Schwierigkeit bewußt, in der Form der Symphonie noch etwas Vollgültiges aussagen zu können, da ihm hier die Ausdrucksmöglichkeiten in einem schwerlich zu überbietenden Maß durch Beethoven ausgeschöpft erschienen. So kam es, daß er auf symphonischem Gebiet nur zögernd zu Werk ging, und es vergingen vom Beginn der Beschäftigung mit der 1. Symphonie bis zu ihrer Vollendung vierzehn Jahre. Allerdings konnte er dafür der Musikwelt ein ausgereiftes Meisterwerk vorlegen, das seiner Kunst neue Freunde und Förderer gewann, so z. B. den Dirigenten Hans v. Bülow, der bis dahin dem Brahmsschen Schaffen zurückhaltend gegenübergestanden hatte. Die Skizzen zur 1. Symphonie reichen bis in den Sommer 1862 zurück, während dessen der Meister bei einem Aufenthalt in Münster am Stein (bei Kreuznach) Entwürfe zum 1. Satz ausführte. Im September 1876 wurde das Werk in Baden-Lichtental vollendet. Die Uraufführung fand mit ansprechendem Erfolg am 4. November 1876 unter der Leitung von Otto Dessoff in Karlsruhe statt. Die Symphonie wurde 1877 vom Verlag N. Simrock, Berlin, veröffentlicht, bei welchem der größte Teil der Brahmsschen Werke erschienen ist. In der von Eusebius Mandyczewski redigierten Gesamtausgabe sind die vier Brahms-Symphonien in der Zeit von 1926—28 bei Breitkopf & Härtel herausgekommen. Im Gegensatz zu Beethoven und Bruckner war Brahms mit Zueignungen seiner Werke zurückhaltend. So trägt auch keine seiner Symphonien eine Widmung.

Stilistische Stellung

Mit dem großartigen Wurf der 1. Symphonie erschien Brahms seinen Zeitgenossen als legitimer Nachfolger Beethovens. So bezeichnete Hans v. Bülow, der kritische Beurteilungen in geistreiche Bonmots zu kleiden pflegte, sie bekanntlich als „die Zehnte", womit er zum Ausdruck bringen wollte, das Werk setze die Reihe der neun Beethoven-Symphonien ebenbürtig fort. Bülow wollte jedoch, wie er selbst äußerte, damit nicht sagen, daß Brahms' Erste unmittelbar an Beethovens Neunte anknüpfe. Sie ist vielmehr an dem Beethoven der mittleren Schaffensperiode orientiert. Schon aus diesem Grunde ist der oft geübte Vergleich mit Beethovens 5. Symphonie naheliegend. Ist doch beiden Werken eine ähnlich geartete symphonische Anlage eigen: das edle Pathos der Tonsprache, die dramatische Entwicklung und das hohe Ethos der Zielstrebung, das „per aspera ad astra" („Durch Nacht zum Licht"). Auch Brahms entwickelt den ganzen 1. Satz aus einem kurzen Motiv, dem in Halbtonschritten sich emporwindenden und von chromatisch absteigenden Bläserterzen begleiteten Thema, das er gleichsam als Motto an den Anfang des Werkes stellt und das man als Leitmotiv der ganzen Symphonie bezeichnen kann, weil es auch in den übrigen Sätzen gelegentlich auftaucht. Und könnte man die einleitenden hämmernden Schläge der Pauke nicht auch als ein Pochen des Schicksals deuten? Dem kämpferischen 1. Satz, der mit wehmutsvoller Resignation abschließt, steht die zarte Lyrik des 2. Satzes gegenüber, dessen Melos im Mittelteil mit leidenschaftlich gesteigertem Ausdruck üppig emporblüht und mit dem tröstlichen Abgesang des Solohorns und der Soloviolíne verklärt ausklingt. Die Stelle des üblichen Scherzos vertritt ein Satz von idyllenhaftem Charakter mit einem in Tonart und Bewegungsrhythmus kontrastierenden Zwischenteil. Die Einleitung des letzten Satzes ruft zunächst wieder die dunklen Gewalten auf den Plan. Noch erscheint der Kopf des späteren Hauptthemas in düsterem Moll. Stürmische Zweiunddreißigstel-Figuren der Geigen und synkopierte Bläsermotive, die dem Themenmaterial des Folgenden entnommen sind, führen zu einer Steigerung, die plötzlich abreißt. Da erhebt sich ein leuchtendes Thema des Horns über dem Orgelklang der Posaunen, die, ähnlich wie in Beethovens Fünfter, in den ersten drei Sätzen pausieren, um eigens für die Wirkungen des Finalsatzes aufgespart zu bleiben. Brahms teilte diese Melodie, die einem schweizerischen Alphornruf abgelauscht ist, Clara Schumann mit und unterlegte ihr die Worte: „Hoch auf'm Berg, tief im Tal, grüß' ich Dich viel tausendmal!" Nach einem kurzen choralartigen Einschub der Posaunen ertönt die Alphornmelodie nochmals und leitet zu dem hymnusartig-weitgeschwungenen Hauptthema des 4. Satzes über, das nunmehr in hellem C-dur erklingt. Bei großartiger symphonischer Anlage führt der Satz in einem schließlich dithyrambisch gesteigerten Siegesjubel das Werk triumphal zum Abschluß.

Formübersicht:

1. S a t z (Sonatensatzform/Haupttonart c-moll)

Einleitung: T. 1—37

Exposition: T. 38—188

1. Gr. T. 38—120: Leitmotiv: T. 38—42

H. T. 42—46

Zwischensatz T. 51—120

2. Gr. T. 121—156: H. a) T. 121—129

H. b) T. 130—134

Epilog T. 157—176; Epilog-Coda T. 177—188
Durchführung: T. 189—339
Reprise: T. 339—458
Satz-Coda: T. 458—511

2. Satz (Dreiteilige Liedform/Haupttonart E-dur)
Hauptsatz: T. 1—26: Th. a) T. 1—4

Th. b) T. 17—23

Mittelsatz: T. 27—66
Reprise des Hauptsatzes: T. 67—100
Satz-Coda: T. 100—128

3. Satz (Dreiteilige Liedform/Haupttonart As-dur; Mittelsatz H-dur)
Hauptsatz: T. 1—70: Th. a) T. 1—10

Th. b) T. 45—53

Mittelsatz: T. 71—114: Th. T. 71—75

Rückleitung T. 108—114

Reprise des Hauptsatzes: T. 115—153 (verkürzt)

Satz-Coda: T. 154—164

4. S a t z (Sonatensatzform/Haupttonart c-moll — C-dur)

Einleitung: T. 1—60; Alphornthema: T. 29—37

Exposition: T. 61—181

1. Gr. T. 61—116: H. T. 61—76

anschließend Wiederholung des H., dann Zwischensatz T. 93—116

2. Gr. T. 117—166: H. a) T. 117—121

H. b) T. 131—134

Zwischensatz T. 141—166

Epilog T. 167—174; Epilog-Coda T. 175—181

Durchführung: T. 182—300

Reprise: T. 301—365 (beginnt mit 2. Gr., da 1. Gr. bereits in die Durchführung eingearbeitet)

Satz-Coda: T. 366—456

2. SYMPHONIE
D-dur op. 73

Sätze: Allegro non troppo/Adagio non troppo/Allegretto grazioso (Quasi Andantino)/Allegro con spirito
Orchester: 2 Fl., 2 Ob., 2 Kl., 2 Fag., 4 Hr., 2 Trp., 3 Pos., 1 Bt., P., Str.
Aufführungsdauer: ca. 38 Minuten
Verlag: Br. & H.

Geschichtliches

Nachdem Brahms seine Hemmungen gegenüber der symphonischen Komposition mit der erfolgreichen Gestaltung seiner 1. Symphonie überwunden hatte, folgte in verhältnismäßig kurzer Zeit ein weiteres Werk dieser Gattung. Die 2. Symphonie ist in der Hauptsache während des Sommers 1877 entstanden, als Brahms zum erstenmal in Pörtschach am Wörthersee zur Erholung weilte. Ihre Uraufführung am 30. Dezember 1877 durch die Wiener Philharmoniker unter der Leitung von Hans Richter brachte dem Meister einen durchschlagenden Erfolg, der seine Berufung zum Symphoniker von neuem bestätigte. Die Drucklegung des Werkes erfolgte im darauffolgenden Jahr (1878) bei N. Simrock.

Stilistische Stellung

Die 2. Symphonie wird gewöhnlich als Brahms' Pastorale bezeichnet. In der Tat stellt sie in ihrer farbenreichen Instrumentierung und in ihrer blühenden und vielfach liedhaften Melodik ein Werk glückhafter Versenkung in die Natur dar, zu dem der Naturfreund Brahms durch das Erlebnis der lieblichen Kärntner Landschaft angeregt worden sein mag. Überreich verströmt der 1. Satz Gedanken von teils idyllenhaft-schwärmerischem, teils vital-kraftvollem Charakter. Im 2. Satz zeigt der Meister besonders eindringlich sein Eigenprofil. Die Grundhaltung dieses Satzes ist ernst und verhalten, ein dazwischengestreuter leidenschaftlich gestalteter Durchführungsteil sowie die zartsensible wiegende Weise des Mittelsatzes schaffen wirkungsvolle Gegensätze. Eine schlichte Melodie im Volkston, die in originellen Variierungen zwischendurch einen ausgelassenen tänzerischen Charakter annimmt, gibt dem 3. Satz sein Gepräge. Das Finale wird mit seinem bald geheimnisvoll im Pianissimo-Unisono der Streicher dahingleitenden, bald in festlichem Prunk des Tutti aufrauschenden Hauptthema, mit seinem von romantischer Naturseligkeit erfüllten Seitenthema und mit der ständig in lebendigem rhythmischen Fluß gehaltenen Verarbeitung des thematischen Materials zum Symbol gehobener Lebensfreude.

Formübersicht:

1. S a t z (Sonatensatzform/Haupttonart D-dur)

Exposition: T. 1—182

1. Gr. T. 1—81: H. T. 1—9

Zwischensatz T. 44—81

2. Gr. T. 82—117: H. T. 82—89

3. Gr. T. 118—126: H. T. 118—122

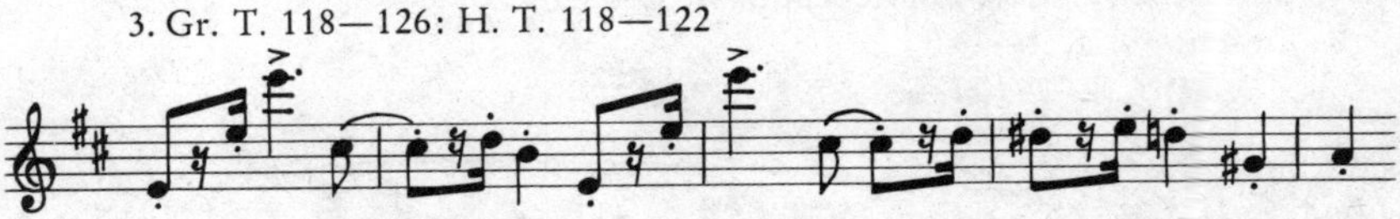

Epilog T. 127—155; Epilog-Coda T. 156—182

Durchführung: T. 183—301

Reprise: T. 302—446

Satz-Coda: T. 447—523

2. S a t z (Dreiteilige Liedform/Haupttonart H-dur)

Hauptsatz: T. 1—32: H. T. 1—4

Mittelsatz: T. 33—67: H. T. 33—34

(durchführungsartiger Einschub: T. 49—67)
Reprise des Hauptsatzes: T. 68—96
Satz-Coda: T. 97—104

3. S a t z (Variierte Liedform/Haupttonart G-dur)
Hauptsatz (Themagruppe): T. 1—32: Th. T. 1—8

Mittelsatz: T. 33—194
1. Variante T. 33—106; durchführungsartiger Zwischensatz T. 107—125
2. Variante T. 126—193

Reprise des Hauptsatzes: T. 194—224
Satz-Coda: T. 225—240

4. S a t z (Sonatensatzform/Haupttonart D-dur)
Exposition: T. 1—147
1. Gr. T. 1—77: H. T. 1—8

Zwischensatz T. 44—77
2. Gr. T. 78—113: H. T. 78—85

Zwischensatz T. 98—113
Epilog T. 114—141; Epilog-Coda T. 142—147
Durchführung: T. 148—243
Reprise: T. 244—352
Satz-Coda: T. 353—429

3. SYMPHONIE
F-dur op. 90

Sätze: Allegro con brio/Andante/Poco Allegretto/Allegro
Orchester: 2 Fl., 2 Ob., 2 Kl., 2 Fag., 1 Kfag., 4 Hr., 2 Trp., 3 Pos., P., Str.
Aufführungsdauer: ca. 32 Minuten
Verlag: Br. & H.

Geschichtliches

Zwischen dem Abschluß der Zweiten und der Vollendung der 3. Symphonie entstand in Brahms' symphonischem Schaffen eine Pause von sechs Jahren. In dieser Zeit hatte der Meister neben bedeutenden Klavier-, Gesangs- und Kammermusikkompositionen auch einige Werke auf anderen Gebieten der orchestralen Musik geschrieben: das für seinen Freund Joseph Joachim komponierte Violinkonzert (op. 77, 1878), die Akademische Festouverture und die Tragische Ouverture (op. 80 und 81, 1880), das 2. Klavierkonzert (op. 83, 1881) sowie die Chorwerke „Nänie" (op. 82, 1880) und „Gesang der Parzen" (op. 89, 1882). Während Brahms im Winter seinen zahlreichen Konzertverpflichtungen nachkam, nutzte er die Ruhe der sommerlichen Erholungsaufenthalte, für die er jeweils ein landschaftlich schöngelegenes Standquartier wählte, zur Entfaltung seiner schöpferischen Tätigkeit. So vollendete er während des Sommers 1883 seine 3. Symphonie in Wiesbaden und im Rheingau. Das Werk erlebte seine Uraufführung am 2. Dezember 1883 unter der Leitung von Hans Richter in Wien. Der Erfolg war noch größer als der bei der 2. Symphonie, und auch bei den kurz darauffolgenden Aufführungen (am 4. Januar 1884 in Berlin unter der Leitung des Komponisten und im Frühjahr des gleichen Jahres bei dem Niederrheinischen Musikfest in Düsseldorf) machte die Dritte einen imponierenden Eindruck. Der Erstdruck erfolgte 1884 bei N. Simrock.

Stilistische Stellung

Waren die 1. und 2. Symphonie, wiewohl sie in vielem typisch Brahmssche Eigenzüge aufweisen, in der Hauptsache dem klassizistischen Geist Beethovens verbunden, so hatte der Meister nach der schöpferischen Pause von sechs Jahren bei seiner Dritten nunmehr auch auf symphonischem Gebiet seinen Eigenstil entwickelt. Zwar ist nach wie vor an der Form der klassischen Symphonie festgehalten; doch erscheint diese jetzt gedrängter und konzentrierter behandelt, was schon aus den verhältnismäßig kurzen Durchführungen ersichtlich ist. Des weiteren sind als Merkmale des Brahmsschen Stiles zu erkennen: das ständige Hin- und Hergleiten zwischen Dur und Moll, die feinziselierte Filigranarbeit in Stimmführung und Instrumentation, die vielfachen metrischen Verschiebungen, die Gegenüberstellung von sensibel-zarten und leidenschaftlich-kämpferischen Partien sowie eine gewisse Bevorzugung der dunklen und satten Farben. Noch eindringlicher als bei der 1. Symphonie wird bei der Dritten die inhaltliche Bezogenheit der vier Sätze aufeinander durch ein Leitmotiv aufgezeigt, das in wuchtigen Forte-Bläserakkorden angriffslustig einleitet und sich durch das ganze Werk zieht. Diesem Leitmotiv entwächst unmittelbar das heroische 1. Thema, dem ein lyrischer zweiter Gedanke von versonnenem Charakter gegenübergestellt ist. Eine schlichte, volksliedartige Melodie, die, unterbrochen von elegischen Nebengedanken, in verschiedenen Varianten wiederkehrt, stempelt den 2. Satz zu einem Idyll. Ein von Empfindungen der Sehnsucht getränkter Sang beherrscht den 3. Satz, in dessen Mittelteil eine aus einem Synkopenmotiv gebildete stilisierte Tanzweise einen betonten Gegensatz schafft. Schattenhafte Unisonogänge leiten den letzten Satz ein. Sodann bricht das leidenschaftliche Ringen von neuem los, bis es in Schicksalsergebenheit übergeht und das Werk nach einem feierlichen Abgesang mit dem Leitmotiv und mit dem Hauptthema-Kopf des 1. Satzes im Piano als Symbol friedlicher Resignation ausklingt.

Formübersicht:

1. Satz (Sonatensatzform/Haupttonart F-dur)

Exposition: T. 1—71

1. Gr. T. 1—35: Leitmotiv: T. 1—3

H. T. 3—14

Zwischensatz T. 15—35
2. Gr. T. 36—48: H. T. 36—39

Epilog T. 49—69; Epilog-Coda T. 70—71
Durchführung: T. 72—119
Reprise: T. 120—180
Satz-Coda: T. 181—224
2. S a t z (Dreiteilige Liedform/Haupttonart C-dur)
Hauptsatz: T. 1—40: H. T. 1—23

Mittelsatz: T. 41—84: H. T. 41—45

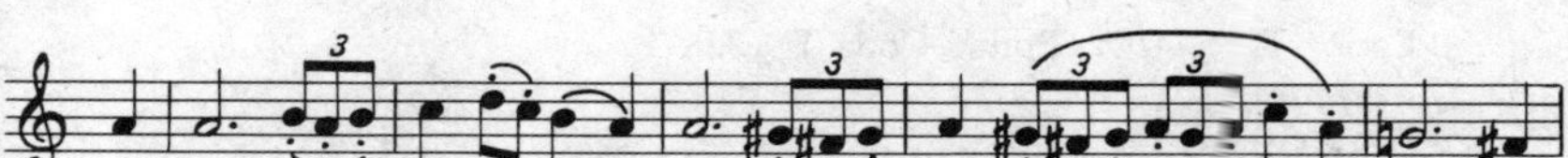

(durchführungsartiger Einschub: T. 63—84)
Reprise des Hauptsatzes: T. 85—121
Satz-Coda: T. 122—134

3. Satz (Dreiteilige Liedform/Haupttonart c-moll; Mittelsatz As-dur)
Hauptsatz: T. 1—52: H. T. 1—12

Zwischenteil und nochmalige Wiederholung des H. T. 24—52
Mittelsatz: T. 53—98: H. T. 53—61

Reprise des Hauptsatzes: T. 99—150
Satz-Coda: T. 151—163

4. Satz (Sonatensatzform/Haupttonart f-moll — F-dur)
Exposition: T. 1—107
1. Gr. T. 1—51: H. T. 1—8

Zwischensatz T. 18—51 (auf das H. des Mittelsatzes vom 2. Satz bezogen)
2. Gr. T. 52—74: H. T. 52—55

Epilog T. 75—101; Epilog-Coda T. 102—107
Durchführung: T. 108—171
Reprise: T. 172—252 (beginnt mit dem Zwischensatz der 1. Gr.)
Satz-Coda: T. 253—309

4. SYMPHONIE

e-moll op. 98

Sätze: Allegro non troppo/Andante moderato/Allegro giocoso/Allegro energico e passionato
Orchester: 2 Fl. (II. auch Picc.), 2 Ob., 2 Kl., 2 Fag., 1 Kfag., 4 Hr., 2 Trp., 3 Pos., P., Triangel, Str.
Aufführungsdauer: ca. 40 Minuten
Verlag: Br. & H.

Geschichtliches

Unmittelbar nach Vollendung der 3. Symphonie beschäftigte sich Brahms mit Entwürfen zu einer weiteren Symphonie, seiner Vierten. Während der Erholungsaufenthalte in den Jahren 1884 und 1885 in Mürzzuschlag am Semmering, bei denen er sich gelegentlich seiner Ausflüge in das schöne Steirerland mit dem Volksdichter Peter Rosegger anfreundete, arbeitete der Meister das Werk aus und vollendete es im Sommer 1885. Von Bülow im November 1881 mit einem Brahmskonzert am Hof von Meiningen eingeführt, war der Komponist sogleich mit dem musikbegeisterten Herzogpaar (Herzog Georg II. von Sachsen-Meiningen und Frau v. Heldburg) in ein freundschaftliches Verhältnis gekommen, das bis zu seinem Tod währte. Die hatte zur Folge, daß Meiningen eine Hochburg der Brahms-Pflege wurde, zunächst unter Hans v. Bülow und später unter dessen Nachfolger Fritz Steinbach. So kam es, daß Brahms die Uraufführung seiner Vierten der Meininger Hofkapelle überließ. Das Werk erklang hier zum erstenmal am 25. Oktober 1885 unter der Leitung des Komponisten. Bei seiner Erstaufführung in Wien am 17. Januar 1886 erfuhr es eine unterschiedliche Aufnahme. Auch die 4. Symphonie ist im Erstdruck bei dem Verlag N. Simrock erschienen (1886).

Stilistische Stellung

Auf der Höhe seines Ruhmes waren Brahms in seinem letzten Lebensabschnitt zahlreiche Ehrungen und Auszeichnungen zuteil geworden, so die Verleihung der Ehrendoktor-Würde durch die Universitäten Cambridge und Breslau, des Ehrenbürgerbriefs seiner Vaterstadt Hamburg, des Ordens pour le mérite, des österreichischen Leopoldsordens, des bayrischen Maximiliansordens u. a. Trotz diesem äußeren Glanz wurde der Meister der hinter seinem oft mißverstandenen ruppigen und sarkastischen Witz eine „edle Verschämtheit des Gefühls" verbarg, der Außenwelt gegenüber in steigendem Maß zurückhaltender und stiller — eine geistige Haltung, die sich auch in seinem späteren kompositorischen Schaffen widerspiegelt. So ist Brahms im Gegensatz zu Beethoven, der in den Werken der letzten Schaffensperiode immer expansiver geworden war, in seinen Alterswerken schlichter und konzentrierter. Auch die in der Weisheit der Vollreife geschaffene 4. Symphonie hat nicht den kämpferischen Charakter wie etwa noch die Dritte, sie ist resigniert-philosophisch und wird daher oft als Brahms'„Elegische" bezeichnet. Dem musikalisch universalgebildeten Komponisten waren nicht nur die Wiener Klassiker ans Herz gewachsen, sondern er brachte auch den Barockmeistern große Verehrung entgegen. Daraus ist zu erklären, daß er in seiner Musik gelegentlich Stilelemente der alten Musik verarbeitete, die er in reizvoller Weise mit seinem Idiom zu verbinden verstand. So treten auch bei der 4. Symphonie archaisierende Züge in der Harmonik (vor allem im 2. Satz) und im Formalen (4. Satz) in Erscheinung. Von elegisch-balladenhaftem Charakter ist der 1. Satz, von teils verträumtem, teils tröstlichem Ausdrucksgehalt die Melodik des 2. Satzes. In starkem Gegensatz hierzu steht der in hellen C-dur-Klängen strahlende, prunkhaft-festliche 3. Satz, während das Finale ein in der symphonischen Literatur einzigartiges Meisterstück darstellt: es ist mit überlegener Kunst in der strengen Form der Chanconne* gestaltet. Das Thema ertönt hier eingangs als Oberstimme wuchtiger Bläserakkorde im Orgelklang und wird anschließend in dreißig unmittelbar aneinandergereihten Variationen bald im Baß, bald in Mittel- oder Oberstimmen festgehalten, wobei in unendlicher Mannigfaltigkeit immer wieder neue Bildungen entstehen, ohne daß dem Hörer zu Bewußtsein kommt, daß stets der gleiche musikalische Gedanke zugrundegelegt ist.

Formübersicht:

1. Satz (Sonatensatzform/Haupttonart e-moll)

Exposition: T. 1—136

1. Gr. T. 1—52: H. T. 1—18

* Die alte Chaconne (oder Passacaglia) ist die Form eines Instrumentalstücks, bei dem über einem sich immer wiederholenden und stets gleichbleibenden (ostinaten) Baßthema eine Anzahl von Variationen entwickelt wird.

2. Gr. T. 53—94: H. a) T. 53—56

H. b) T. 57—64

Zwischensatz T. 73—94

3. Gr. T. 95—106: H. T. 95—98

Epilog T. 107—136

Durchführung: T. 137—246

Reprise: T. 246—393 (Eintritt der Reprise verschleiert durch die Einführung der ersten vier Takte des H. in der Vergrößerung)

Satz-Coda: T. 394—440

2. S a t z (Sonatensatzform ohne Durchführung/Haupttonart E-dur)

Einleitung: T. 1—4

Exposition: T. 5—63

1. Gr. T. 5—40: H. T. 5—12

1. Zwischensatz T. 15—21; Wiederholung des H., dann

2. Zwischensatz T. 30—40

2. Gr. T. 41—52: H. T. 41—49

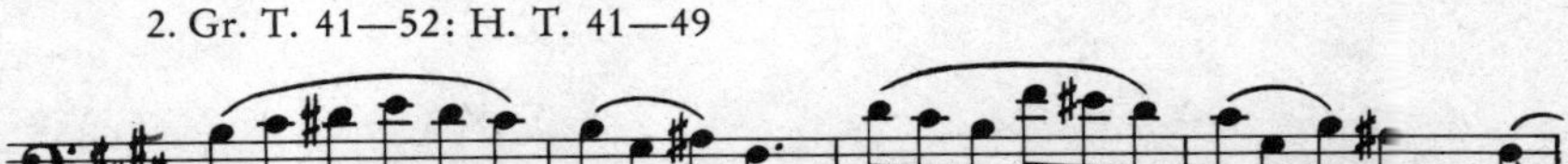

Epilog T. 52—63

Reprise: T. 64—105 (1. und 2. Zwischensatz der 1. Gr. miteinander kombiniert)

Satz-Coda: T. 106—118

3. Satz (Sonatensatzform mit Rondo-Elementen vermischt/Haupttonart C-dur)

Exposition: T. 1—112

1. Gr. T. 1—51: H. T. 1—6

Zwischensatz T. 19—51

2. Gr. T. 52—80: H. T. 52—55

Epilog T. 81—112 (Wiederholung des H. der 1. Gr. eingebaut)

Durchführung: T. 113—198

Reprise: T. 199—281

Satz-Coda: T. 282—357

4. Satz (Variationensatz in Form einer Chaconne, in drei Abschnitte gegliedert/ Haupttonart e-moll)

Thema: T. 1—8

1. Abschnitt: T. 9—96 (Variationen 1—11)

2. Abschnitt: T. 97—128 (Variationen 12—15, im Charakter einer Sarabande)

3. Abschnitt: T. 129—248 (Variationen 16—30)

Satz-Coda: T. 249—311

ANTON BRUCKNER

* 4. September 1824 in Ansfelden (Oberösterreich), † 11. Oktober 1896 in Wien

Biographisches

Bruckners Vorfahren waren Bauern und Handwerker. Sie lassen sich urkundlich bis in das 16. Jahrhundert zurückverfolgen. Ihr Hof war unweit einer Brücke südlich von Sindelburg (Niederösterreich) gelegen. Danach hieß die Familie „Pruckhner an der Pruckhen". Der Großvater des Meisters, Joseph Bruckner, hatte 1776 die Schulmeisterstelle in Ansfelden übernommen, die er, wie es damals üblich war, an seinen Sohn Anton, den Vater des Komponisten, weitervererbte (1823). Dieser heiratete im gleichen Jahr die Tochter Theresia des Amtsverwalters Ferdinand Helm aus Neuzeug bei Steyr. Nach dem frühen Tod des Vaters (1837) kam Anton Bruckner, der bei einem Vetter, dem Lehrer und Organisten Johann Baptist Weiß in Hörsching bei Linz, den ersten Musikunterricht erhalten hatte, an das regulierte Chorherrnstift St. Florian. Hier empfing er während einer dreijährigen Schulzeit die ersten großen musikalischen Eindrücke durch den Unterricht bei dem Stiftsorganisten Anton Kattinger an der Krismannschen Orgel. Nach Absolvierung der Präparandenschule in Linz und nach einer Lehrtätigkeit als Schulgehilfe in Windhaag an der Maltsch und in Kronstorf bei Steyr kehrte er 1845 nach St. Florian zurück, wo er zehn Jahre lang als Lehrer und von 1850 an auch als Stiftsorganist wirkte. Der Sieg über seine Konkurrenten bei dem Probespiel um die Stelle des Linzer Domorganisten (25. Januar 1856) stärkte Bruckners Selbstvertrauen, so daß er sich entschloß, die Lehrtätigkeit aufzugeben und den Musikerberuf zu ergreifen. Das Amt des Domorganisten in Linz hatte er von 1856—68 inne. In dieser Zeit vervollkommnete er nebenbei seine musikalischen Fachkenntnisse in einem sechsjährigen intensiven Studium bei Simon Sechter in Wien (1855—61). Von entscheidender Bedeutung für Bruckners Entwicklung wurde die Berufung des Dirigenten Otto Kitzler nach Linz, der dort von 1861—63 als Theaterkapellmeister wirkte. Durch ihn wurde der Meister, der sich als Komponist bis dahin fast ausschließlich auf das Gebiet der Kirchenmusik beschränkt hatte, in die weltliche Orchestermusik eingeführt. Kitzlers „Tannhäuser"-Aufführung in Linz (1863) wurde für Bruckner ein Erlebnis, das bei ihm verborgene schöpferische Kräfte weckte und sein Schaffen in neue Bahnen lenkte. So kam es, daß der Meister verhältnismäßig spät und erst nach Absolvierung sorgsamer Studien bei Kitzler sowie nach gewissenhaften Vorarbeiten (vier Orchesterstücke, g-moll-Ouverture) sich der Komposition von Symphonien zuwandte, die dann das gewichtigste Gebiet seines Schaffens geworden ist.

1. SYMPHONIE
c-moll
(Universität Wien)

Sätze: Allegro/Adagio/Scherzo (Schnell)/Bewegt, feurig
Orchester: 3 Fl., 2 Ob., 2 Kl., 2 Fag., 4 Hr., 2 Trp., 3 Pos., P., Str.
Aufführungsdauer: ca. 48 Minuten
Verlag: Originalfassung: Linzer und Wiener Fassung: Brucknerverlag (Alkor-Edition), Linzer Fassung: Musikwissenschaftlicher Verlag, Wien (Alkor-Edition); Erstdruckfassung: U. E. (Wiener Fassung)

Geschichtliches

Bevor Bruckner mit seiner von ihm selbst anerkannten 1. Symphonie hervorgetreten ist, hatte er bereits zwei Symphonien geschrieben, eine in f-moll (1862), die er als „Schularbeit" bezeichnete, und eine weitere in d-moll (1863/64), die er zwar 1869 nochmals überarbeitete, 1895 aber für ungültig erklärte („Nur ein Versuch"); sie erhielt aus diesem Grund die Bezeichnung „Nullte Symphonie". Von der 1. Symphonie liegen zwei Fassungen vor. Die erste ist in der Zeit von Mai 1865 bis Juli 1866 in Linz entstanden, wobei das 1865 komponierte Adagio im Jahr darauf nochmals umgearbeitet und neugestaltet worden war. Die Uraufführung fand unter der Leitung des Komponisten am 9. Mai 1868 im Redoutensaal zu Linz statt. Das Publikum stand dem neuartigen Werk verständnislos gegenüber. 1890/91 überarbeitete Bruckner die Partitur in einer zweiten, der sogenannten Wiener Fassung, bei der die Symphonie in ihrer Gesamtanlage wohl unverändert blieb, in Einzelheiten aber, insbesondere in der Instrumentation, Figuration und Baßführung, manche Abänderung erfuhr. In dieser Gestalt erschien sie 1893 bei J. Eberle & Co., Wien. Im Rahmen der Kritischen Gesamtausgabe der Internationalen Brucknergesellschaft, die eine Herausgabe der Brucknerschen Werke in einem von fremden Zutaten gereinigten Text nach den Eigenschriften des Meisters unter der Bezeichnung „Originalfassungen" besorgte, legte Robert Haas 1934 die 1. Symphonie in beiden Fassungen vor, wodurch die Linzer Fassung der musikalischen Welt bekannt wurde. Bruckner widmete seine Erste im Jahre 1891 der Universität Wien als Dank für die Verleihung der Würde eines Ehrendoktors.

Stilistische Stellung

Es ist erstaunlich, wie Bruckner sich nach seinen symphonischen Vorwerken, die noch vielfach an klassischen Vorbildern orientiert waren, bei der unmittelbar darauffolgenden 1. Symphonie mit einem Schlag zu einem festumrissenen Eigenstil durchgerungen hatte, auf dessen Grundlage sich dann sein ganzes weiteres symphonisches Lebenswerk aufbaute. Die Ecksätze sind in einer weiträumigen Sonatensatzform gestaltet: die Exposition bringt drei gleichwertige, durch klare Einschnitte voneinander getrennte Themengruppen, die nach dem Durchführungsteil in einer verkürzten Reprise wiederkehren; an diese reiht sich ein durchführungsartig erweiterter Satzanhang mit Coda. Auch ihrem inneren Gehalt und ihrer musikalischen Ausstattung nach sind der erste und letzte Satz einander ähnlich in dem Klangprunk der Durchführungs- und Coda-Abschnitte und in den vital gesteigerten Satzabschlüssen. Im Epilog der Exposition findet sich ein Nachhall des Linzer „Tannhäuser"-Erlebnisses: hier wird, ähnlich wie in der „Tannhäuser"-Ouverture, das Thema unisono von drei Posaunen im Fortissimo vorgetragen und gleichzeitig von Geigenfiguren umrankt. Das Hauptthema des mit Chromatik und kontrapunktischer Feinarbeit ausgestatteten Adagios hat mystischen Charakter. Der von Empfindungsreichtum gesättigte Mittelsatz des Adagios wird von einem kantablen Thema getragen, das in phantasievoller Gestaltung verarbeitet ist. Wie in allen Brucknerschen Adagios erhebt sich das Melos gegen Schluß zu einem großartigen Höhepunkt, worauf der Satz nach einer dynamischen Senkung im Pianissimo ausklingt. Einen starken Gegensatz schafft das Scherzo mit seinem bäuerisch-derben Hauptthema, das in der heimatlichen Volksmusik verwurzelt ist. Sein ländlerartiges Trio weist mit den chromatisch gefärbten harmonischen Rückungen wieder einmal auf die innere Verwandtschaft zu Schubert als dem — gerade auf dem Gebiet der Symphonik — unmittelbaren Vorgänger Bruckners. Der letzte Satz hat einen von überschäumender Lebensfreude erfüllten Ausdrucksgehalt, wie er in dem Schaffen des Meisters einmalig ist. Bruckner hat wohl im Hinblick darauf die 1. Symphonie als sein „keckes Beserl" * bezeichnet.

Formübersicht (Linzer Fassung):

1. S a t z (Sonatensatzform/Haupttonart c-moll)

Exposition: T. 1—106

1. Gr. T. 1—44: H. T. 3—10

* „Beserl" ist ein oberösterreichischer Dialektausdruck, der soviel wie temperamentvolles junges Mädchen bedeutet.

Zwischensatz T. 18—44
2. Gr. T. 45—66: H. T. 45—49

3. Gr. T. 67—93: H. T. 67—68

Epilog T. 94—100 (mit einem selbständigen Th.); Epilog-Coda T. 101—106
Durchführung: T. 107—198
Reprise: T. 199—323 (mit erweitertem Epilog)
Satz-Coda: T. 324—351
2. S a t z (Dreiteilige Liedform/Haupttonart As-dur)
Hauptsatz: T. 1—43: H. T. 1—5

Abgesang T. 30—43
Mittelsatz: T. 44—114: H. T. 44—47

Durchführungsartige Verarbeitung und Rückleitung T. 52—114
Reprise des Hauptsatzes: T. 115—157
Satz-Coda: T. 158—168
3. S a t z (Scherzo/Haupttonart g-moll; Trio G-dur)
Hauptsatz: T. 1—135: H. T. 10—14

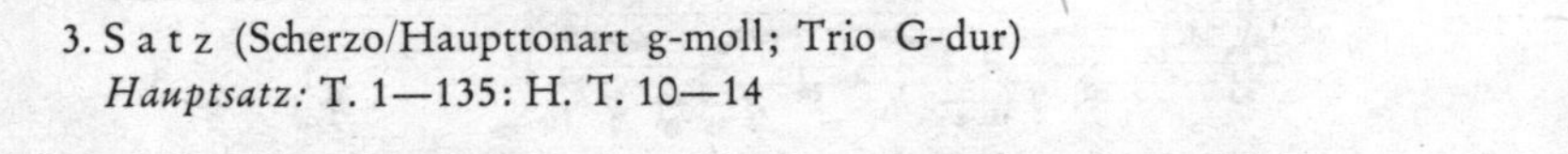

Trio: T. 1—39: H. T. 3—10

Reprise des Hauptsatzes: T. 1—135

Satz-Coda: T. 136—159

4. S a t z (Sonatensatzform/Haupttonart c-moll—C-dur)

Exposition: T. 1—86

1. Gr. T. 1—38: H. T. 1—4

Zwischensatz T. 9—38

2. Gr. T. 39—57: H. T. 39—42

3. Gr. T. 58—65: H. T. 58—61

Epilog T. 66—78; Epilog-Coda T. 79—86

Durchführung: T. 87—272

Reprise: T. 273—376 (mit erweitertem Epilog)

Satz-Coda: T. 377—396

2. SYMPHONIE

c-moll

(Franz Liszt)

Sätze: Ziemlich schnell/Adagio (Feierlich, etwas bewegt)/Scherzo (Schnell)/ Finale (Mehr schnell)

Orchester: 2 Fl., 2 Ob., 2 Kl., 2 Fag., 4 Hr., 2 Trp., 3 Pos., P., Str.

Aufführungsdauer: ca. 67 Minuten

Verlag: Originalfassung: Brucknerverlag (Alkor-Edition); Erstdruckfassung: U. E.

Geschichtliches

Bruckner hatte in dem Wiener Hofkapellmeister Johann Herbeck, der sein Orgelspiel und seine Improvisationskunst bewunderte, einen Freund und Protektor gefunden. Dieser verschaffte dem Meister nach Sechters Tod nicht nur dessen Stelle als Professor für Generalbaß, Kontrapunkt und Orgel am Konservatorium der Gesellschaft der Musikfreunde in Wien (Juli 1868), sondern auch Orgelkonzerte in Nancy, Paris (1869 Notre-Dame) und London (1871). Der große Erfolg, der Bruckner vor allem bei dem internationalen Konkurrenzspiel auf der für die Weltausstellung neu erbauten Riesenorgel in der Royal-Albert-Hall in London beschieden war, gab ihm einen Schaffensauftrieb. So nahm er bald nach seiner Rückkehr nach Wien die Komposition einer neuen Symphonie in Angriff, die er in der Zeit von Oktober 1871 bis September 1872 ausführte. Die Wiener Philharmoniker lehnten jedoch eine Aufführung mit dem Bemerken ab, das Werk sei „unspielbar". Erst ein Jahr später, nachdem er sich hierfür das Wiener Hofopernorchester auf eigene Kosten verpflichtet hatte, konnte Bruckner am 26. Oktober 1873 diese seine 2. Symphonie in Wien zu Gehör bringen. Obwohl sie freundlich aufgenommen worden war, wußte Herbeck den Meister zu bestimmen, Kürzungen und Abänderungen, insbesondere bei der Instrumentation, vorzunehmen. In dieser neuen Gestalt kam sodann die Zweite am 20. Februar 1876, wieder unter der Leitung des Komponisten, zu einer weiteren erfolgreichen Aufführung in Wien. Im darauffolgenden Jahr (1877) wurde die Partitur unter Mitwirkung Herbecks nochmals einer Revision unterzogen, und diese dritte Fassung diente schließlich als Stichvorlage für den Erstdruck (1892 bei Ludwig Doblinger, Wien). Der im Rahmen der Gesamtausgabe 1938 von Robert Haas vorgelegten Partitur ist die dritte Fassung von 1877 zugrundegelegt, wobei aber zur Wiederherstellung der ursprünglichen organischen Architektur des Werkes vielfach auch auf die erste Fassung von 1871/72 zurückgegriffen worden ist. So wurden die bedenklichen Streichungen von insgesamt 139 Takten aufgehoben, die an manchen Stellen (z. B. im Adagio) die Form unverständlich gemacht hatten, und bei dem Scherzo die Wiederholungen entsprechend dem Text der Erstfassung wieder eingefügt. Aus klangstilistischen Überlegungen folgt die als „Originalfassung" bezeichnete Neuausgabe in Instrumentation, Dynamik und Phrasierung ebenfalls der ersten Fassung. Bruckner hat die 2. Symphonie Franz Liszt gewidmet, mit dem er 1865 gelegentlich eines Sängerfestes in Pest in einen persönlichen Kontakt gekommen war und dessen Faust-Symphonie er durch Kitzlers Nachfolger in Linz, Ignaz Dorn, kennen und schätzen gelernt hatte.

Stilistische Stellung

Bei der 2. Symphonie vollzieht sich ein Strukturwandel, durch den die profilierte Eigenart des Komponisten sich noch deutlicher als bei der Ersten manifestiert. Bruckner erweitert hier den Formbogen und ist bestrebt, durch eine Reihe spannungsgeladener Generalpausen, was dem Werk die Bezeichnung „Pausensymphonie" eingebracht hat, eine klare Darlegung der Form aufzuzeigen. Auf diese Weise werden in den Ecksätzen die schon durch ihre gegensätzliche Thematik kontrastierenden drei Themengruppen besonders augenscheinlich voneinander abgehoben. Dazu kommt eine gegenüber der 1. Symphonie gesteigerte kontrapunktische Feinarbeit, durch die wiederholt auch Nebenlinien eine nahezu thematische Bedeutung erlangen. Das Adagio ist, wie immer bei Bruckner, ein weihevoller Sang, dessen Hauptgedanke bei seiner dritten Wiederkehr eine glanzvolle Steigerung erfährt. Bemerkenswert ist die gewichtige Behandlung des Scherzos. Das zackige, kühngeschwungene c-moll-Thema des Hauptteils steht in starkem Gegensatz zu dem Trio mit seiner biedermeierlich-lichten C-dur-Weise. Bruckner verwendet in seinen Symphonien gelegentlich Motive aus seiner Kirchenmusik, die als Assoziationen zu dem geistigen Gehalt des betreffenden Satzes auftauchen, so auch in der 2. Symphonie, wo er Entlehnungen aus seiner f-moll-Messe im Adagio, T. 180 ff (Benedictus), und im Finale, T. 200 ff (Kyrie), vorgenommen hat. Auch noch zwei weitere typisch Brucknersche Eigenzüge treten hier erstmals in seinem symphonischen Schaffen in Erscheinung: die Umspielung einer Stufe der Tonart (meistens der Tonika oder der Dominante) mit ihren beiden Leittönen (1. Satz, 1. Hauptthema: as — g — fis — g) und der Mischrhythmus nach Wagners Vorbild (z. B. „Meistersinger"-Vorspiel, E-dur-Teil T. 7 ff), d. i. die Mischung von zwei- und dreiteiligem Rhythmus innerhalb eines Taktes (1. Satz: Gegenlinie im Abgesang der 1. Gruppe T. 37 ff).

Formübersicht:

1. Satz (Sonatensatzform/Haupttonart c-moll)

Exposition: T. 1—185

1. Gr. T. 1—62: H. T. 3—11

Zwischensatz T. 33—62

2. Gr. T. 63—96: H. T. 63—72

3. Gr. T. 97—160: H. T. 97—103

Epilog T. 161—176; Epilog-Coda T. 176—185

Durchführung: T. 185—317

Reprise: T. 318—487

Satz-Coda: T. 488—569

2. Satz (Sonatensatzform ohne Durchführung/Haupttonart As-dur)

Exposition: T. 1—69

1. Gr. T. 1—33: H. T. 1—4

Zwischensatz T. 17—33

2. Gr. T. 34—55: H. T. 34—37

Epilog T. 56—69

Reprise: T. 70—179 (Nach dem Epilog folgt ein durchführungsartiger Satzanhang, der vom H. der 1. Gr. ausgeht, T. 149 ff.)

Satz-Coda: T. 180—209

3. Satz (Scherzo/Haupttonart c-moll; Trio C-dur)

Hauptsatz: T. 1—124: H. T. 1—4

Trio: T. 1—121: H. T. 3—18

Reprise des Hauptsatzes: T. 1—124
Satz-Coda: T. 125—155

4. S a t z (Sonatensatzform/Haupttonart c-moll—C-dur)
Exposition: T. 1—231
1. Gr. T. 1—75: H. T. 1—4

Zwischensatz T. 33—75 (mit selbständigem Th.)

2. Gr. T. 76—147: H. a) T. 76—79

H. b) T. 80—83

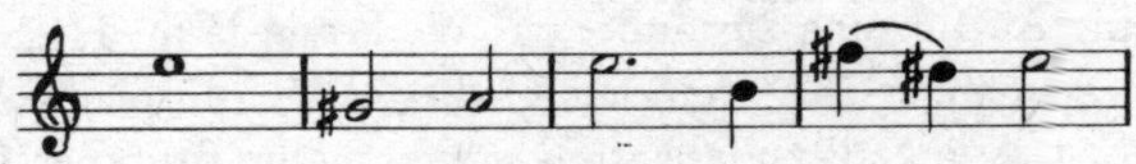

3. Gr. T. 148—197: H. T. 148—149 (identisch mit dem Zwischensatz-Themakopf der 1. Gr.)

Epilog T. 200—223; Epilog-Coda T. 224—231
Durchführung: T. 232—387
Reprise: T. 388—589 (beginnt mit dem Zwischensatz der 1. Gr.)
Satz-Coda: T. 590—698

3. SYMPHONIE
d-moll
(Richard Wagner)

Sätze: Mäßig bewegt/Adagio, etwas bewegt, quasi Andante/Scherzo (ziemlich schnell)/Finale (Allegro)
Orchester: 2 Fl., 2 Ob., 2 Kl., 2 Fag., 4 Hr., 3 Trp., 3 Pos., P., Str.
Aufführungsdauer: ca. 60 Minuten
Verlag: Originalfassung: Zweite Fassung: Brucknerverlag (Alkor-Edition), Dritte Fassung: Musikwissenschaftlicher Verlag, Wien (Alkor-Edition); Erstdruckfassung: U. E. (Dritte Fassung)

Geschichtliches

Die 3. Symphonie ist im Jahre 1873 entstanden. Sie war Ende August in Skizze und am 31. Dezember 1873 in Partitur fertiggestellt. Noch ehe die Komposition abgeschlossen war, suchte Bruckner im September 1873 auf der Rückreise von einem Kuraufenthalt in Marienbad Richard Wagner in Bayreuth auf, um ihn für die Annahme der Widmung seiner neuen Symphonie zu gewinnen. Wagner, der Bruckner schon 1865 während der Proben zur Uraufführung von „Tristan und Isolde" in München kennengelernt hatte und ihn als Komponisten schätzte, entsprach seiner Bitte. Bruckner betrachtete dies als große Auszeichnung, die für ihn gleichzeitig auch eine Aufmunterung in einer Zeit innerer und äußerer Nöte bedeutete. So eröffnet die Dritte die Reihe der Brucknerschen Meisterschöpfungen, bei denen sich Erfindungskraft mit monumentalem symphonischem Gestaltungsvermögen paaren. Dennoch kam trotz einer Empfehlung Richard Wagners an die Wiener Philharmoniker zunächst keine Aufführung zustande; das Werk wurde im Herbst 1875 und nochmals im September 1877 von dem Orchester als „unspielbar" abgelehnt. Da sich die Erstfassung als zu langatmig erwies, nahm Bruckner 1876/77 eine Umarbeitung vor, die sich vor allem auf Kürzungen erstreckte. Auch die verschiedenen, als Huldigung an Richard Wagner eingeflochtenen Zitate aus dessen Bühnenwerken wurden eliminiert; es verblieben nur drei kurze Andeutungen: im 2. Satz T. 33 ff („Tristan"-Beginn) und T. 209 ff („Walküre"-Schlafmotiv) sowie im 4. Satz T. 301 ff („Tannhäuser"-Venusbergmusik). In dieser zweiten Fassung wurde die Dritte dank der Vermittlung des Hofkapellmeisters Herbeck am 12. Dezember 1877 unter Bruckners Leitung uraufgeführt. Publikum und Kritik standen jedoch der Komposition, die für die damalige Zeit zweifellos kühn und neuartig war, völlig verständnislos gegenüber, und so wurde die Aufführung zu einem niederschmetternden Mißerfolg. Nur einige wenige fortschrittlich Eingestellte erkannten den Wert des Werkes, darunter der Verleger Th. Rättig, der es wagte, die Symphonie trotz ihrer Niederlage im Konzertsaal in Partitur, Orchesterstimmen und in einem von Gustav Mahler arrangierten vierhändigen Klavierauszug im Druck erscheinen zu lassen (1878). Aber erst Jahre später, nach dem aufsehenerregenden Erfolg der 7. Symphonie, erinnerten sich einige Dirigenten auch der Dritten. So kam es 1885 zu erfolgreichen Aufführungen des Werkes in Dresden, Frankfurt/M., in Holland (Den Haag) und sogar in Amerika (New York, Metropolitan Oper). In der Zeit von August 1888 bis März 1889 besorgte Bruckner eine nochmalige gründliche Umarbeitung der Partitur, bei der er durch eine Reihe von Verbesserungen und durch weitere Striche dem Werk seine endgültige Gestalt gab. Auch diese dritte Fassung erschien, redigiert von Franz Schalk, im Verlag von Th. Rättig, Wien (1890), wobei diesmal Kaiser Franz Joseph die Druckkosten übernahm. Da die Endfassung in sorgsamer Überarbeitung vom Komponisten selbst erstellt worden war, ist sie als letzte Willensäußerung des Meisters zu werten. Dies bestätigt überdies ein briefliches Zeugnis Bruckners, worin er zum Ausdruck bringt, die „Wagner-Symphonie gründlich verbessert" zu haben und von der „alten Bearbeitung" nichts mehr wissen zu wollen. Im Rahmen der Kritischen Gesamtausgabe legte 1950 Fritz Oeser eine Neuausgabe der Zweitfassung von 1878 vor, bei der die z. T. formverstümmelnden Streichungen der Endfassung noch nicht vorgenommen waren und die dadurch und wohl auch durch ihr ursprünglicheres Klangbild (Instrumentation, Dynamik, Phrasierung) in stilistischer Hinsicht vielleicht einheitlicher wirkt.

Stilistische Stellung

Es ist naheliegend, daß die 3. Symphonie, die aus der Begeisterung für Wagners großlinigen musikdramatischen Stil heraus entstanden ist, vorwiegend heroisches Gepräge trägt. Der Zug ins Kraftvolle und zur Prachtliebe tritt vor allem in den Ecksätzen in Erscheinung. Kontrastwirkungen schaffen in den Mittelsätzen die für Bruckner bezeichnenden Gestaltungselemente. Im Adagio: der weihevolle Charakter des 1. Themas; die im Zwischensatz eingefügte „Marienkadenz", eine homophone Lieblingskadenz Bruckners aus seiner Ave-Maria-Motette von 1856, die er auch noch in anderen Werken verwandt hat (T. 20 ff); das gefühlvolle 2. Thema, dem ein melodischer Einfall am Geburtstag der Mutter zugrunde lag (T. 41 ff) sowie das mysteriöse, auf ein altes Weihnachtslied zurückgehende 3. Thema (T. 73 ff). Im Scherzo: das urwüchsig-bäuerische Element. Im Trio dieses Satzes ist der lieblichen Tanzweise der Geigen eine kernige Bratschen-Melodie gegenübergestellt, die

Bruckner mit dem Motto „Mostschädel heraus" charakterisierte. Bemerkenswert ist im Finale die originelle Gestaltung des Hauptthemas der 2. Gruppe: in Engführung erklingen gleichzeitig zwei Melodien, eine heitere Weise der Streicher und ein Choralthema der Blechbläser, wobei nach Angabe des Meisters erstere den „Frohsinn der Welt" und letzteres das „Leid der Welt" symbolisieren.

Formübersicht (Endfassung):

1. Satz (Sonatensatzform/Haupttonart d-moll)

Exposition: T. 1—254

1. Gr. T. 1—100: H. T. 5—12

Zwischensatz T. 31—100 (mit selbständigem Nebenthema)

2. Gr. T. 101—170: H. T. 101—104 (zwei Melodien kombiniert)

3. Gr. T. 171—208: H. T. 171—174 (Abschluß der Gr. mit einem Choralthema)

Epilog T. 209—244; Epilog-Coda T. 245—254

Durchführung: T. 255—430

Reprise: T. 431—590

Satz-Coda: T. 591—651

2. S a t z (Dreiteilige Liedform/Haupttonart Es-dur)
Hauptsatz: T. 1—40: H. T. 1—4

Mittelsatz: T. 41—153: 1. Th. T. 41—56

2. Th. T. 73—76

Reprise des Hauptsatzes: T. 154—199 (mit groß gesteigertem Epilog)
Satz-Coda: T. 200—222

3. S a t z (Scherzo/Haupttonart d-moll; Trio A-dur)
Hauptsatz: T. 1—160: H. T. 17—25

Trio: T. 161—275: H. T. 161—164

Reprise des Hauptsatzes: T. 1—160

4. S a t z (Sonatensatzform/Haupttonart d-moll—D-dur)
Exposition: T. 1—228
1. Gr. T. 1—64: H. T. 9—12

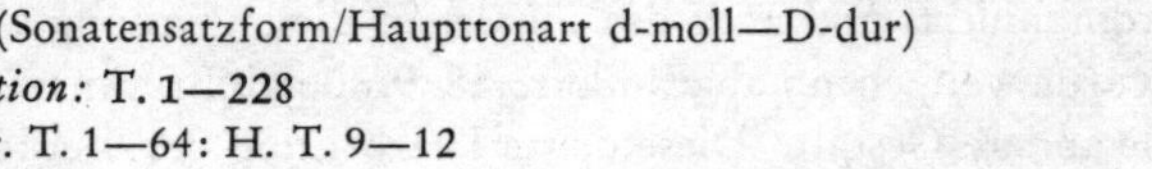

2. Gr. T. 65—154: H. T. 65—68 (zwei Themen kombiniert)

Zwischensatz T. 81—154

3. Gr. T. 155—214: H. T. 155—158

Epilog T. 215—228

Durchführung: T. 229—360

Reprise: T. 361—450 (beginnt mit 2. Gr., dann 1. und 3. Gr. kombiniert)

Satz-Coda: T. 451—495

4. SYMPHONIE

Es-dur

„Romantische“

(Constantin Fürst zu Hohenlohe-Schillingsfürst)

Sätze: Bewegt, nicht zu schnell/Andante quasi Allegretto/Scherzo (Bewegt)/ Finale (Bewegt, doch nicht zu schnell)

Orchester: 2 Fl., 2 Ob., 2 Kl., 2 Fag., 4 Hr., 3 Trp., 3 Pos., 1 Bt., P., Str.

Aufführungsdauer: ca. 68 Minuten

Verlag: Originalfassung: Brucknerverlag (Alkor-Edition), Musikwissenschaftlicher Verlag, Wien (Alkor-Edition); Erstdruckfassung: U. E., Br. & H.

Geschichtliches

Anton Bruckner schrieb an der ersten Fassung seiner 4. Symphonie von Januar bis November 1874. Bei einer Überarbeitung des Werkes, vier Jahre später (1878), nahm der Meister radikale Änderungen vor: das Scherzo wurde neu komponiert, und auch das Finale, in dieser Fassung „Volksfest“ bezeichnet, wurde weitgehend abgeändert. 1879/80 gab Bruckner dem Finale nochmals eine andere Gestalt. Diese dritte Bearbeitung des Werkes stellt die Endfassung dar. Die Uraufführung erfolgte in einem Konzert für den Deutschen Schulverein unter der Leitung von Hans Richter am 20. Februar 1881 in Wien. Die Symphonie wurde beifällig aufgenommen. Die Partitur ist

1889 im Verlag Albert J. Gutmann (Wien) veröffentlicht worden. Der Erstdruck weicht jedoch in vielem von dem als Endfassung testamentarisch der Wiener Hofbibliothek hinterlassenen Autograph Bruckners ab. Im Jahre 1936 wurde von Robert Haas das Werk in seiner Originalgestalt nach der Eigenschrift des Meisters herausgegeben. Bruckner widmete die Vierte dem Obersthofmeister Fürst Constantin Hohenlohe-Schillingsfürst. Er erwartete sich dafür in einer Zeit pekuniärer Sorgen materielle Hilfe, wurde jedoch in seiner Hoffnung enttäuscht.

Stilistische Stellung

Bruckner bezeichnete seine 4. Symphonie als „Romantische". Der Untertitel deutet darauf hin, daß der Meister in diesem Werk von dem Naturerlebnis ausgeht. Eine Fülle gegensätzlicher musikalischer Gedanken zeichnet die Empfindungen, welche durch die Wunder und Geheimnisse der Natur in der Seele des Menschen geweckt werden. Von Naturstimmungen erfüllt ist vor allem der 1. Satz mit dem gleich zu Anfang ertönenden träumerischen Ruf des Horns und mit dem in der zweiten Themagruppe folgenden „Zizibee"-Schlag der Waldmeise. Besinnlichen Charakter trägt das Andante mit dem elegischen Gesang der Violoncelli, der so recht Bruckners geistige Verwandtschaft mit Schubert offenbart, und mit der weihevollen Kantilene der Bratschen. Bei dem sogenannten „Jagd-Scherzo" mit seinen schmetternden Hörnerklängen herrschen Fröhlichkeit und Lebenslust; in dem Autograph schrieb Bruckner über das Trio: „Tanzweise während der Mahlzeit auf der Jagd." Im Finale wird in einer langatmigen Steigerung aus seinem Kopfmotiv der erste Hauptgedanke entwickelt, ein wuchtiges Unisono-Thema, in seiner zackigen Gestalt einer heroischen Gebirgslandschaft vergleichbar. Die 2. Gruppe stellt einem trauermarschartigen Gedanken ein an Schubert gemahnendes heiteres Thema gegenüber. Möglicherweise wollte Bruckner hiermit, ähnlich wie im Schlußsatz seiner Dritten, den Gegensatz Leid und Freud in musikalisch stilisiertem Ausdruck symbolisieren. Der Ausklang des Werkes bringt mit einer hymnisch gesteigerten choralartigen Wendung eine Verklärung ins Mystische, etwa im Sinne der These des großen Mystikers Jakob Böhme: „Die Welt ist eine Geburt aus dem Ewigen. Ihre Wurzel ist die ewige Natur, aber das Geborene ist eine Zerbrechung und muß wieder ins ewige Wesen gehen."

Formübersicht:

1. Satz (Sonatensatzform/Haupttonart Es-dur)
Exposition: T. 1—192

1. Gr. T. 1—74: H. T. 3—17

Zwischensatz T. 51—74 (mit einem Nebengedanken: T. 51—54)

2. Gr. T. 75—118: H. T. 75—78 (zwei Melodien kombiniert)

3. Gr. T. 119—130: H. T. 119—121

Epilog T. 131—178; Epilog-Coda T. 179—192

Durchführung: T. 193—364

Reprise: T. 365—532

Satz-Coda: T. 533—573

2. S a t z (Sonatensatzform/Haupttonart c-moll)

Exposition: T. 1—100

1. Gr. T. 1—50: H. T. 3—9

Zwischensatz T. 25—50

2. Gr. T. 51—83: H. T. 51—54

Epilog T. 83—100

Durchführung: T. 101—128

Reprise: T. 129—236 (der 2. Gr. folgt ein durchführungsartiger, groß gesteigerter Epilog, T. 193 ff)

Satz-Coda: T. 237—247

3. S a t z (Scherzo/Haupttonart B-dur; Trio Ges-dur)

Hauptsatz: T. 1—259: H. T. 3—10

Trio: T. 1—54: H. T. 3—10

Reprise des Hauptsatzes: T. 1—259

4. S a t z (Sonatensatzform/Haupttonart Es-dur)

Exposition: T. 1—202

1.Gr. T. 1—92: Einleitung T. 1—42; H. T. 43—49

Zwischensatz T. 50—92

2. Gr. T. 93—154: H. a) T. 93—96

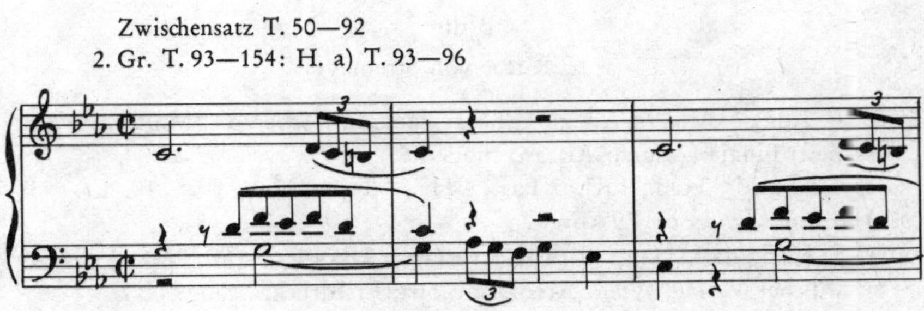

H. b) T. 105—112

3. Gr. T. 155—182: H. T. 155—158

Epilog T. 183—194; Epilog-Coda T. 195—202

Durchführung: T. 203—382

Reprise: T. 383—476 (1. Gr. verkürzt; 3. Gr. nur mit Th.-Kopf angedeutet T. 457 ff)

Satz-Coda: T. 477—541

5. SYMPHONIE

B-dur

(Karl Ritter von Stremayr)

Sätze: Adagio-Allegro/Adagio (Sehr langsam)/Scherzo (Molto vivace, Schnell)/Finale (Adagio-Allegro moderato)

Orchester: 2 Fl., 2 Ob., 2 Kl., 2 Fag., 4 Hr., 3 Trp., 3 Pos., 1 Bt., P., Str.

Aufführungsdauer: ca. 79 Minuten

Verlag: Originalfassung: Brucknerverlag (Alkor-Edition), Musikwissenschaftlicher Verlag, Wien (Alkor-Edition); Erstdruckfassung: U. E.

Geschichtliches

Auf dem Höhepunkt seiner Lebens- und Schaffenskraft und im Vollbesitz der technischen und künstlerischen Reife hat Bruckner in der Zeit von März bis November 1875 seine 5. Symphonie komponiert. Selbst in den drei darauffolgenden Jahren beschäftigte er sich noch unentwegt mit dem Werk, an dessen Sätzen er immer wieder Verbesserungen und Ausfeilungen vornahm. Zu Anfang des Jahres 1878 wurden diese Arbeiten endgültig abgeschlossen. Es fand sich jedoch kein Dirigent, der es wagte, das schwierige Werk aufzuführen. So kam zunächst nur eine Aufführung auf zwei Klavieren durch Joseph Schalk und Franz Zottmann am 20. April 1887 in Wien zustande, und erst am 8. April 1894 gelangte die Fünfte in Graz durch Bruckners Lieblingsschüler Franz Schalk, der damals als Theaterkapellmeister dort wirkte, zur Uraufführung. Der kranke Meister konnte aber an dem Konzert nicht teilnehmen, und so hat er tragischerweise seine „Phantastische", wie er diese Symphonie nannte, nie gehört. Schalk hatte bei der Uraufführung starke Kürzungen vorgenommen und für den Choral im Finale einen von ihm selbst gesetzten zweiten Bläserchor eingefügt, den er über dem Orchester zur Aufstellung brachte. Im nächsten Jahr (1895) erschien das Werk bei Ludwig Doblinger, Wien. Obwohl Bruckner eigens sein Autograph an den Verlag ausgeliehen hatte, erfolgte die Drucklegung nach einer Vorlage, in der nicht nur schwerwiegende Streichungen, sondern auch bedenkliche Abänderungen bei der Instrumentation, Dynamik, Phrasierung, Figuration, bei den Tempobezeichnungen und sogar manchmal bei der Stimmführung von fremder Hand vorgenommen worden waren. Im Jahre 1935 wurde die Fünfte, vorgelegt von Robert Haas, im Rahmen der Kritischen Gesamtausgabe mit dem authentischen Text der Brucknerschen Eigenschrift-Partitur veröffentlicht. Bruckner widmete das Werk dem Unterrichtsminister Karl Ritter von Stremayr wohl zum Dank für die mit Erlaß vom 8. November 1875 erfolgte Berufung als — zunächst noch unbesoldeter — Lektor für Harmonielehre und Kontrapunkt an der Universität Wien.

Stilistische Stellung

Mit der 5. Symphonie erreichte Bruckner einen Gipfel, der die vorangegangenen Werke in jeder Hinsicht überragt. Fast alle Themen weisen innere Beziehungen zueinander auf, wodurch trotz starker Kontrastwirkungen eine umfassende Einheitlichkeit erzielt ist. In weiser Disposition ist das Gedankengut mit imponierendem kontrapunktischem Können gestaltet. Der Phantasiereichtum führt zu gewaltigen Dimensionen der formalen Anlage, auch im Scherzo, das übrigens der ausgedehnteste aller Brucknerschen Scherzo-Sätze ist und das wie die Ecksätze Sonatensatzform mit drei Themengruppen aufweist. Im Finale dienen im Rahmen der Sonatensatzform Fuge und Doppelfuge als Dehnungs- und Steigerungselement; der im Epilog der Exposition eingeführte Choral mit der charakteristischen Modulationskadenz des neapolitanischen Sextakkords wird in der imposanten Steigerung der Schlußapotheose Ausdruck seelischer Verzückung. Bruckner erweist sich damit in seiner 5. Symphonie als mystischer Ekstatiker. Das irdische Sein findet letzten Endes seine Erfüllung im Göttlichen, etwa in dem Sinne, wie einmal der flämische Mystiker Jan van Ruysbroeck formulierte: „Die beiden Geister, d. i. unser Geist und Gottes Geist, funkeln und leuchten ineinander, und jeder von beiden zeigt dem andern sein Antlitz."

Formübersicht:

1. Satz (Sonatensatzform/Haupttonart B-dur)
Introduktion: T. 1—54
Exposition: T. 55—224
1. Gr. T. 55—100: H. T. 55—58

2. Gr. T. 101—160: H. T. 101—108

Wiederholung des H. mit einem Gesangsthema kombiniert T. 109—116
Zwischensatz T. 131—160

3. Gr. T. 161—198: H. T. 161—164

Epilog T. 199—216; Epilog-Coda T. 217—224
Durchführung: T. 225—362
Reprise: T. 363—452
Satz-Coda: T. 453—511

2. S a t z (Sonatensatzform ohne Durchführung/Haupttonart d-moll)

Exposition: T. 1—70

1. Gr. T. 1—30: H. T. 5—8

Zwischensatz T. 19—30

2. Gr. T. 31—54: H. T. 31—34

Epilog T. 55—70

Reprise: T. 71—202 (Dem Epilog folgt als Satzanhang eine großangelegte, durchführungsartige Steigerungswelle, die vom H. der 1. Gr. ausgeht, T. 163 f.)

Satz-Coda: T. 203—211

3. S a t z (Scherzo in Sonatensatzform/Haupttonart d-moll; Trio B-dur)

Hauptsatz: T. 1—381

Exposition: T. 1—132

1. Gr. T. 1—21: H. T. 3—8

2. Gr. T. 23—78: H. T. 23—30

3. Gr. T. 79—96: H. T. 79—85

Epilog T. 97—132

Durchführung: T. 133—244

Reprise: T. 245—355

Satz-Coda: T. 356—381

Trio: T. 1—148

Exposition: T. 1—54

1. Gr. T. 1—32: H. T. 1—6

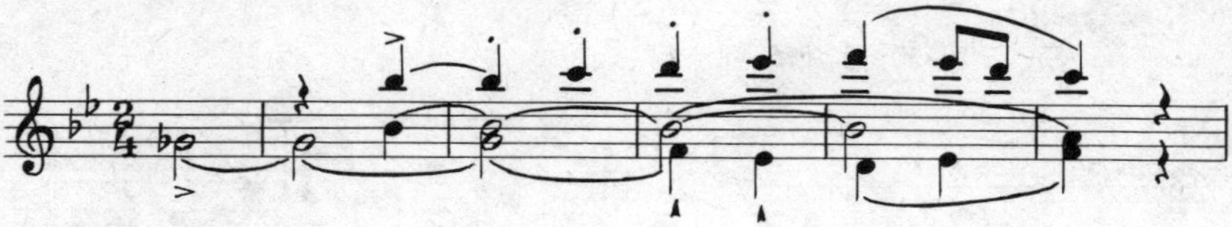

2. Gr. T. 33—44: H. T. 34—40

Epilog T. 45—54

Durchführung: T. 55—86

Reprise: T. 87—148

Reprise des Hauptsatzes: T. 1—381

4. S a t z (Sonatensatzform/Haupttonart B-dur)

Einleitung: T. 1—30 (Reminiszenzen an die Einleitung und das 1. H. des 1. Satzes sowie an das 1. H. des 2. Satzes, unterbrochen von dem Kopf des 1. Finale-H.)

Exposition: T. 31—210

1. Gr. T. 31—66: H. T. 31—34

Zwischensatz T. 47—66

2. Gr. T. 67—136: H. T. 67—70

3. Gr. T. 137—174: H. T. 137—139

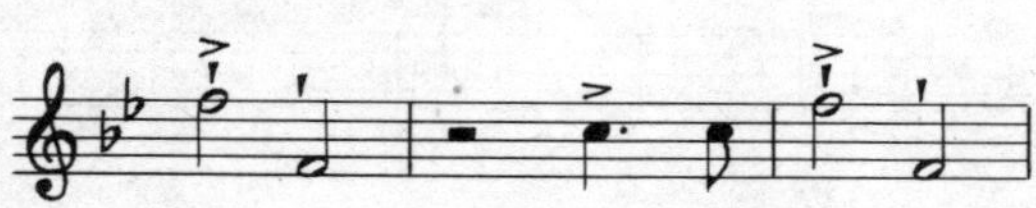

Epilog T. 175—195 (mit Choral-Th.: T. 175—178)

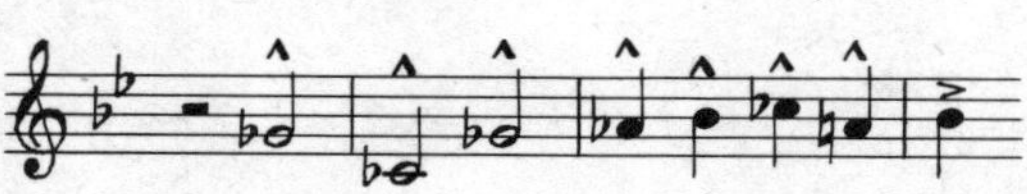

Epilog-Coda T. 196—210
Durchführung: T. 211—373 (Verarbeitung des Choral-Th. in Form einer Fuge, T. 223 ff, und einer Doppelfuge, T. 270 ff)
Reprise: T. 374—563 (3. Gr. breit ausgeführt mit Einbeziehung des 1. H. aus dem 1. Satz)
Satz-Coda: T. 564—634 (Choral: T. 583 ff)

6. SYMPHONIE
A-dur
(Dr. Anton von Oelzelt-Nevin und Frau Amy, geb. von Wieser)

Sätze: Majestoso/Adagio (Sehr feierlich)/Scherzo (Nicht schnell)/Finale (Bewegt, doch nicht zu schnell)
Orchester: 2 Fl., 2 Ob., 2 Kl., 2 Fag., 4 Hr., 3 Trp., 3 Pos., 1 Bt., P., Str.
Aufführungsdauer: ca. 60 Minuten
Verlag: Originalfassung: Brucknerverlag (Alkor-Edition), Musikwissenschaftlicher Verlag, Wien (Alkor-Edition); Erstdruckfassung: U. E.

Geschichtliches

Bruckner arbeitete an seiner 6. Symphonie in der Zeit von September 1879 bis September 1881. Sie wurde dem Ehepaar Professor Dr. Anton von Oelzelt-Nevin gewidmet zum Dank dafür, daß es in seinem Haus an der Heßgasse dem Meister freie Wohnung gewährte. Von dem Werk kamen zu Lebzeiten Bruckners nur der 2. und 3. Satz in einem Konzert der Wiener Philharmoniker am 11. Februar 1883 unter der Leitung von Wilhelm Jahn zur Aufführung. Obwohl die beiden Sätze bei dem Publikum großen Eindruck hinterließen, erfuhren sie von seiten der Fachkritik eine höhnische Ablehnung. Durch seine Zugehörigkeit zu dem Wagner-Kreis hatte sich Bruckner die Gegnerschaft des angesehenen Kritikers und erbitterten Anti-Wagnerianers Dr. Eduard Hanslick zugezogen, dessen Urteil in künstlerischen Fragen damals für die musikalischen Kreise Wiens ausschlaggebend war. Die Uraufführung der ganzen Symphonie, allerdings mit beträchtlichen Kürzungen, erfolgte erst am 26. Februar 1899 durch die Wiener Philharmoniker unter der Leitung von Gustav Mahler. Zwei Jahre später (1901) erschien die Sechste im Verlag von Ludwig Doblinger, Wien. Die Drucklegung wurde jedoch nicht nach Bruckners sorgfältig ausgearbeitetem Autograph, sondern nach einer Partitur vorgenommen, in welcher der authentische Text durch zahlreiche kleinere oder größere Zutaten von fremder Hand erheblich verändert worden war. Im Rahmen der Kritischen Gesamtausgabe legte Robert Haas 1937 eine Neuausgabe der Sechsten vor, die der originalen Fassung der Eigenschrift-Partitur des Meisters folgt.

Stilistische Stellung

Die 6. Symphonie leitet die letzte Schaffensperiode des Meisters ein. Sie führt wie ein Grat von der monumentalen Spitze der Fünften hinauf zu den Gipfeln der drei letzten Symphonien. Auch die Ausdruckswelt der Sechsten umspannt die ganze Weite menschlicher Empfindungen und dringt darüber hinaus bisweilen in mystische Bezirke vor. Die formale Anlage, die in ihrer Konzentriertheit jede Weitschweifigkeit vermeidet, wahrt in den Ecksätzen und im Adagio die thematische Dreigliedrigkeit. Bewunderungswürdig ist die Logik in der Entwicklung der Themen, die trotz ihrer Gegensätzlichkeit Beziehungen zueinander aufweisen. Diese Verwandtschaft stellt die geistigen Zusammenhänge her und bewirkt die Geschlossenheit des Werkes. Der vitalen diesseitigen Prunkhaftigkeit des 1. Satzes steht der transzendente Charakter des 2. Satzes gegenüber, und nach dem dämonisch-spukhaften Scherzo mit der phantastischen Trio-Episode beginnt der symphonische Kampf des farbenreich gestalteten 4. Satzes, der mit dem strahlenden Siegesjubel der kombinierten ersten Hauptgedanken des 1. und 4. Satzes das gewaltige Werk abschließt.

Formübersicht:

1. Satz (Sonatensatzform/Haupttonart A-dur)

Exposition: T. 1—144

1. Gr. T. 1—48: H. T. 3—6

2. Gr. T. 49—100: H. T. 49—52

Zwischensatz T. 61—100

3. Gr. T. 101—110: H. T. 101—104

Epilog T. 111—128; Epilog-Coda T. 129—144
Durchführung: T. 145—208
Reprise: T. 209—308
Satz-Coda: T. 309—369 (breit ausgeführt über dem 1. H.)

2. S a t z (Sonatensatzform/Haupttonart F-dur)
Exposition: T. 1—68
1. Gr. T. 1—24: H. T. 1—4

Thematisch behandelter Nebengedanke über dem H.-Kopf T. 5—7

2. Gr. T. 25—52: H. T. 25—28

Zwischensatz T. 41—52
3. Gr. T. 53—60: H. T. 53—56

Epilog T. 61—68
Durchführung: T. 69—92
Reprise: T. 93—156 (mit erweitertem Epilog über dem Orgelpunkt C, T. 141 ff)
Satz-Coda: T. 157—177

3. S a t z (Scherzo/Haupttonart a-moll; Trio C-dur)
Hauptsatz: T. 1—109: H. T. 2—10

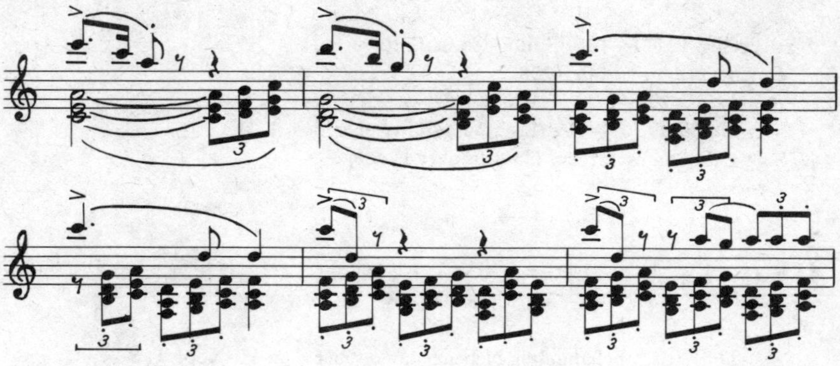

Trio: T. 1—51: H. T. 1—4

Reprise des Hauptsatzes: T. 1—109

4. S a t z (Sonatensatzform/Haupttonart a-moll — A-dur)

Exposition: T. 1—176

Einleitung T. 1—28: Th. T. 3—6

1. Gr. T. 29—64: H. a) T. 29—36

H. b) T. 37—40

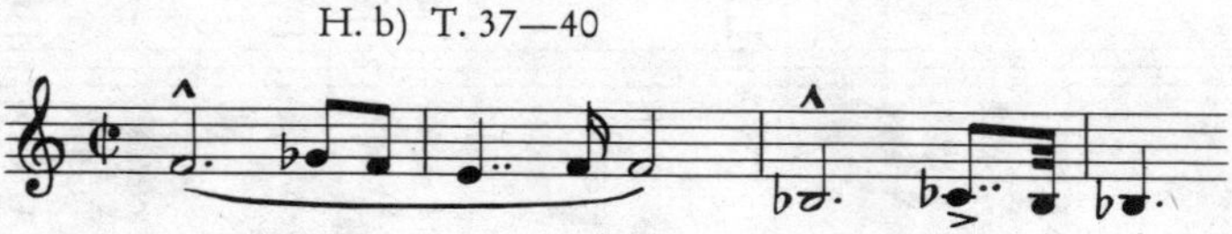

Zwischensatz T. 47—64

2. Gr. T. 65—124: H. a) T. 65—68

H. b) T. 73—76

Zwischensatz T. 105—124
3. Gr. T. 125—144: H. T. 125—128

Epilog T. 145—176 (über den Zwischengedanken der 3. Gr.) Th.:

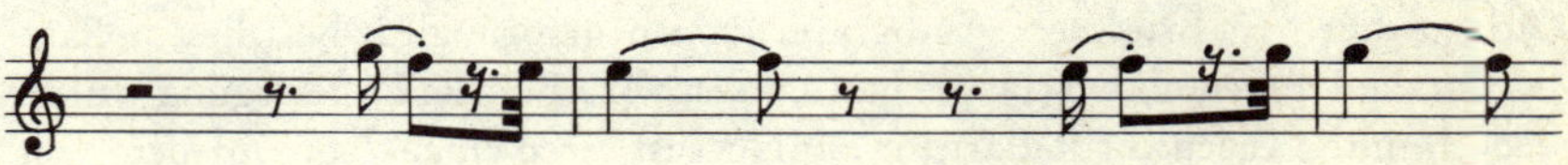

Durchführung: T. 177—244
Reprise: T. 245—370 (H. der 3. Gr. nicht vertreten)
Satz-Coda: T. 371—415 (bei dem Abschluß: 1. H. aus dem 1. Satz)

7. SYMPHONIE

E-dur

(König Ludwig II. von Bayern)

Sätze: Allegro moderato/Adagio (Sehr feierlich und sehr langsam)/Scherzo (Sehr schnell)/Finale (Bewegt, doch nicht schnell)

Orchester: 2 Fl., 2 Ob., 2 Kl., 2 Fag., 4 Hr., 3 Trp., 3 Pos., 2 Tenor-Tbn., 2 Baß-Tbn., 1 Kbt., P., (Triangel, Becken), Str.

Aufführungsdauer: ca. 65 Minuten

Verlag: Originalfassung: Brucknerverlag (Alkor-Edition), Musikwissenschaftlicher Verlag, Wien (Alkor-Edition); Erstdruckfassung: U. E., Br. & H.

Geschichtliches

Bruckners Siebente ist in der Zeit von September 1881 bis September 1883 entstanden. Sie ist sogleich bei ihrer Uraufführung durch Arthur Nikisch am 30. Dezember 1884 im Stadttheater zu Leipzig begeistert aufgenommen worden und brachte auch bei ihrem zweiten Erklingen unter Hermann Levi am 10. März 1885 im Münchener Odeon Bruckner einen triumphalen Erfolg, was den Meister veranlaßte, sein Werk ehrfurchtsvoll König Ludwig II. zu widmen. Anschließend erlebte die Symphonie eine Reihe weiterer Aufführungen: 1886 in Köln, Hamburg, Wien, Graz, Amsterdam, Chicago und New York, 1887 in Berlin, Budapest, Dresden und London. Auf Grund der enthusiastischen Aufnahme in München konnte Levi durch eine Sammlung 1000 Gulden aufbringen, die der Verlag als Druckkostenbeitrag gefordert hatte. Die Drucklegung erfolgte 1885 im Verlag Albert Gutmann, Wien. Obwohl hierfür nachweisbar Bruckners Eigenschrift-Partitur verwendet worden war, hatte es sich später herausgestellt, daß auch bei dem Erstdruck dieses Werkes der authentische Text nicht nur durch Flüchtigkeiten, sondern auch durch Zutaten von fremder Hand vielfach verändert worden war. Dies hat Robert Haas 1944 bei der Bruckners Autograph folgenden Neuausgabe nachgewiesen. Einen umstrittenen Sonderfall stellt die Verwendung des Schlagzeugs im Adagio dar. In Bruckners Autograph kamen ursprünglich bei diesem Satz weder die Pauken noch Triangel und Becken vor. Für die Drucklegung wurde jedoch in die Eigenschrift-Partitur ein Notenstreifen eingeklebt, auf dem von Bruckners Hand die Einfügung dieser Instrumente bei dem Höhepunkt der großen Steigerung (T. 177) verzeichnet war. Angeblich soll der Meister zu dieser wirkungsvollen Verwendung des Schlagzeugs von Arthur Nikisch angeregt worden sein. Nun befinden sich allerdings über diesem Eintrag, ebenfalls von Bruckners Hand geschrieben, die Worte: „gilt nicht", womit der Meister nach Ansicht der Brucknerkenner die Verwendung des Schlagzeugs wohl später wieder rückgängig gemacht haben dürfte. Dieser Auffassung kann jedoch der Hinweis auf die vollkommen analoge Stelle im Adagio der 8. Symphonie (3. Satz, T. 249) entgegengestellt werden. Hier hat Bruckner Pauken, Triangel und Becken wieder und genauso eingesetzt wie im Adagio der Siebenten. Somit kann der Einwand, der Beckenschlag in der 7. Symphonie sei ein billiger Effekt, der in einem Brucknerschen Werk stilfremd wirke und den der Meister nur widerwillig auf Drängen seiner Ratgeber zugelassen habe, als nicht stichhaltig angesehen werden.

Stilistische Stellung

Ein wahrhaft königliches Thema von 21 Takten leitet als erster Hauptgedanke die 7. Symphonie ein, in der sich begnadete Inspiration mit hoher technischer Meisterschaft verbindet. Die formale Anlage bietet in den Ecksätzen das gewohnte Bild mit den drei Themengruppen und den mit allen kontrapunktischen Künsten ausgestalteten Durchführungsteilen sowie mit den groß angelegten, prunkvollen Satzabschlüssen. Der feierliche Sang zu Beginn des 2. Satzes erhält seine Weihe durch den Orgelklang der vier sogenannten Wagnertuben, die hier von Bruckner zum erstenmal verwendet wurden. Das Thema kehrt, jeweils von einer mit kontrapunktischer Ornamentik verbrämten, überirdisch schönen Gesangslinie unterbrochen, zweimal wieder, zuletzt mit einem machtvoll gesteigerten Satzanhang, der in einem erschütternden Abgesang ausklingt, den Bruckner unter dem Eindruck der Nachricht von dem Tod Richard Wagners komponierte. Dem vitalen Scherzo mit seinem lustigen Hauptthema, das sich über ostinaten Rhythmen bewegt, ist das liebliche Idyll des Trios gegenübergestellt. Das symphonische Geschehen des Finales wird durch die starke Gegensätzlichkeit seiner Thematik bestimmt, wobei die Hauptthemen der 1. und 3. Gruppe eine gewisse Verwandtschaft miteinander aufweisen. Während in der 1. Gruppe das dramatische Tremolo der pianissimo begleitenden Streicher dem Thema eine erregende Wirkung verleiht, läßt der 3. Hauptgedanke Unisonogänge und Sequenzen mit scharfpunktierten Rhythmen im machtvollen Orchestertutti aufbrausen. Dazwischen schafft die weihevolle Choralweise der 2. Gruppe Oasen friedlicher Erbauung. Mit dem strahlenden Aufleuchten des 1. Hauptthemakopfes aus dem 1. Satz findet das grandiose Werk seinen Abschluß.

Formübersicht:

1. Satz (Sonatensatzform/Haupttonart E-dur)

Exposition: T. 1—164

1. Gr. T. 1—50: H. T. 3—23

2. Gr. T. 51—122: H. T. 51—59

Zwischensatz T. 103—122

3. Gr. T. 123—152: H. T. 123—126

Epilog T. 153—164

Durchführung: T. 165—280

Reprise: T. 281—390

Satz-Coda: T. 391—443

2. S a t z (Sonatensatzform ohne Durchführung/Haupttonart cis-moll)

Exposition: T. 1—76

1. Gr. T. 1—37: H. a) T. 1—4

H. b) T. 4—9

Zwischensatz T. 13—37

2. Gr. T. 37—61: H. T. 37—40

Epilog T. 61—76

Reprise: T. 77—184 (1. Gr. mit durchführungsartigem Zwischensatz T. 85—132; nach dem Epilog folgt als Satzanhang eine grandiose Steigerungswelle, die von dem H. der 1. Gr. ausgeht, T. 157 ff.)

Satz-Coda: T. 185—219

3. S a t z (Scherzo/Haupttonart a-moll; Trio F-dur)

Hauptsatz: T. 1—269: H. T. 5—8

Trio: T. 1—133: H. T. 5—16

Reprise des Hauptsatzes: T. 1—269

4. S a t z (Sonatensatzform/Haupttonart E-dur)

Exposition: T. 1—144

1. Gr. T. 1—34: H. T. 1—9

2. Gr. T. 35—92: H. T. 35—38

3. Gr. T. 93—128: H. T. 93—96

Zwischensatz T. 101—128
Epilog T. 129—144

Durchführung: T. 145—190

Reprise: T. 191—314 (in umgekehrter Reihenfolge: erst 3. Gr., T. 191 ff, dann 2. Gr., T. 213 ff durchführungsartig erweitert, und schließlich 1. Gr., T. 275 ff)

Satz-Coda: T. 315—339 (Abschluß unter Einbeziehung des 1. H.-Kopfes aus dem 1. Satz)

8. SYMPHONIE
c-moll
(Kaiser Franz Joseph I. von Österreich-Ungarn)

Sätze: Allegro moderato/Scherzo (Allegro moderato)/Adagio (Feierlich langsam; doch nicht schleppend)/Finale (Feierlich, nicht schnell)

Orchester: 3 Fl., 3 Ob., 3 Kl., 3 Fag. (III. auch Kfag.), 8 Hr. (3. Hörnerpaar auch Tenor-Tbn., 4. Hörnerpaar auch Baß-Tbn.), 3 Trp., 3 Pos., 1 Kbt., P., Triangel, Becken, Harfen (dreifach womöglich), Str.

Aufführungsdauer: ca. 87 Minuten

Verlag: Originalfassung: Brucknerverlag (Alkor-Edition), Musikwissenschaftlicher Verlag, Wien (Alkor-Edition); Erstdruckfassung: U. E.

Geschichtliches

Bruckner arbeitete an seiner 8. Symphonie von September 1884 bis August 1887. Zu seinem Leidwesen wurde er aber nach Vollendung der Komposition von seinen Freunden (Hermann Levi, Joseph Schalk) bedrängt, das gewaltige Werk einer Revision zu unterziehen, bei der vor allem kräftige Kürzungen vorgenommen wurden; auch das Trio im Scherzo wurde neugestaltet. Die Zweitfassung erfolgte in der Zeit von Sommer 1889 bis März 1890, und in dieser Gestalt ist die Achte 1891 bei Carl Haslinger, Wien, und Schlesinger,

Berlin, auch im Druck erschienen. Kaiser Franz Joseph, dem Bruckner das Werk im März 1890 „in tiefster Ehrfurcht" gewidmet hatte, übernahm die Herstellungskosten. Hans Richter brachte die Symphonie am 18. Dezember 1892 in Wien zur Uraufführung, wobei der Meister begeisterte Huldigungen von seiten der Wiener Philharmoniker und des Publikums entgegennehmen konnte. Im Jahre 1939 gab Robert Haas im Rahmen der Kritischen Gesamtausgabe das Werk neu heraus. Der nunmehr von fremden Zutaten gereinigte Text folgt Bruckners Autograph der Endfassung sowie in manchen Einzelheiten auch der ersten Fassung. Die im Erstdruck vorgenommenen Striche (10 Takte im Adagio und 50 Takte im Finale) wurden ebenfalls beseitigt.

Stilistische Stellung

Die zunehmende Anerkennung, die Bruckners Werke zu Beginn der achtziger Jahre gefunden hatten, festigte bei dem Meister das Vertrauen in seine Schaffenspotenz und beflügelte gleichzeitig seine Phantasie. Dies tritt in deutlicher Form bei der 8. Symphonie in Erscheinung. Ein überreiches Gedankengut und eine weltweite geistige Blickrichtung führten zu einer Monumentalgestaltung, die an Gewichtigkeit und Ausdehnung selbst noch die Fünfte übertrifft. Die riesigen Dimensionen bedingten auch die Anwendung gesteigerter musikalischer Mittel: dreifach besetzte Holzbläser, acht Hörner, deren zweites Quartett wechselweise die sogenannten Wagnertuben zu blasen hat, das um Triangel und Becken bereicherte Schlagwerk und schließlich drei Harfen, die hier übrigens das einzige Mal von Bruckner in einer Symphonie verwendet wurden. Der musikalische Ausdrucksgehalt umfaßt die Höhen und Tiefen der menschlichen Empfindungen, die an manchen Stellen durch schlagwortartige Vergleichsbilder, welche natürlich kein Programm bedeuten, erläutert werden. Der 1. Satz, dessen Gesicht vor allem von den gewaltigen kämpferischen Entwicklungen geprägt wird, klingt als einziger der Anfangssätze in den neun Bruckner-Symphonien im Pianissimo aus. Die machtvolle Kraftstelle mit den unerbittlich hämmernden Rhythmen der Trompeten und Hörner vor dem Absinken der Dynamik am Schluß des 1. Satzes (T. 369 ff) nannte Bruckner „Todesverkündigung", während er die letzten dreizehn Takte mit der Bezeichnung „Die Totenuhr" charakterisierte: eine ostinate, rhythmisch monotone Geigenfigur, verbunden mit einem taktweise wiederholten kurzen Paukenwirbel (Knarren des Uhrentriebwerks), symbolisiert tonmalerisch die Perpendikelschläge. Den Hauptsatz des Scherzos, das übrigens hier — wie auch bei der Neunten — als 2. Satz erscheint, bezeichnete Bruckner mit dem Symbol „Der deutsche Michel". Die Verbindung des energiegeladenen Hauptthemas mit den wirbelnden, chromatisch absteigenden Geigentremoli sowie die ungestüme Weiterentwicklung des Satzes könnte als das sture Ankämpfen gegen ein widriges Schicksal gedeutet werden. Im Trio wird das friedliche Naturerlebnis, das in der beschaulichen Ruhe der As-dur-Kantilene und in den sanften, von Harfenarpeggien umrankten Hörnerklängen zum Ausdruck gebracht wird, mit dem Satz charakterisiert: „Der Michel träumt ins Land." Das tiefinnerliche Seelengemälde des Adagios dringt in transzendente Bezirke vor, worauf die Bezeichnung „Himmelflug" bei den ekstatischen Steigerungsaufstiegen (T. 15—17; 33—35 und 249—253) sowie die mit Harfenklängen umrauschten Choralakkorde der Streicher (T. 25—28 und 43—45) weisen. Schließlich kennzeichnet das Motto des letzten Satzes: „Dreikaiserzusammenkunft" das lebensbejahende Element und die vitale prunkhafte Diesseitigkeit des Finales mit seinem jubelnden und strahlenden C-dur-Schluß, bei dem die 1. Hauptthema-Köpfe der vier Sätze in Engführung übereinandergetürmt erscheinen.

Formübersicht:

1. S a t z (Sonatensatzform/Haupttonart c-moll)

Exposition: T. 1—152

1. Gr. T. 1—50: H. T. 3—22

2. Gr. T. 51—96: H. T. 51—54

Zwischensatz T. 81—96

3. Gr. T. 97—128: H. T. 97—100

Epilog T. 129—139; Epilog-Coda T. 140—152

Durchführung: T. 153—282

Reprise: T. 283—392 (z. T. gekürzt, aber mit breitem Satzanhang)

Satz-Coda: T. 393—417

2. S a t z (Scherzo/Haupttonart c-moll; Trio As-dur)

Hauptsatz: T. 1—195: H. T. 1—6

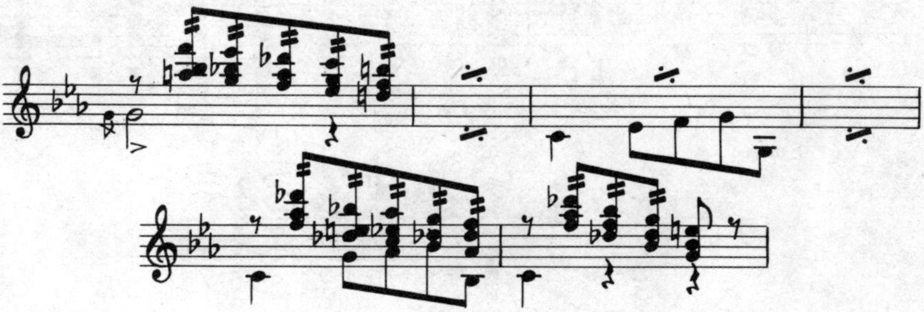

Trio: T. 1—93: H. T. 1—4

Reprise des Hauptsatzes: T. 1—195

3. S a t z (Sonatensatzform ohne Durchführung/Haupttonart Des-dur)

Exposition: T. 1—94

1. Gr. T. 1—46: H. T. 3—10

Zwischensatz T. 15—28, dann Wiederholung der Gr. T. 29—46 (H. verkürzt)

2. Gr. T. 47—66: H. T. 47—55

Epilog T. 67—80; Epilog-Coda T. 81—94

Reprise: T. 95—264 (H. der 1. Gr. verkürzt, anschließend durchführungsartiger Zwischensatz, T. 109—140. Nach dem Epilog folgt als Satzanhang eine Wiederholung der 1. Gr., in welche eine durchführungsartige Steigerungswelle, T. 197 ff, eingebaut ist.)

Satz-Coda: T. 265—301

4. S a t z (Sonatensatzform/Haupttonart c-moll)
Exposition: T. 1—246
1. Gr. T. 1—68: H. T. 3—16

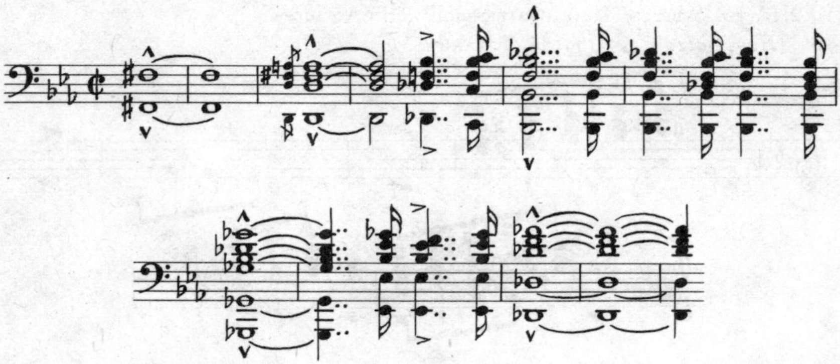

Zwischensatz T. 31—68
2. Gr. T. 69—134: H. T. 69—78

Zwischensatz T. 89—134
3. Gr. T. 135—158: H. T. 135—138

Epilog T. 159—230; Epilog-Coda T. 231—246

Durchführung: T. 247—456

Reprise: T. 457—684 (1. Gr. breit ausgebaut, 3. Gr. fugatoartig, Epilog verkürzt mit Einbeziehung des 1. H. aus dem 1. Satz)

Satz-Coda: T. 685—747 (T. 735—742 viermal die 1. H.-Köpfe der vier Sätze kombiniert in C-dur)

9. SYMPHONIE
d-moll
(Dem lieben Gott)

Sätze: Feierlich, Misterioso/Scherzo (Bewegt, lebhaft)/Adagio (Langsam, feierlich)

Orchester: 3 Fl., 3 Ob., 3 Kl., 3 Fag., 8 Hr. (3. Hörnerpaar auch Tenor-Tbn., 4. Hörnerpaar auch Baß-Tbn.), 3 Trp., 3 Pos., 1 Kbt., P., Str.

Aufführungsdauer: ca. 62 Minuten

Verlag: Originalfassung: Brucknerverlag (Alkor-Edition), Musikwissenschaftlicher Verlag, Wien (Alkor-Edition); Erstdruckfassung: U. E.

Geschichtliches

Nach hartem Ringen und trotz allem Spott und Hohn, den ihm eine verständnislose Welt entgegenbrachte, ist Bruckner in seinem letzten Lebensabschnitt doch noch die gebührende äußere Anerkennung zuteil geworden. Im November 1875 war er entgegen Hanslicks Einspruch zum Lektor für Harmonielehre und Kontrapunkt an die Wiener Universität berufen worden, begeistert verehrt von seinen Studenten, die er seine „Gaudeamus" nannte. Auf Anregung der bayrischen Prinzessin Amalie erhielt er 1886 den Franz-Joseph-Orden mit einer Personalzulage von 300 Gulden und der Zusage eines fallweisen Druckkostenbeitrags; 1887 wurde er Ehrenmitglied der Amsterdamer Maatschapij, 1889 des Akademischen Gesangvereins, Wien. Als Höhepunkt folgte schließlich am 7. November 1891 die Erfüllung eines langgehegten Herzenswunsches: die Verleihung der Würde eines Ehrendoktors, die auf Empfehlung von Hermann Levi und Felix Mottl vom Senat der Universität Wien einstimmig gebilligt worden war. In seiner Ansprache erklärte der damalige Rektor Hofrat Professor Dr. Adolf Exner bei dem zur Feier der Promotion vom Akademischen Gesangverein veranstalteten Festkommers: „Wo die Wissenschaft haltmachen muß, wo ihr unübersteigliche Schranken gesetzt sind, dort beginnt das Reich der Kunst, welche das auszudrücken vermag, was allem Wissen verschlossen bleibt. So beugt sich der Rektor der Wiener Universität vor dem ehemaligen Unterlehrer von Windhaag." Begeisterte Huldigungen konnte Bruckner auch noch 1894 in Berlin entgegennehmen, wo Karl Muck die Siebente und Siegfried Ochs das „Te Deum" zur Aufführung brachten. Im Juli 1895 stellte Kaiser Franz Joseph dem Meister im Belvedere ein Freiquartier zur Verfügung, das dieser bis zu seinem Tod bewohnte. Wenngleich alle diese Ehrungen Bruckners Schaffenskraft zweifellos gefördert haben, stand er doch zeitlebens dem Irdischen im Grunde interesselos gegenüber. Dies kommt am eindringlichsten bei seinem letzten symphonischen Werk zum Ausdruck, das der tiefreligiöse Meister in aller Abkehr vom Diesseits dem lieben Gott gewidmet hat. Die Arbeit an der Neunten erstreckt sich über eine weit größere Zeitspanne als die bei den anderen Symphonien. Die Skizzen reichen bis in den Sommer 1887 zurück. Mit der Ausführung der Komposition begann Bruckner Anfang des Jahres 1891. Vollendet wurden nur drei Sätze: der 1. Satz am 23. Dezember 1893, das Scherzo am 15. Februar 1894 und das Adagio am 30. November 1894. Über der durch Krankheit stark behinderten Arbeit am 4. Satz, zu dem 181 Skizzenblätter erhalten sind, starb der Meister. Das Werk wurde erst sieben Jahre nach Bruckners Tod, am 11. Februar 1903, durch Ferdinand Löwe mit dem Wiener Konzertvereinsorchester uraufgeführt. Löwe hatte hierfür die Originalpartitur einer tiefgreifenden, dem Orchesterstil Richard Wagners angenäherten Umarbeitung unterzogen und sie in dieser Gestalt 1903 im Verlag Universal-Edition, Wien herausgegeben. Eine intensive Beschäftigung mit dem im Besitz der Wiener Nationalbibliothek befindlichen Autograph durch Alfred Orel und Robert Haas führte zur Aufdeckung der von Löwe uneingestandenen eigenmächtigen Bearbeitung. Im Jahre 1932 legte Alfred Orel eine bei Dr. Benno Filser, Augsburg, gedruckte Neuausgabe vor, die exakt dem authentischen Text in Bruckners Eigenschrift-Partitur folgt. Diese Originalfassung ist unter Beifügung der gesamten Skizzen zu dem unvollendet gebliebenen 4. Satz sodann 1934 im Rahmen der Kritischen Gesamtausgabe erschienen.

Stilistische Stellung

Bei der 9. Symphonie setzte Bruckner den in seiner Achten eingeschlagenen Weg einer titanenhaften Monumentalgestaltung fort. Dementsprechend wurde auch hier an der vergrößerten Orchesterbesetzung (mit Ausnahme von Harfe, Triangel und Becken) festgehalten. Die Architektur der drei Sätze ist weitgespannt wie eine gigantische Hochgebirgslandschaft und verrät eine ebenso kühne wie großzügige Gestaltungskraft. Der 1. Satz stellt wie immer drei Themengruppen auf, die wieder breit angelegt sind. Inhaltlich wird, insbesondere in den Durchführungsteilen und am Ende des Satzes, das kämpferische Element in den Vordergrund gerückt. Im Scherzo ist dem Hauptsatz mit seinem scharfprofilierten Hauptthema und mit dem ungestümen Pochen des Begleitrhythmus' bei den wilden Kraftausbrüchen ein Trio voll spukhafter Dämonie gegenübergestellt. Der allem Irdischen ferne Charakter des Adagios wird in erster Linie von dessen Thematik bestimmt: die mystische Verzückung der 1. Gruppe, der fromme Sang des 2. und die tröstliche Weise des 3. Hauptthemas, die aus Nebengedanken entwickelten choralartigen Wendungen, die aus der d-moll-Messe übernommenen Miserere-Rufe. Von erhabener Wirkung ist die weihevolle Stimmung der Satz-Coda, mit der die Symphonie und das Lebenswerk des Meisters ausklingt.

Formübersicht:

1. Satz (Sonatensatzform/Haupttonart d-moll)

Exposition: T. 1—226

1. Gr. T. 1—96: Einleitung T. 1—62; H. T. 63—75

2. Gr. T. 97—166: H. T. 97—100

Abgesang T. 153—166

3. Gr. T. 167—190: H. T. 167—170

Epilog T. 191—218: Th. T. 191—198

Epilog-Coda T. 219—226

Durchführung: T. 227—332

Reprise: T. 333—516 (1. Gr. durchführungsartig erweitert)

Satz-Coda: T. 517—567

2. S a t z (Scherzo/Haupttonart d-moll; Trio Fis-dur)

Hauptsatz: T. 1—247: H. T. 5—12

Trio: T. 1—261: H. T. 5—15

Reprise des Hauptsatzes: T. 1—247

3. Satz (Sonatensatzform ohne Durchführung/Haupttonart E-dur)

Exposition: T. 1—76

1. Gr. T. 1—44: H. T. 1—7

Zwischensatz T. 9—44

2. Gr. T. 45—56: H. T. 45—46

3. Gr. T. 57—65: H. T. 57—59

Epilog T. 65—76 (gestaltet aus dem H. der 2. Gr.)

Reprise: T. 77—206 (in der Reihenfolge: 1. und 3. Gr. mit je einem durchführungsartigen Zwischensatz, dann 2. Gr., anschließend eine von dem Miserere-Motiv der d-moll-Messe ausgehende großangelegte Steigerungswelle, die über dem H.-Kopf der 1. Gr. gipfelt, T. 181—206)

Satz-Coda: T. 207—243 (gestaltet aus dem Zwischensatz der 1. Gr sowie aus dem Miserere-Motiv:

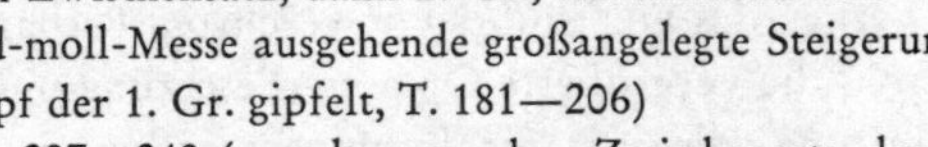

DIE „ORIGINALFASSUNGEN“

Es waren etwa fünfunddreißig Jahre nach dem Tod Anton Bruckners vergangen, als die Musikwelt durch eine sensationelle Entdeckung überrascht wurde. Am 2. April 1932 brachte Siegmund v. Hausegger in München Bruckners Neunte zweimal hintereinander zur Aufführung, und zwar zunächst in der bis dahin bekannten Fassung der gedruckten Partitur und anschließend nach dem Notentext von Bruckners Autograph. Wieso war es dazu gekommen? Bruckner hat die eigenhändig geschriebenen Manuskripte seiner Werke testamentarisch der Wiener Nationalbibliothek vermacht. Robert Haas, der Leiter der Musikabteilung dieser Bibliothek, hatte durch sorgsames Studium der Eigenschriften die Feststellung gemacht, daß vielfach der Text der gedruckten Partituren erhebliche Abweichungen von dem der Handschriften aufweist. Seiner Initiative war es zu danken, daß daraufhin in Zusammenarbeit mit der Internationalen Bruckner-Gesellschaft, Wien, und der Wiener Nationalbibliothek die Symphonien des Meisters nach dem Text der Original-Manuskripte in einer Kritischen Gesamtausgabe veröffentlicht wurden (1932 bis 44). Nach dem Krieg veranstaltete der Musikwissenschaftliche Verlag der Internationalen Bruckner-Gesellschaft, Wien, mit Unterstützung des Österreichischen Bundesministeriums für Unterricht und Kultus und der Oberösterreichischen Landesregierung eine neue Gesamtausgabe, bei der acht Symphonien des Meisters in den Jahren 1951—59 von Leopold Nowak mit einigen unwesentlichen Abweichungen gegenüber der von Robert Haas besorgten ersten Ausgabe herausgegeben worden sind.

Der Unterschied zwischen dem Text der Autographen und dem der Erstdrucke besteht zunächst am auffallendsten bei der Instrumentation. Während im Original nach dem Grundsatz der Klanggruppentektonik die Holz- und Blechbläser sowie die Streicher gruppenweise zusammengefaßt und gegeneinander gehalten sind, ist in den gedruckten Partituren eine Klangfarbenmischung im Sinne der Richtung Liszt-Wagner angestrebt. Es handelt sich also hier um zwei gegensätzliche stilistische Prinzipien. Bruckner bewunderte bei den Bühnenwerken des von ihm devot verehrten Richard Wagner die erweiterte Harmonik, die vergrößerte Orchesterbesetzung und die musikalische Monumentalgestaltung, die ihm als Errungenschaften des Fortschritts und daher nachahmenswert erschienen. Der nach strengen kontrapunktischen Gesetzen geformten linearen Tonsprache des absoluten Musikers Bruckner steht jedoch das sinnliche Pathos von Wagners Klangwelt, die stets in einem außermusikalischen Vorwurf verankert ist, diametral gegenüber. Auch auf dynamischem und agogischem Gebiet tritt dieser Gegensatz zutage: während

Bruckner die auf die Orgeltechnik zurückgehende Terrassendynamik bevorzugt, bei der die einzelnen Stärkegrade unmittelbar, also ohne An- und Abschwellen, eintreten, finden sich in den Druckpartituren zahlreiche Crescendi und Diminuendi eingefügt, die ebenso die kühnen Kräftespannungen und die großen Bögen zerreißen wie die vielen Tempomodifikationen mit Accelerando und Ritardando, die in den Eigenschriften gar nicht vorhanden sind. Darüber hinaus weisen die gedruckten Partituren bisweilen sogar melodische, harmonische und rhythmische Abänderungen auf, vor allem aber erhebliche Streichungen, die bedenklich die Form zerstören, ja sie manchmal direkt unverständlich machen. Aber, so wurde eingewendet, Bruckners Handschriften sind eben Urfassungen, während die gedruckten Partituren als Endfassungen anzusehen sind, die der Meister nach nochmaliger Überarbeitung unter Beratung mit seinen in der Musikpraxis erfahrenen Freunden hergestellt hat. Nach dem Zeugnis seines Schülers Friedrich Klose war Bruckner, wenn er eine seiner Partituren abschreiben ließ, streng darauf bedacht, daß die Kopie korrekt nach dem Original ausgeführt wurde, wobei er nicht einmal die Weglassung eines an sich überflüssigen Versetzungszeichens duldete. Wie war es nun möglich, daß der Meister sich anderseits bei der Überarbeitung seiner Partituren von seinen Jüngern zu einschneidenden Veränderungen bestimmen ließ? Eine hervorstechende Charaktereigenschaft Bruckners war sein Autoritätsglaube. Zweifellos betrachtete er die sich für seine Werke einsetzenden Freunde, die er in Fragen der ausübenden Musikpraxis für kompetent hielt, als Autoritäten. So bezeichnete er einmal die Dirigenten, die seine Symphonien aufführten, als seine „von Wagner bestellten Vormünder". Auf diese Weise mag es zu erklären sein, daß er dem Drängen der Jünger nachgab, seine Werke in Einzelheiten dem Zeitstil anzupassen, nicht zuletzt in dem Glauben, daß sie dann eher aufgeführt und verstanden würden. Allerdings wollte er diese Konzessionen ausdrücklich nur auf seine Zeit beschränkt wissen, wie ein Brief an den Dirigenten Weingartner bezeugt, in welchem er gestattet, „fest zu kürzen; denn es wäre zu lang und gilt nur späteren Zeiten". Ein anderes Mal schrieb er: „Bitte nur zu verfügen, wie es Ihr Orchester erfordert; aber die Partitur bitte nicht zu ändern; auch bei Drucklegung die Orchesterstimmen unverändert zu lassen, ist eine meiner innigsten Bitten." Wenn Bruckner nun trotzdem die Veröffentlichung seiner Partituren in einer seinem authentischen Willen widersprechenden Form hinnehmen mußte, so offenbart sich hier eine tragische Seite seines Künstlerschicksals. Schließlich glaubten die Jünger sich berechtigt, auch eigenmächtig die Originale zu überarbeiten, wie der Erstdruck der 9. Symphonie beweist, der wohl die größten Abweichungen von dem autographen Text aufweist. Dieses Werk wurde 1903, also sieben Jahre nach Bruckners Tod, von seinem Schüler Ferdinand Löwe herausgegeben. Da eine Umarbeitung der 1894 vollendeten drei Sätze von dem Komponisten nicht vorgenommen worden war, können die zahlreichen Abänderungen nicht von ihm selbst herrühren.

Bruckners symphonischer Stil umfaßt in Synthese die großen Epochen der abendländischen Musik. So basieren seine Werke in ihrer linearen Tonsprache auf der Polyphonie der Barockzeit und im Formalen auf der klassischen Symphonik (Beethoven). Dazu mischen sich Elemente der mittelalterlichen Kirchenmusik (Choral) und des volkstümlich romantischen Ausdrucks (Schubert) mit den Errungenschaften des zeitgenössischen Fortschritts auf dem Gebiet der Harmonik und der Orchesterbehandlung (Wagner). Mit dem zunehmenden Verständnis für die Größe und Einmaligkeit des Genius Bruckner hat die Erkenntnis Platz gegriffen, daß auch die originale klangliche und formale Gestaltungsweise, wie sie in den Autographen festgelegt ist, ein integrierender Bestandteil des Eigenstils des Meisters ist.

CÉSAR FRANCK

* 10. Dezember 1822 in Lüttich, † 9 November 1890 in Paris

Biographisches

César Franck war wallonisch-deutscher Herkunft. Sein Vater, Nicolas Joseph Franck, stammte aus dem belgischen Grenzort Moresnet (bei Aachen). Er soll bei einer Bank in Lüttich beschäftigt gewesen sein und sich auch schriftstellerisch betätigt haben. Die Mutter des Komponisten, Maria Barbara geb. Frings, entstammte einer Aachener Tuchmacherfamilie. Um seinen beiden Söhnen eine gediegene musikalische Ausbildung zu ermöglichen, siedelte Vater Franck 1835 nach Paris über, das für César die eigentliche Heimat wurde und wo er bis zu seinem Tode lebte. Nach Absolvierung seiner Studien bei Reicha (Kontrapunkt), Leborne (Komposition), Zimmermann (Klavier) und Benoist (Orgel) wandte sich Franck zunächst der Komposition von Klavierwerken zu. Die Domäne seines Schaffens als Komponist, Interpret und Lehrer wurde jedoch die Welt der Orgel. Daneben hat er aber auch auf anderen Gebieten der Tonkunst gewichtige Werke geschaffen. So schrieb er an orchestralen Kompositionen mehrere Symphonische Dichtungen, „Symphonische Variationen“ für Klavier und Orchester (1885), die Symphonie in G-dur op. 13, ein Jugendwerk, das nicht veröffentlicht wurde, und schließlich die d-moll-Symphonie, mit der er die Reihe seiner Orchesterwerke krönend abschloß.

SYMPHONIE
d-moll
(Henri Duparc)

Sätze: Lento-Allegro non troppo/Allegretto/Allegro non troppo
Orchester: 2 Fl., 2 Ob., 1 Eh., 2 Kl., 1 Bkl., 2 Fag., 4 Hr., 2 Trp., 2 Cornets à Piston, 3 Pos., 1 Bt., P., Hrf., Str.
Aufführungsdauer: ca. 40 Minuten
Verlag: Hamelle, Paris (Otto Junne, Wiesbaden)

Geschichtliches

Die d-moll-Symphonie ist in den Jahren 1886—88 entstanden und am 17. Februar 1889 durch die Société des Concerts du Conservatoire unter der Leitung von Jules Garcin in Paris uraufgeführt worden. Das neuartige Werk konnte damals bei dem Publikum keinen Anklang finden; es wurde auch von einem Großteil der Fachleute, insbesondere von den Mitgliedern des angesehenen Orchesters, ablehnend beurteilt. Franck hat die Symphonie seinem Meisterschüler Henri Duparc gewidmet. 1890 ist sie in dem Pariser Musikverlag Hamelle veröffentlicht worden.

Stilistische Stellung

Seiner Herkunft entsprechend, mischen sich bei César Franck die nationalen Kulturen. Während seine Melodik vornehmlich typisch französische Züge, wie Charme, Sentiment, Grazie und Eleganz aufweist, knüpfte er in seinem Orgelschaffen an die Satzkunst J. S. Bachs und bei seiner d-moll-Symphonie an den klassischen Stil Beethovens an. In seiner Harmonik ist er vielfach der Chromatik Richard Wagners („Tristan") verbunden, aus der er kühne Modulationen schöpft. Von Franz Liszt, dessen Symphonische Dichtungen ihn zu gleichartigen Werken angeregt haben, übernahm er schließlich das zyklische Gestaltungsprinzip, das auf einer konsequent durchgeführten thematischen Verknüpfung der einzelnen Sätze beruht. So ziehen sich die eingängigen musikalischen Gedanken der Symphonie teilweise durch das ganze Werk. Dieses Wechselspiel im Rahmen eines streng logisch angelegten symphonischen Aufbaus ist von eigenartigem Reiz. Bemerkenswert ist auch die subtile Instrumentation, die der bald leidenschaftlich erregten, bald lyrisch zarten, bald prunkhaft festlichen Musik ein fein abgestuftes Kolorit in oft originellen Klangmischungen verleiht. Sie entspricht der von den Zeitgenossen viel gerühmten Registrierkunst des Orgelmeisters; es mag dem Komponisten aber vielleicht auch die farbenreiche Orchestrierungskunst Berlioz' zum Vorbild gedient haben. Die Symphonie ist dreisätzig. Im 2. Satz ist dem elegischen Englischhorn-Thema des Hauptteils ein schwirrendes Sechzehntelthema der gedämpften Geigen und eine graziöse Klarinettenmelodie im Mittelteil gegenübergestellt. Auf diese Weise erscheinen in diesem Satz die sonst üblichen beiden Mittelsätze (Langsamer Satz und Scherzo) miteinander kombiniert.

Formübersicht:

1. Satz (Sonatensatzform/Haupttonart d-moll)

Einleitung: T. 1—28: Th. T. 1—6

Exposition: T. 29—190

1. Gr. T. 29—98: H. T. 29—32

Wiederholung der Einleitung und des H. in f-moll T. 49—94, dann Überleitung T. 95—98

2. Gr. T. 99—128: H. T. 99—106

3. Gr. T. 129—170: H. T. 129—136

Zwischensatz T. 145—170

Epilog T. 171—190

Durchführung: T. 191—348

Reprise: T. 349—472

Satz-Coda: T. 473—521

2. Satz (Erweiterte Dreiteilige Liedform/Haupttonart b-moll — B-dur)

Hauptsatz: T. 1—108: 1. Th. T. 17—24

2. Th. T. 49—56

Zwischensatz T. 57—86

Wiederholung des 1. Th. und Überleitung T. 87—108

Mittelsatz: T. 109—199: 1. Th. T. 109—116

2. Th. T. 135—142

Wiederholung des 1. Th. und Überleitung T. 176—199

Reprise des Hauptsatzes: T. 200—248 (kombiniert mit den beiden Th. des Mittelsatzes)

Satz-Coda: T. 249—262

3. Satz (Sonatensatzform/Haupttonart D-dur)

Exposition: T. 1—140

1. Gr. T. 1—71: H. T. 7—14

Zwischensatz T. 49—71

2. Gr. T. 72—97: H. T. 72—79

Epilog T. 98—140 (mit Reminiszenz an das 1. Th. des Hauptsatzes des 2. Satzes)

Durchführung: T. 141—267

Reprise: T. 268—317 (verkürzt, an Stelle der 2. Gr.: 1. Th. des Hauptsatzes des 2. Satzes)

Satz-Coda: T. 318—440 (durchführungsartige Verarbeitung des Einleitungs- und des 3. Th. aus dem 1. Satz sowie des H. der 1. Gr. des 3. Satzes)

ALEXANDER PORFIRJEWITSCH BORODIN

* 30. Oktober 1833 in St. Petersburg und † 15. Februar 1887 in St. Petersburg*

Biographisches

Alexander Borodin war ein natürlicher Sohn des Fürsten Luka Stepanowitsch Gedeanow, der einem alten Wolgatatarischen Adelsgeschlecht entstammte und seinen Wohnsitz in der Landschaft Grusinien am Kaukasus hatte. Borodins Mutter hieß Awdotja Konstantinowa Antonowa und kam aus kleinbürgerlichen Verhältnissen. In das standesamtliche Register war der Komponist als Sohn eines Leibeigenen des Fürsten — Porfirij Jonowitsch Borodin — eingetragen worden. Schon in der Kinderzeit zeigten sich bei Alexander starke naturwissenschaftliche und musikalische Interessen, die einander ungefähr die Waage hielten. So kam es, daß er neben seinem Berufsstudium an der Militär-Medizinischen Akademie in St. Petersburg (1850—56) auch viel und mit leidenschaftlicher Hingabe musizierte. Im Kreise gleichgesinnter Freunde spielte der Autodidakt Violoncello, Flöte und Klavier, wobei auch bereits einige seiner Jugendkompositionen zu Gehör gebracht wurden. Nach Abschluß seiner Studien und nach einer vorübergehenden praktischen Tätigkeit als Arzt an einem Heereslazarett (1856) erwarb Borodin auf Rat seines Chemieprofessors N. N. Sinin 1858 den Doktorgrad. Er wurde anschließend von der Medizinisch-Chirurgischen Akademie auf mehrere Jahre zu einer Studienreise in das Ausland geschickt, die ihn nach Deutschland, Frankreich, Italien, Belgien, Holland und in die Schweiz führte. Bei längeren Aufenthalten in Heidelberg lernte er die russische Pianistin Jekaterina Sergejewna Protopopowa kennen, die später (1862) seine Frau wurde. Das Mädchen machte Borodin mit den Werken Schumanns, Liszts und Chopins bekannt; im nahegelegenen Mannheim hörte er zum erstenmal deutsche Opern, wie Webers „Freischütz", Wagners „Fliegenden Holländer", „Tannhäuser" und „Lohengrin", die ihn tief beeindruckten. Im Herbst 1862 war Borodin nach St. Petersburg zurückgekehrt. In dieser Zeit machte er Bekanntschaft mit einem jungen Pianisten, Miliji Alexejewitsch Balakirew, welcher als leidenschaftlicher Verfechter der von Michail Iwanowitsch Glinka (1804—57) begründeten national orientierten Richtung der russischen Musik der theoretische Führer jener kleinen Gruppe von Komponisten war, die unter der Bezeichnung „Das mächtige Häuflein" oder „Die Novatoren" in die Musikgeschichte

* Alle Daten in den Ausführungen über Borodin sind nach der russischen Zeitrechnung alten Stils (Julianischer Kalender) angegeben.

eingegangen ist. Außer Balakirew gehörten ihr der Heeres-Ingenieur Cesar Antonowitsch Cui, der Unterfähnrich Modest Petrowitsch Mussorgskij und der Marineoffizier Nikolaj Andrejewitsch Rimskij-Korssakow an; zu ihnen gesellte sich nunmehr auch der von Balakirews Ideen begeisterte Alexander Borodin. Diese „Gruppe der Fünf", für die sich als kämpferischer Federführer der angesehene Musikschriftsteller Wladimir Wassiljewitsch Stassow einsetzte, verfolgte das Ziel, die Errungenschaften Glinkas weiter auszubauen und einen aus dem Schatz der russischen Volks- und Kirchenmusik gespeisten autochthonen musikalischen Stil zu schaffen.

1. SYMPHONIE
Es-dur

Sätze: Adagio-Allegro/Scherzo (Prestissimo)/Andante/Allegro molto vivo
Orchester: 2 Fl., 2 Ob. (II. auch Eh.), 2 Kl., 2 Fag., 4 Hr., 2 Trp., 3 Pos., P., Str.
Aufführungsdauer: ca. 32 Minuten
Verlag: W. Bessel, St. Petersburg; Br. & H.

Geschichtliches

Unter der Anleitung Balakirews begann Borodin Ende des Jahres 1862 seine 1. Symphonie zu komponieren, von der im Dezember bereits der 1. Satz in Skizze vorlag. Der Komponist arbeitete mit Unterbrechungen, die durch seine beruflichen Verpflichtungen als Wissenschaftler und akademischer Lehrer verursacht wurden, fünf Jahre an dem Werk. 1867 konnte es endlich fertiggestellt werden. Im gleichen Jahr übernahm Balakirew die Leitung der Symphoniekonzerte der Russischen Musikgesellschaft St. Petersburg, nachdem Anton Rubinstein sich mit dem Direktorium überworfen hatte. Gegen die Bedenken der Gesellschaft setzte Balakirew Borodins Symphonie auf das Programm seiner Konzertreihe. So kam das Werk am 23. Dezember 1868 in St. Petersburg zur Uraufführung. Wider Erwarten war der Publikumserfolg groß. Die 1. Symphonie wurde 1882 vom Verlag W. Bessel, St. Petersburg, veröffentlicht.

Stilistische Stellung

Borodin hat nie Unterricht in Harmonielehre, Kontrapunkt und Instrumentation genommen. Seine musikalischen Fachkenntnisse erarbeitete er sich aus der Literatur, indem er sich mit den Werken der großen Meister am Klavier oder in Konzerten vertraut machte. Als er daran ging, eine Symphonie zu komponieren, ließ er sich von Balakirew überzeugen, durch eine national orientierte Tonsprache am ehesten etwas Eigenes in der überkommenen Form aussagen zu können. Dennoch treten bei Borodins 1. Symphonie zunächst noch Bindungen an Vorbilder in Erscheinung. So ist im 1. und 2. Satz die Anlehnung an den klassischen Stil Beethovens und in dem von einem punktierten Marschrhythmus beherrschten Finale Schumanns Patenschaft spürbar. Anderseits ist auch das folkloristische Element bereits merklich vertreten wie z. B. in dem Trio des Scherzos, das auf einer echt russischen Volksweise mit dem typischen Taktwechsel aufgebaut ist. Vor allem aber offenbart der Langsame Satz einen für Borodin charakteristischen Eigenzug: seine Vorliebe für orientalische Melodik, die als Erbschaft seiner kaukasischen Abstammung väterlicherseits erklärt werden kann. Die weitgespannte, originell harmonisierte Weise, die teils vom Violoncello, teils vom Englischhorn und von der Flöte vorgetragen wird, verleiht diesem Satz eine Wirkung von apartem Reiz.

Formübersicht:

1. S a t z (Sonatensatzform/Haupttonart es-moll—Es-dur)
   Einleitung: T. 1—53
   Exposition: T. 54—151
   1. Gr. T. 54—130: H. T. 56—59

Zwischensatz T. 91—130
2. Gr. T. 131—138: H. T. 131—133

Epilog T. 139—151
Durchführung: T. 152—300
Reprise: T. 301—407
Satz-Coda: T. 407—547 (zum Abschluß 1. H. in der Vergrößerung T. 513 ff)

2. S a t z (Scherzo/Haupttonart Es-dur; Trio H-dur)
   Hauptsatz: T. 1—279: H. T. 5—22

Trio: T. 280—353: H. T. 280—288

Reprise des Hauptsatzes: T. 354—628

Satz-Coda: T. 629—696

3. Satz (Dreiteilige Liedform/Haupttonart D-dur)

Hauptsatz: T. 1—33: H. T. 5—11

Mittelsatz: T. 34—68: H. T. 34—42

Reprise des Hauptsatzes: T. 69—84

Satz-Coda: T. 85—99

4. Satz (Sonatensatzform/Haupttonart Es-dur)

Exposition: T. 1—90

1. Gr. T. 1—54: H. T. 1—8

Zwischensatz T. 16—54

2. Gr. T. 54—79: H. T. 54—62

Epilog T. 79—90

Durchführung: T. 91—255

Reprise: T. 256—396 (H. der 1. Gr. in der Vergrößerung; Epilog erweitert)

Satz-Coda: T. 397—442

2. SYMPHONIE
h-moll

Sätze: Allegro/Scherzo(Prestissimo)/Andante/Finale (Allegro)
Orchester: 3 Fl. (III. auch Picc.), 2 Ob. (II. auch Eh.), 2 Kl., 2 Fag., 4 Hr., 2 Trp., 3 Pos., 1 Bt., P., Schl., Hrf., Str.
Aufführungsdauer: ca. 28 Minuten
Verlag: W. Bessel, St. Petersburg; Br. & H.

Geschichtliches

Der Erfolg seiner 1. Symphonie stärkte Borodins Vertrauen in seine Schaffenskraft. So kam es, daß er schon bald nach der Uraufführung der Ersten mit einem neuen Symphonie-Plan umging. Diesmal sollte dem Werk eine poetische Idee: Motive aus der russischen Heldensage, zugrundegelegt werden. Das Vorhaben wurde aber zurückgestellt, weil Borodin zunächst eine Oper schreiben wollte, die ebenfalls einen heroischen Stoff aus der sagenumwobenen russischen Frühgeschichte behandelt, den „Fürst Igor". Daneben arbeitete der Komponist auch an der 2. Symphonie weiter. Inzwischen vergrößerte sich sein hauptberuflicher Wirkungskreis ständig. Borodin war 1874 als Nachfolger seines Lehrers Professor Sinin, Direktor des Chemischen Institutes an der Medizinisch-Chirurgischen Akademie geworden, daneben hielt er Vorlesungen am Forstwirtschaftlichen Institut, richtete medizinische Kurse für Frauen ein und übte eine umfangreiche Laboratoriumstätigkeit mit seinen Studenten aus. Somit verblieb ihm immer weniger Zeit zum Komponieren. Die Arbeit an „Fürst Igor" wie auch an der 2. Symphonie ging nur langsam vorwärts; daher wurde die im Frühjahr 1869 begonnene Symphonie erst im Jahre 1876 fertiggestellt. Die Uraufführung erfolgte am 14. Februar 1877 unter der Leitung von Eduard Naprawnik in St. Petersburg mit mäßigem Erfolg. Die dickflüssige Instrumentation wurde 1879 unter Mithilfe von N. Rimskij-Korssakow, dem einzigen der „Novatoren", der ein musikalisches Fachstudium absolviert hatte, in einer Überarbeitung der Partitur verbessert. Nach Borodins Tod wurde das Werk, redigiert von N. Rimskij-Korssakow und A. Glazunow, 1888 im Verlag W. Bessel veröffentlicht.

Stilistische Stellung

Die 2. Symphonie stellt nicht nur einen Höhepunkt in dem Schaffen Borodins dar, sie ist darüber hinaus zweifellos das bedeutendste symphonische Werk der sogenannten national-russischen Schule. Aus dem Reichtum bodenständigen Musikgutes schöpfend, schrieb hier der Komponist eine Musik von unverfälschter Urwüchsigkeit, deren stark betonte nationale Note durch Melodik, Rhythmik und Harmonik bestimmt wird. Inhaltlich ist dem Werk eine poetische Idee zugrunde gelegt: die Verherrlichung des unbesiegbaren Lebenswillens des russischen Volkes. In diesem Sinn wurde die Symphonie auch von seinen Freunden aufgefaßt. So sagte Modest Mussorgskij: „Eine Löwenkraft steckt in dieser Symphonie ... von aller bisherigen Musik würde ich ihr höchstens Beethovens ‚Heroische Symphonie' gleichsetzen. Ich glaube, man müßte dieses Werk ‚Slawische heroische Symphonie' nennen." Der Musikschriftsteller W. Stassow glaubte, in ihren Klängen den Widerhall der vorgeschichtlichen sagenhaften Heldenzeit Rußlands zu vernehmen. Anderseits spiegelt sich in den Tönen des Werkes die Seele des russischen Menschen in der so eigenartigen Zwiespältigkeit ihres Wesens wider. Dem Ausdruck heldischer Kraft im 1. Satz und strahlender Lebensfreude in dem farbenreichen Finale mit seiner Balalaika-Coda steht das weiche melancholische Kolorit des stimmungsreichen 3. Satzes gegenüber. Borodin charakterisierte hier mit dem von der Harfe begleiteten kantablen Hornthema das Lied des sagenhaften Gusli*-Sängers Bojan, der „Nachtigall aller Zeiten", wie er in einer altrussischen Chronik genannt ist. Von höchst origineller Wirkung ist der im 1/1-Takt stehende 2. Satz, welcher das übliche Scherzo vertritt. Es drängt sich bei ihm unwillkürlich das Bild einer über die asiatische Steppe dahinjagenden Kosakenschar auf, während der Mittelteil mit seiner pastoralen Melodie und seiner monotonen Harmonik, die auf der russischen Kirchentonalität basiert, die unendliche Weite des Landes zu charakterisieren scheint.

Formübersicht:

1. Satz (Sonatensatzform/Haupttonart h-moll)

Exposition: T. 1—140

1. Gr. T. 1—77: H. a) T. 1—10

H. b) T. 11—15

Zwischensatz T. 41—77

* Gusli ist ein volkstümliches russisches Saiteninstrument.

2. Gr. T. 78—92: H. T. 78—81

Epilog T. 93—140

Durchführung: T. 141—223

Reprise: T. 224—288 (H. a) der 1. Gr. in der Vergrößerung)

Satz-Coda: T. 289—325

2. S a t z (Scherzo/Haupttonart F-dur)

Hauptsatz: T. 1—155: H. T. 9—19

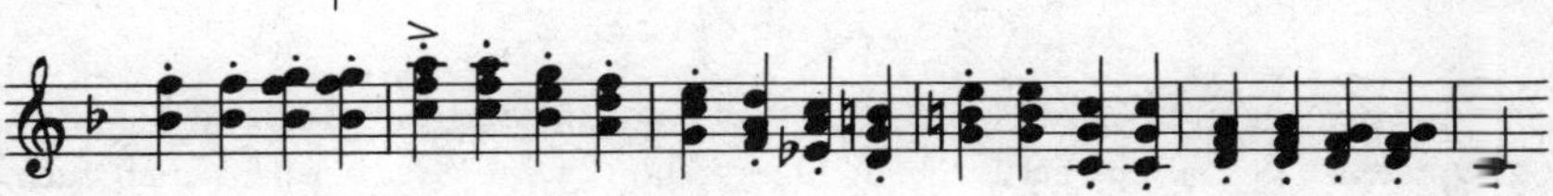

Trio: T. 156—208: H. T. 158—161

Reprise des Hauptsatzes: T. 209—376

Satz-Coda: T. 377—409

3. S a t z (Dreiteilige Liedform/Haupttonart Des-dur)

Hauptsatz: T. 1—45: H. T. 4—10

Mittelsatz: T. 46—90: H. T. 46—53

Reprise des Hauptsatzes: T. 90—112

Satz-Coda: T. 113—127 *attacca*

4. S a t z (Sonatensatzform/Haupttonart H-dur)

Exposition: T. 1—95

1. Gr. T. 1—51: H. T. 18—21

Zwischensatz T. 26—51
2. Gr. T. 52—69: H. T. 53—57

Epilog T. 70—95
Durchführung: T. 96—167
Reprise: T. 168—231
Satz-Coda: T. 232—280

3. SYMPHONIE
a-moll

Geschichtliches

In seinem letzten Lebensjahrzehnt war Borodin auch im Ausland bekannt geworden. Vor allem erfuhren in Deutschland seine Symphonien mehrfach erfolgreiche Aufführungen, nicht zuletzt auf Initiative von Franz Liszt, der den russischen Komponisten sehr schätzte. Borodin war gelegentlich einer Dienstreise an die Universität Jena in Weimar mit Liszt in Kontakt gekommen. 1886/87 hatte Borodin noch eine 3. Symphonie in a-moll skizziert, die er jedoch nicht mehr vollenden konnte, weil ein Schlaganfall dem Leben des Überbeschäftigten ein vorzeitiges Ende setzte. Alexander Glazunow hat nach den erhaltenen Skizzen zwei Sätze ausgearbeitet, instrumentiert und 1889 im Verlag M. P. Belaieff veröffentlicht.

PJOTR (PETER) ILJITSCH TSCHAIKOWSKY

* 25. April 1840 in Wotkinsk (Wjatka),
† 25. Oktober 1893 in St. Petersburg*

Biographisches

Peter Tschaikowskys Vater, Ilja Petrowitsch, war Leiter der Kamsko-Wotkinsker Berg- und Metallwerke. Er heiratete 1833 in zweiter Ehe die Petersburger Staatsratstochter Alexandra Andrejewna d'Assière, die Enkelin eines Franzosen, der während der Französischen Revolution nach Rußland emigriert war. In Peter Iljitschs Elternhaus spielte die Musik nur eine geringe Rolle. Als Kind empfing er musikalische Eindrücke von seiner Mutter, die ein wenig klavierspielen und singen konnte, sowie von einem mechanischen Musikinstrument, das u. a. auch einige Mozart-Melodien auf seiner Walze hatte. Die schon im Knabenalter sich zeigende musikalische Begabung erfuhr, abgesehen von einigem elementaren Klavierunterricht, keine nachdrückliche Förderung, auch nicht während der Studienjahre an der Rechtsschule in St. Petersburg (1850—59). So kam es, daß der junge Tschaikowsky nach Absolvierung dieses Instituts zunächst eine Beamtenstelle im Justizministerium annahm. Mittlerweile regten sich aber mit Vehemenz die in ihm schlummernden schöpferischen Kräfte. Daher nahm er auf Rat seines Vaters im Herbst 1861 zunächst bei den öffentlichen Kursen der Russischen Musikgesellschaft und ein Jahr darauf an dem neugegründeten Petersburger Konservatorium bei Anton Rubinstein und Nikolaj Iwanowitsch Zaremba musiktheoretischen Unterricht. Von Rubinstein ermuntert, sich für den Musikerberuf zu entscheiden, gab Tschaikowsky im Frühjahr 1863 die gesicherte Lebensstellung eines Verwaltungsbeamten auf, um die unsichere Laufbahn als Komponist einzuschlagen. Nach erfolgreicher Abschlußprüfung (Dezember 1865), bei der Peter Iljitsch mit einer Silbermedaille ausgezeichnet worden war, kam er sogleich Anfang Januar 1866 auf Empfehlung Rubinsteins als Kompositionslehrer an das Konservatorium für Musik in Moskau, das Nikolaj Rubinstein nach dem Vorbild seines Bruders Anton dort soeben gegründet hatte.

---

* Alle Daten in den Ausführungen über Tschaikowsky sind nach der russischen Zeitrechnung alten Stils (Julianischer Kalender) angegeben.

1. SYMPHONIE

g-moll op. 13

„Rêverie d'hiver" [„Winterträume"]

(Nikolaj Rubinstein)

Sätze: Allegro tranquillo („Träumerei auf winterlicher Fahrt")/Adagio cantabile ma non tanto („Rauhes Land, Nebelland")/Scherzo (Allegro scherzando giocoso)/Finale (Andante lugubre-Allegro maestoso)
Orchester: 2 Fl., 1 Picc., 2 Ob., 2 Kl., 2 Fag., 4 Hr., 2 Trp., 3 Pos., 1 Bt., P., Schl., Str.
Aufführungsdauer: ca. 34 Minuten
Verlag: P. Jürgenson, Moskau

Geschichtliches

Kurz nach Antritt seiner Stellung am Moskauer Konservatorium beschäftigte sich Tschaikowsky bereits mit der Komposition einer Symphonie, die ihm allerdings beträchtliche Schwierigkeiten bereitete. Denn es fiel ihm nicht leicht, seine musikalischen Eingebungen, die ihm rasch und reichlich zuflogen, in der großen symphonischen Form zu verarbeiten. So konnte er sich zunächst nicht entschließen, das im März 1866 begonnene Werk zum Abschluß zu bringen. Während des Sommers legte er es, noch unvollendet, zur Begutachtung seinen Lehrern Anton Rubinstein und Zaremba vor, die jedoch scharfe Kritik übten und Änderungsvorschläge machten. Tschaikowsky fügte sich, in der Hoffnung, dadurch eine Aufführung in St. Petersburg zu erreichen, weil in künstlerischen Dingen damals noch die kaiserliche Hauptstadt und nicht Moskau die entscheidende Rolle spielte. Nach Vollendung der Symphonie (Herbst 1866) führte aber Anton Rubinstein im Februar 1867 zu St. Petersburg nur die beiden Mittelsätze auf, die überdies schwachen Erfolg hatten. Die Uraufführung des ganzen Werkes erfolgte erst am 22. Januar 1868 unter der Leitung von Nikolaj Rubinstein in Moskau. Dort war der Beifall groß. Der Verleger Peter Jürgenson (1836—1903), der ein tatkräftiger Förderer Tschaikowskys war und dessen Werke nahezu alle in seinen Verlag nahm, veröffentlichte die 1. Symphonie, nach einer nochmaligen Überarbeitung, im Jahre 1875. Der Komponist widmete sie Nikolaj Rubinstein zum Dank für die Aufführung seines symphonischen Erstlings.

Stilistische Stellung

Wenngleich die 1. Symphonie noch nicht die dramatischen Spannungen und die inhaltliche Geschlossenheit der drei letzten symphonischen Werke des russischen Komponisten aufweist, zeugt sie doch bereits von dem hohen technischen Können (insbesondere bei der Instrumentation), dem feinen Klangsinn, dem musikalischen Temperament und dem Erfindungsreichtum ihres Schöpfers. Der 1. und vor allem der stimmungsvolle 2. Satz kennzeichnen Tschaikowsky als Meister des lyrischen Ausdrucks. Auch die für den Komponisten bezeichnende Stileigentümlichkeit, ein Thema mit einer Gegenmelodie zu verbrämen, tritt hier schon ebenso in Erscheinung wie, im Trio des Scherzos, die in seinem Schaffen so mannigfaltig verwendete Form des Walzers. Die russische Folklore ist am stärksten in den beiden ersten Sätzen sowie in der Einleitung zum Finale vorhanden, während der Hauptteil des Scherzos und der letzte Satz auf den Einfluß des von Tschaikowsky sehr verehrten Robert Schumann weisen. Die Untertitel („Winterträume" etc.) bedeuten kein Programm, sondern deuten lediglich Stimmungen und Gefühle an, aus deren Erlebnis heraus der Meister seine Musik erfunden hat.

Formübersicht:

1. Satz (Sonatensatzform/Haupttonart g-moll)

Exposition: T. 1—250

1. Gr. T. 1—136: H. T. 5—16

Zwischensatz T. 40—136 (mit einem selbständigen Nebengedanken)

2. Gr. T. 137—189: H. T. 137—143

Epilog T. 190—250

Durchführung: T. 250—431

Reprise: T. 432—592

Satz-Coda: T. 592—723

2. S a t z (Dreiteilige Liedform/Haupttonart Es-dur)
Einleitung: T. 1—22
Hauptsatz: T. 23—84: H. T. 24—44

Mittelsatz: T. 84—125
Reprise des Hauptsatzes: T. 126—156
Satz-Coda: T. 157—168 (wie Einleitung, verkürzt)

3. S a t z (Scherzo/Haupttonart c-moll; Trio Es-dur)
Hauptsatz: T. 1—105: H. T. 5—20

Trio: T. 106—289: H. T. 118—133

Reprise des Hauptsatzes: T. 290—394
Satz-Coda: T. 394—441

4. S a t z (Sonatensatzform/Haupttonart g-moll — G-dur)
Einleitung: T. 1—65: Th. T. 17—25

Exposition: T. 66—180
1. Gr. T. 66—125: H. T. 66—74

Zwischensatz T. 89—125
2. Gr. T. 126—160: H. T. 126—140 (identisch mit dem Th. der Einleitung)

Epilog T. 160—180
Durchführung: T. 181—282 (mit einem Fugato über das Th.:

)

Reprise: T. 282—466 (bei der 2. Gr. Zurückgreifen auf die Einleitung des Satzes, wobei das Th. schließlich in der Vergrößerung in Dur erscheint)
Satz-Coda: T. 467—610

2. SYMPHONIE

c-moll op. 17
„Kleinrussische"
(Russische Musikgesellschaft, Moskau)

Sätze: Andante sostenuto-Allegro vivo/Andantino marziale, quasi moderato/Scherzo (Allegro molto vivace)/Finale (Moderato assai-Allegro vivo-Presto)
Orchester: 2 Fl., 1 Picc., 2 Ob., 2 Kl., 2 Fag., 4 Hr., 2 Trp., 3 Pos., 1 Bt., P., Schl., Str.
Aufführungsdauer: ca. 32 Minuten
Verlag: W. Bessel, St. Petersburg; Brucknerverlag (Alkor-Edition)

Geschichtliches

Während eines geruhsamen Erholungsaufenthalts, den Tschaikowsky zu Anfang des Sommers 1872 im Familienkreis seiner geliebten Schwester Alexandra auf dem Gut seines Schwagers Leo Wassiljewitsch Dawidow in Kamenka (Gouvernement Kiew) verbrachte, entstand die Idee einer neuen Symphonie, zu welcher der Komponist durch die Lieder der Bewohner des kleinrussischen Dorfes angeregt wurde. Daher erhielt das Werk, die 2. Symphonie, die Bezeichnung „Kleinrussische"; Tschaikowskys Freund und Kollege am Moskauer Konservatorium, der angesehene Kritiker und Musikforscher Kaschkin, nannte sie die „Ukrainische". Ende November 1872 wurde die Komposition abgeschlossen. Die Uraufführung erfolgte unter der Leitung von

Nikolaj Rubinstein am 26. Januar 1873 durch das Orchester der Russischen Musikgesellschaft, Moskau, der das Werk auch gewidmet ist. Die Symphonie wurde 1873 von dem Verleger Wladimir Wassiljewitsch Bessel (St. Petersburg) in einer Bearbeitung für Klavier vierhändig veröffentlicht, nachdem sie in einem Konzert unter Eduard Franzewitsch Naprawnik am 23. Februar 1873 auch in St. Petersburg starken Beifall gefunden hatte. Selbst die Novatoren (Balakirew, Mussorgskij, Rimskij-Korssakow, Borodin und Cui), die Tschaikowsky als Formalisten bezeichneten und seinem Schaffen nicht immer freundlich gegenüberstanden, waren begeistert. 1879/80 überarbeitete Tschaikowsky nochmals die Partitur, wobei er Abänderungen im 1. und 3. Satz sowie Kürzungen im Finale vornahm. Die zweite Fassung erschien in Partitur und Stimmen 1880 bei Bessel und wurde am 31. Januar 1881 unter der Leitung von K. Sike in St. Petersburg zum ersten Male aufgeführt.

Stilistische Stellung

Die 2. Symphonie stellt insofern einen Markstein in dem symphonischen Schaffen des russischen Meisters dar, als er hier durch die betonte Einbeziehung nationalen Melodiengutes in eine auf mitteleuropäischem Boden entwickelte Kunstform seine Berufung als Symphoniker von profilierter Eigenart erwies. Die Verschmelzung der Kulturen bewirkte für die symphonische Form eine Bereicherung ihrer Ausdrucksbezirke und bei dem Komponisten den Stil einer Tonsprache, die in aller Welt verstanden wurde und durch die er schließlich zu Weltruhm gelangen sollte. Die Grundhaltung der 2. Symphonie ist optimistisch und lebensbejahend. Melancholische und kämpferische Töne weist nur der 1. Satz auf, dessen Thematik in Anlehnung an das Lied „Drunten bei der Mutter Wolga" entwickelt und kunstvoll verarbeitet ist. Den Hauptgedanken des subtil instrumentierten 2. Satzes entnahm Tschaikowsky dem Hochzeitsmarsch seiner 1869 entstandenen Oper „Undine", deren Partitur er 1873 vernichtete. Für das Trio des spritzigen Scherzos verwandte er eine lustige ukrainische Tanzweise, und auch das in einer kombinierten Rondo- und Variationenform rhythmisch und harmonisch interessant gestaltete, vital bewegte Finale ist auf einer kleinrussischen Melodie nach dem Volkslied „Der Kranich" aufgebaut.

Formübersicht:

1. Satz (Sonatensatzform/Haupttonart c-moll)

Einleitung: T. 1—53: Th. T. 2—8

Exposition: T. 54—157
1. Gr. T. 54—86: H. T. 61—64

Zwischensatz T. 75—86
2. Gr. T. 87—137: H. T. 87—92

Zwischensatz T. 110—137
Epilog T. 138—157
Durchführung: T. 158—213 (mit Verarbeitung des Th. der Einleitung in der Vergrößerung)
Reprise: T. 214—302
Satz-Coda: T. 303—368

2. Satz (Dreiteilige Liedform/Haupttonart Es-dur)
Hauptsatz: T. 1—52: 1. Th. T. 3—10

2. Th. T. 28—32

Mittelsatz: T. 53—108: Th. T. 53—60

Rückleitung T. 85—108
Reprise des Hauptsatzes: T. 109—166
Satz-Coda: T. 166—179

3. S a t z (Scherzo/Haupttonart c-moll; Trio Es-dur)
Hauptsatz: T. 1—152: H. T. 1—13

Trio: T. 153—275: H. T. 153—164

Reprise des Hauptsatzes: T. 276—427
Satz-Coda: T. 428—480

4. S a t z (Kombinierte Rondo- und Variationenform/Haupttonart C-dur)
Einleitung: T. 1—24
Hauptgruppe: T. 25—202: H. T. 25—32

1. Zwischengruppe: T. 203—252
1. Reprise der Hauptgruppe: T. 253—324
2. Zwischengruppe: T. 325—468 (durchführungsartig)
2. Reprise der Hauptgruppe: T. 469—512
Reprise der 1. Zwischengruppe: T. 513—562
3. Reprise der Hauptgruppe: T. 563—651
Satz-Coda: T. 652—847 (mit Verarbeitung des H. in der Vergrößerung)

3. SYMPHONIE

D-dur op. 29

„Polnische"

(Wladimir Schilowskij)

Sätze: Introduzione e Allegro (Moderato assai [Tempo di marcia funebre])-Allegro brillante/Alla tedesca (Allegro moderato e semplice)/Andante (Andante elegiaco)/Scherzo (Allegro vivo)/Finale (Allegro con fuoco [Tempo di Polacca])
Orchester: 2 Fl., 1 Picc., 2 Ob., 2 Kl., 2 Fag., 4 Hr., 2 Trp., 3 Pos., 1 Bt., P., Str.
Aufführungsdauer: ca. 45 Minuten
Verlag: P. Jürgenson, Moskau; Brucknerverlag (Alkor-Edition)

Geschichtliches

Tschaikowsky begann, nachdem er sein 1. Klavierkonzert in b-moll vollendet hatte, im Juni 1875 mit der Skizzierung der 3. Symphonie in Usowo auf dem Gut seines Freundes Wladimir Schilowskij, dem das Werk auch gewidmet ist. Die Instrumentierung besorgte er während des Monats Juli teils auf dem Landsitz seines Freundes Nikolaj D. Kondratjew in Nisij (Ukraine), teils auf dem Gut seines Schwagers Dawidow in Werbowka, wo er die Partitur Anfang August zum Abschluß brachte. Das Recht der Uraufführung sicherte sich, mit einem Honorar von 300 Rubel, die Russische Musikgesellschaft, Moskau, die das Werk in ihrem ersten Winterkonzert am 7. November 1875 unter der Leitung von Nikolaj Rubinstein aufführte. Wenige Wochen später, am 24. Januar 1876, folgte eine Aufführung in St. Petersburg unter E. Naprawnik. In beiden Städten hatte das Werk einen ausgezeichneten Erfolg, auch die Presse, insbesondere die Petersburger, reagierte freundlich. Ende 1876 wurde die Dritte vom Verlag P. Jürgenson veröffentlicht. Der Beiname „Polnische“ stammt nicht von Tschaikowsky, sondern von dem aus Deutschland gebürtigen Dirigenten des Londoner Crystal-Palace Sir August Manns, der das Werk in England zur Erstaufführung brachte. Die Bezeichnung basiert auf dem Polonaisen-Charakter des Schlußsatzes.

Stilistische Stellung

Nach Tschaikowskys eigenen Worten bedeutet die 3. Symphonie technisch einen Schritt vorwärts in seinem symphonischen Schaffen. Der Fortschritt bezieht sich zunächst auf eine gesteigerte künstlerische Reife in Hinsicht auf Satztechnik, Harmonik und Instrumentation. Daneben wird deutlich das Bestreben des Komponisten wahrnehmbar, eine Angleichung an die westeuropäische Symphonik zu finden. So nähert er sich hier bereits weitgehend dem Stil seiner drei letzten Symphonien, d. h. seine Tonsprache beginnt, kosmopolitische Wege einzuschlagen, ohne dabei auf das folkloristische Idiom der Heimat zu verzichten. In dem Werk machen sich gewisse Einflüsse Schumanns geltend, dessen 3. Symphonie von Tschaikowsky vor allem geschätzt wurde. Auch er gestaltete seine Dritte in fünf Sätzen wie der deutsche Romantiker seine „Rheinische“, und auch das Werk des russischen Meisters ist von fröhlichem und beschwingtem Charakter. Die trauermarschartige Einleitung mündet durch eine Accelerando-Überleitung in den Allegro-Teil, bei dem einem festlich strahlenden Hauptgedanken ein russisch gefärbtes Moll-Seitenthema gegenübergestellt ist. Bemerkenswert ist die kunstvolle kontrapunktische Ausstattung der Durchführung. Der Ausdrucksgehalt der übrigen Sätze wird allein schon durch ihre Überschriften gekennzeichnet. So ist der „Alla tedesca“

betitelte 2. Satz auf einer stilisierten deutschen Tanzweise, einer ländlerartigen Melodie, aufgebaut. In ähnlicher Weise wird durch die Tempobezeichnung Andante elegiaco der Stimmungsgehalt des 3. Satzes mit seinem bald versonnenen, bald blühend aufrauschenden Melos definiert. Der in durchbrochenem Stil gestaltete virtuose und in der Ausführung technisch schwierige Scherzo-Hauptsatz sowie der punktierte Marschrhythmus des Trio-Themas weisen wieder auf Schumanns Patenschaft. Von pikanter Wirkung ist das Modulieren des Trio-Themas nach verschiedenen Tonarten im Wechselspiel zwischen Holzbläsern und Streichern über dem durchlaufend gehaltenen Orgelpunkt D des Horns. Im Finale tritt schließlich das slawische Element auf den Plan. Eine feurige Polonaise in Rondoform, deren 2. Thema, nach einem durchführungsartigen Fugato über den Hauptthema-Kopf, bei seiner Wiederkehr vor der Satz-Coda prunkhaft gesteigert erscheint, schließt das Werk triumphal ab.

Formübersicht:

1. Satz (Sonatensatzform/Haupttonart d-moll — D-dur)

Einleitung: T. 1—79

Exposition: T. 80—207

1. Gr. T. 80—142: H. T. 80—83

Zwischensatz T. 95—126 (mit einem selbständigen Nebengedanken);
Wiederholung des H. und Überleitung T. 127—142

2. Gr. T. 143—173: H. T. 143—146

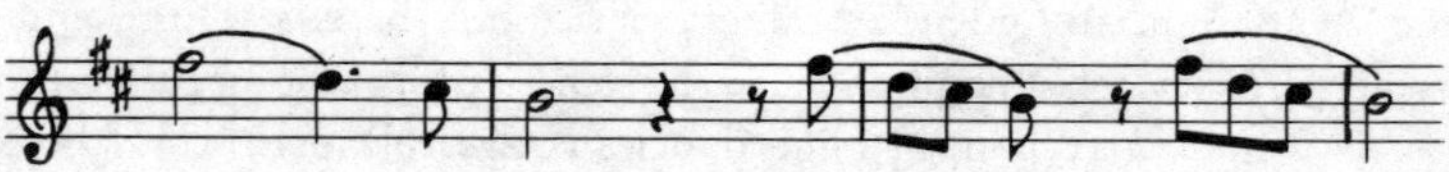

3. Gr. T. 174—197: H. T. 176—177

Epilog T. 198—207

Durchführung: T. 208—307

Reprise: T. 308—420

Satz-Coda: T. 421—472

2. S a t z (Menuettform/Haupttonart B-dur; Trio g-moll)
Hauptsatz: T. 1—82: H. T. 3—10

Trio: T. 83—153: H. T. 83—87

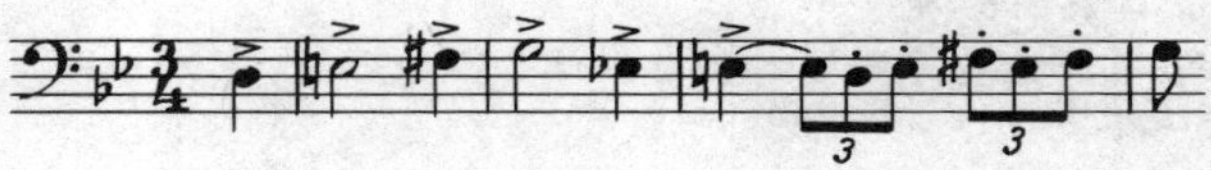

Reprise des Hauptsatzes: T. 154—233
Satz-Coda: T. 234—289

3. S a t z (Sonatensatzform ohne Durchführung/Haupttonart d-moll — D-dur)
Exposition: T. 1—79
1. Gr. T. 1—34: H. T. 1—8

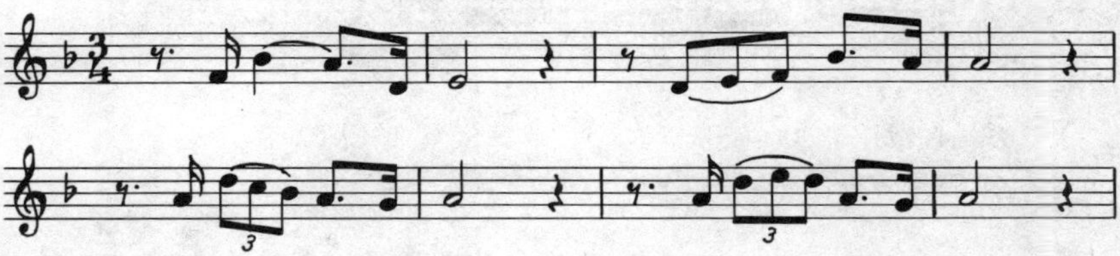

Zwischensatz T. 9—34
2. Gr. T. 35—67: H. T. 35—40

Epilog T. 68—79; Überleitung T. 80—89
Reprise: T. 90—147
Satz-Coda: T. 148—182

4. S a t z (Scherzo/Haupttonart h-moll; Trio g-moll)
Hauptsatz: T. 1—136: H. T. 5—12

Trio: T. 137—259: H. T. 138—145

Reprise des Hauptsatzes: T. 260—395
Satz-Coda: T. 396—439
5. S a t z (Rondoform/Haupttonart D-dur)
Hauptgruppe: T. 1—34: H. T. 1—7

Überleitung T. 35—65
1. Zwischengruppe: T. 66—100: H. T. 66—73

Überleitung T. 101—110
1. Reprise der Hauptgruppe: T. 111—117
2. Zwischengruppe: T. 118—157: H. T. 118—123

2. Reprise der Hauptgruppe: T. 158—177
3. Zwischengruppe: T. 178—254 (durchführungsartiges Fugato über den H.-Kopf)
Reprise der 1. Zwischengruppe: T. 255—273
3. Reprise der Hauptgruppe: T. 274—301 (nur H.-Kopf)
Satz-Coda: T. 302—350

4. SYMPHONIE

f-moll op. 36

(Meinem besten Freunde)

Sätze: Andante sostenuto-Moderato con anima/Andantino in modo di canzone/Scherzo: Pizzicato ostinato (Allegro)/Finale (Allegro con fuoco)
Orchester: 2 Fl., 1 Picc., 2 Ob., 2 Kl., 2 Fag., 4 Hr., 2 Trp., 3 Pos., 1 Bt., P., Schl., Str.
Aufführungsdauer: ca. 41 Minuten
Verlag: P. Jürgenson, Moskau; Brucknerverlag (Alkor-Edition)

Geschichtliches

Im Jahre 1877 traten zwei Frauen in Tschaikowskys Lebenskreis, von denen die eine durch ihr großzügiges Mäzenatentum einen entscheidenden Wendepunkt in seiner künstlerischen Laufbahn herbeiführte, die andere ihn aber über längere Zeit in eine schwere Krise seelischer Nöte stürzte. Letztere war seine Schülerin Antonia Iwanowna Miljukowa, die im Mai 1877 dem Komponisten in einem Brief ihre Liebe erklärte und den Wunsch äußerte, ihn zu heiraten. Obwohl er dem Mädchen offen bekannte, daß er Frauen gegenüber keine anderen Gefühle als höchstens Sympathie und Dankbarkeit aufbringen könne, willigte der weiche Peter Iljitsch schließlich doch in eine Eheschließung ein, die am 18. Juli 1877 stattfand. Das Zusammenleben mit seiner jungen Frau führte rasch zu einem schweren Nervenzusammenbruch, der den sensiblen Musiker beinahe zum Selbstmord getrieben hätte. Die Rettung aus seiner mißlichen Lage brachte ihm eine sechsmonatige Reise ins Ausland, während der bei längeren Aufenthalten in der Schweiz (Clarens) und in Italien (Venedig, San Remo, Florenz) sein seelisches Gleichgewicht durch die Beschäftigung mit neuen Werken, insbesondere mit der 4. Symphonie und mit der Oper „Eugen Onegin", allmählich wiederhergestellt wurde. Obwohl Tschaikowsky 1881 von einem Ehebruch seiner Frau Kenntnis erhalten hatte, verzichtete er auf die zuerst angestrebte Scheidung. Er sorgte sogar bis zu seinem Tode für ihren Lebensunterhalt. Antonia Iwanowna kam 1896 ins Irrenhaus und ist 1917 gestorben. Auch die Kontaktaufnahme mit jener anderen Frau: Nadeshda Philaretowna von Meck war auf brieflichem Weg erfolgt (Dezember 1876). Aus der anschließend angebahnten regen Korrespondenz entwickelte sich ein echtes Freundschaftsverhältnis, das bis Oktober 1891, zwei Jahre vor Tschaikowskys Tod, bestehen blieb. Auf gegenseitigen Wunsch haben die beiden nie ein Wort miteinander gesprochen; sie haben sich lediglich einige Male aus der Entfernung gesehen. Nadeshda Philaretowna, die aus kleinen Verhältnissen stammte, war die Gattin des vermögenslosen deutschbaltischen Adeligen Karl Georg Otto v. Meck, der zunächst eine bescheidene Beamtenstellung bekleidete. Als die Familie immer größer wurde — der Ehe sind insgesamt zwölf Kinder entsprossen —, veranlaßte die ebenso kluge wie energische Frau ihren Mann, eine einträglichere Position bei einer Privatbahn-Gesellschaft anzunehmen. Nach seinem Tod (1876) hinterließ v. Meck ein großes Vermögen, das der Witwe und ihren Kindern nicht nur ein behagliches Leben mit Dienerschaft ermöglichte, sondern Nadeshda auch in die Lage versetzte, finanzielle Aufwendungen für ihre musikalischen Interessen machen zu können. So verpflichtete sie für sich zum Musizieren auf Empfehlung Nikolaj Rubinsteins den Geiger Joseph Josefowitsch Kotek, der ein Freund Tschaikowskys war. Der Meister war zu ihrem musikalischen Idol geworden, seit sie dessen Phantasie-Ouverture „Der Sturm" gehört hatte. Von Kotek erfuhr sie, daß Tschaikowsky öfter mit Geldschwierigkeiten zu kämpfen habe. Daher wandte sie sich zunächst mit einigen musikalischen Aufträgen (Arrangements) an ihn, die sie ihm fürstlich honorierte. Im Lauf der Zeit machte sie ihm größere finanzielle Zuwendungen; schließlich setzte sie ihm ab Oktober 1877 ein festes Jahresgehalt von 6000 Rubel aus. Tschaikowsky konnte daraufhin seine Lehrtätigkeit am Moskauer Konservatorium aufgeben (Oktober 1878) und nur mehr seinem kompositorischen Schaffen leben. Der reiche briefliche Gedankenaustausch mit der acht Jahre älteren Freundin befaßte sich mit musikalischen, literarischen, religiösen und politischen Fragen. Er ist nicht ohne Einfluß auf die künstlerische Weiterentwicklung des Komponisten geblieben. Als erste Frucht einer gesteigerten schöpferischen Potenz kann die 4. Symphonie angesehen werden, die der Meister zeitlebens als eines seiner besten Werke bezeichnet hat. Die Komposition wurde im März 1877 begonnen, im Mai wurde die Skizze abgeschlossen. Die Instrumentierung, die parallel mit der Arbeit an der Oper „Eugen Onegin" vorgenommen wurde, war am 7. Januar 1878 fertiggestellt. Am darauffolgenden Tag kaufte sich Tschaikowsky in Mailand ein Metronom, trug die genauen Tempobezeichnungen in die Partitur ein und schickte sie nach Moskau. Während der Komponist in Florenz weilte, brachte Nikolaj Rubinstein das Werk am 10. Februar 1878 in Moskau zur Uraufführung. In einem Telegramm drückte Nadeshda Philaretowna dem Meister ihre Bewunderung und Begeisterung aus, dagegen enthielt Rubinsteins Telegramm ohne jeden weiteren Kommentar lediglich die Nachricht, daß die Uraufführung stattgefunden habe. In der Tat hatte die Vierte eine nur laue Aufnahme gefunden, und erst neun Monate später, nach der erfolgreichen Aufführung in St. Petersburg unter E. Naprawnik, hat sie ihren Siegeszug in die Welt angetreten. Tschaikowsky versah die Symphonie mit der anonymen Widmung „Meinem besten Freunde“, worunter Nadeshda v. Meck gemeint war. Das Werk wurde 1878 vom Verlag P. Jürgenson veröffentlicht.

Stilistische Stellung

Bei der 4. Symphonie legte Tschaikowsky erstmals in seinem symphonischen Schaffen dem musikalischen Ausdruck eine bestimmte dichterische Idee zugrunde: das Problem Mensch und Schicksal, mit dem er sich auch noch bei seinen beiden darauffolgenden Symphonien in der Sprache der Töne auseinandergesetzt hat. Hinsichtlich der Gestaltung seiner Vierten schrieb er an seinen Schüler Tanejew: „Im Grunde ist meine Symphonie eine Nachbildung der 5. Symphonie Beethovens, d. h. nicht etwa in bezug auf ihren musikalischen Inhalt, sondern der Idee nach ... und wenn Sie mich nicht verstanden haben, so folgt daraus, daß ich kein Beethoven bin, woran ich auch nie gezweifelt habe.“ In einem Brief an Frau v. Meck, in welchem er ausführlich den Inhalt des Werkes erläuterte, bezeichnete er das Schicksal als „jene verhängnisvolle Macht, die unser Streben nach Glück nicht verwirklichen läßt, die eifersüchtig darüber wacht, daß Glückseligkeit und Friede nicht voll und wolkenlos sei, die wie Damokles’ Schwert über unserem Haupte hängt und ständig die Seele vergiftet. Diese Macht ist unbesiegbar und unentrinnbar. Uns bleibt nichts übrig als Ergebung und fruchtlose Sehnsucht.“ — „Die Einleitung ist das Samenkorn der ganzen Symphonie, der Haupteinfall, von dem alles abhängt.“ Der hämmernde Rhythmus des Themas symbolisiert das „Fatum, das Schicksal“. In dem anschließenden Allegro mit seinem melancholischen Walzerthema, das eine leidenschaftliche Durchführung erfährt, machen sich „Freudlosigkeit und Hoffnungslosigkeit ... immer stärker, immer quälender“ breit, bis „wenigstens ein süßer und zärtlicher Traum erwacht“. — „Alles Finstere, Freudlose ist vergessen.“ Auf dem Höhepunkt des Glücksgefühls reißt das Erklingen des unerbittlichen Schicksalsmotivs die Seele aus diesen Träumen in die rauhe Wirklichkeit zurück. So besteht das ganze Leben aus einem unablässigen Wechsel zwischen Realität und Traum. Auch der 2. Satz hat schwermütigen Charakter, der gleich zu Anfang durch eine elegische Oboenmelodie zum Ausdruck gebracht wird. „Erinnerungen brechen in Mengen auf uns ein“, Erinnerungen an die Jugendzeit, an schöne und an schwere Tage. Die Vergänglichkeit alles Irdischen kommt zum Bewußtsein, „wir möchten das Leben nicht wieder von vorne beginnen, denn es hat uns zermürbt“. — „Und doch, wie süß ist es, sich in die Vergangenheit zu versenken ...“ Die aparte Wirkung des Scherzos beruht vor allem auf dem genialen Instrumentationseinfall des Pizzicato-ostinato. Das dynamisch fein abgestufte Zupfen der Streicher, an dem den ganzen Satz über festgehalten wird, zeichnet trefflich die „abgerissenen Bildfetzen jener Art, wie sie uns beim Einschlafen durch den Sinn huschen“. So erwecken die zwischen die Pizzicatopartien gestreuten Bläserepisoden, wie die Gassenhauermelodie der Holzbläser und die vom Blech im Pianissimo vorgetragene Marschweise, „das vergessene Bild betrunkener Bäuerlein“ bzw. die Illusion eines „irgendwo in der Ferne vorüberziehenden‘ militärischen Aufzugs“. Die gemarterte Seele sucht Ablenkung und Zerstreuung bei einem Volksfest, das im Finale durch die wirbelnden Sechzehntelpassagen und durch das fröhliche Marschthema symbolisiert ist. Doch die traurige Stimmung, charakterisiert durch die melancholische Melodie des Volksliedes „Ein Birkenbaum stand auf dem Feld“, drängt sich zwischendurch immer wieder in den Vordergrund. Das Thema erfährt eine mächtige Steigerung, bis schließlich drohend das Schicksalsmotiv aufklingt. Aber angesichts der naiven Lebenslust fröhlicher Menschen setzt sich eine optimistische Auffassung durch: „Man kann das Leben doch ertragen“. Sie findet in dem beschwingten und strahlenden Abschluß des Werkes ihren stilisierten musikalischen Ausdruck.

Formübersicht:

1. Satz (Sonatensatzform/Haupttonart f-moll)

Einleitung: T. 1—26: Th. T. 1—4 (Schicksalsmotiv)

Exposition: T. 27—192

1. Gr. T. 27—115: H. T. 27—35

Zwischensatz T. 53—115

2. Gr. T. 116—133: H. T. 116—118 (kombiniert mit einem kantablen Nebenthema)

Epilog T. 134—192
Durchführung: T. 193—283
Reprise: T. 284—354 (verkürzt)
Satz-Coda: T. 355—422 (mit einem selbständigen Nebengedanken T. 365—380 und mit dem H.-Kopf in der Vergrößerung T. 402—411)

2. S a t z (Dreiteilige Liedform/Haupttonart b-moll)
Hauptsatz: T. 1—125: 1. Th. T. 1—21

2. Th. T. 41—49

Mittelsatz: T. 126—198: H. T. 126—133

Reprise des Hauptsatzes: T. 199—290
Satz-Coda: T. 290—304

3. S a t z (Scherzo/Haupttonart F-dur; Trio A-dur — Des-dur)
Hauptsatz: T. 1—132: H. T. 1—8

Trio: T. 133—217: 1. Th. T. 136—140

2. Th. T. 170—177

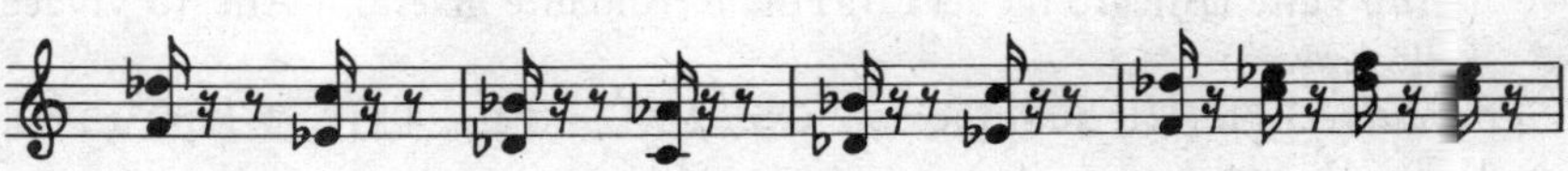

Reprise des Hauptsatzes: T. 218—348
Satz-Coda: T. 349—414

4. Satz (Rondoform/Haupttonart F-dur)
Hauptgruppe: T. 1—8: H. T. 1—4

1. Zwischengruppe: T. 9—29: H. T. 10—17

1. Reprise der Hauptgruppe: T. 30—37
2. Zwischengruppe: T. 38—59: H. T. 38—41

1. Reprise der 1. Zwischengruppe: T. 60—118 (durchführungsartig erweitert)
2. Reprise der Hauptgruppe: T. 119—126
Reprise der 2. Zwischengruppe: T. 127—148
2. Reprise der 1. Zwischengruppe: T. 149—198
Einschub des Einleitungsthemas der Symphonie (Schicksalsmotiv) und Rückleitung T. 199—248
3. Reprise der Hauptgruppe: T. 249—256
Satz-Coda: T. 257—293

5. SYMPHONIE

e-moll op. 64

(Theodor Ave-Lallement)

Sätze: Andante-Allegro con anima/Andante cantabile, con alcuna licenza/Valse (Allegro moderato)/Finale (Andante maestoso-Allegro vivace [alla breve])
Orchester: 3 Fl. (III. auch Picc.), 2 Ob., 2 Kl., 2 Fag., 4 Hr., 2 Trp., 3 Pos., 1 Bt., P., Str.
Aufführungsdauer: ca. 50 Minuten
Verlag: P. Jürgenson, Moskau; Br. & H.; Brucknerverlag (Alkor-Edition)

Geschichtliches

Nach der Vierten trat bis zur Entstehung der 5. Symphonie in Tschaikowskys symphonischem Schaffen eine Pause von elf Jahren ein, wenn man von der 1885 komponierten „Manfred"-Symphonie absieht, die nach dem Vorbild von Berlioz' „Symphonie phantastique" und Liszts „Faust"-Symphonie gestaltet worden war und die daher zu den Programmusik-Werken des Meisters zu zählen ist. Tschaikowsky begann mit der Arbeit an seiner Fünften am 18. Mai 1888 auf seinem Landsitz in Frolowskoje; am 22. Juni war die Skizze abgeschlossen. Anschließend wurde die Instrumentierung vorgenommen, und am 14. August berichtete der Komponist Frau v. Meck, daß die Symphonie fertig sei. Die Uraufführung erfolgte in einem Konzert der Philharmonischen Gesellschaft, St. Petersburg unter der Leitung des Komponisten am 5. November 1888. Der Beifall war groß, wenngleich es nicht an kritischen Stimmen fehlte, die der Zweiten und der Vierten den Vorzug einräumten. Aber auch der Komponist selbst äußerte sich von Zeit zu Zeit, daß die 4. Symphonie an künstlerischem Wert die Fünfte überrage. Und doch war es neben der Pathétique in erster Linie die 5. Symphonie, die Tschaikowskys Weltruhm begründete. Das Werk wurde unmittelbar nach der Uraufführung vom Verlag P. Jürgenson veröffentlicht. Tschaikowsky widmete es dem Präsidenten der Philharmonischen Gesellschaft, Hamburg, Theodor Avé-Lallement, einem Verehrer seiner Kunst, der ihn, wenn auch vergeblich, zu überreden suchte, sich in Deutschland niederzulassen.

Stilistische Stellung

In der zwischen der Entstehung der 4. und 5. Symphonie liegenden Zeit hatte Tschaikowsky eine Reihe bedeutender Werke komponiert (u. a. vier Opern, das Violinkonzert op. 35, das 2. Klavierkonzert G-dur, vier Orchestersuiten, die Streicherserenade, die „Manfred"-Symphonie), an denen sich sein Eigenstil allmählich bis zur Vollreife entwickeln konnte. Auch der 5. Symphonie liegt als poetische Idee das Schicksalsproblem zugrunde. Musikalisch ist dieser Leitgedanke noch deutlicher als bei der Vierten zum Ausdruck gebracht, weil das markante Thema, das die Symphonie einleitet und das von Tschaikowsky als ein Motiv der „vollständigen Beugung vor dem Schicksal, dem unergründlichen Walten der Vorsehung" bezeichnet wurde, in allen vier Sätzen erscheint. Dabei weist es eine verschiedenartige, dem jeweiligen Satzinhalt entsprechende Physiognomie auf: fahl und düster in der Einleitung des Werkes, kämpferisch im 2. Satz, resigniert am Schluß des Walzers (in origineller Form durch die synkopierte Gestaltung) und triumphal in Dur zu

Beginn und in der Coda des Finales. Die Ausdruckswelt des Werkes spannt einen weiten Bogen, angefangen von der zarten Lyrik des 2. Satzes mit seinem berühmten Hornthema bis zu asiatischer Wildheit, wie sie in den leidenschaftlichen und urwüchsigen Partien der Ecksätze in Erscheinung tritt. Bei dem 3. Satz macht sich, wie der Titel „Valse" andeutet, französischer Einschlag nach dem Vorbild des von Tschaikowsky so sehr geschätzten Delibes geltend. So werden in farbenreicher Gestaltung die verschiedensten Stimmungen einander gegenübergestellt. Eine ausführliche Erläuterung wie bei der Vierten hat der Meister zu seiner 5. Symphonie nicht gegeben. Es haben sich lediglich einige programmatische Bemerkungen zum 1. und 2. Satz in einem im Tschaikowsky-Museum zu Klin aufbewahrten Notizbuch gefunden: I) Murren, Zweifel, Klagen, Vorwürfe gegenüber † † †. II) Soll ich mich dem Glauben in die Arme werfen? ? ?

Formübersicht:

1. Satz (Sonatensatzform/Haupttonart e-moll)

Einleitung: T. 1—37: Th. T. 1—8 (Schicksalsmotiv)

Exposition: T. 38—213

1. Gr. T. 38—115: H. T. 42—49

Zwischensatz T. 66—115

2. Gr. T. 116—169: H. T. 116—119

3. Gr. T. 170—197: H. T. 170—173

Epilog T. 198—213

Durchführung: T. 214—320

Reprise: T. 321—470

Satz-Coda: T. 471—542

2. S a t z (Dreiteilige Liedform/Haupttonart D-dur)
Hauptsatz: T. 1—65: 1. Th. T. 9—24

2. Th. T. 45—48

Mittelsatz: T. 66—107: H. T. 67—70

Einschub des Schicksalsmotivs T. 99—107
Reprise des Hauptsatzes: T. 108—157
Satz-Coda: T. 158—184 (beginnt mit dem Schicksalsmotiv)
3. S a t z (Scherzoform/Haupttonart A-dur; Trio fis-moll)
Hauptsatz: T. 1—72: H. T. 1—8

Trio: T. 73—144: H. T. 73—76

Reprise des Hauptsatzes: T. 145—213
Satz-Coda: T. 214—266 (Einschub des Schicksalsmotivs T. 241—255)

4. S a t z (Sonatensatzform/Haupttonart e-moll — E-dur)
Einleitung: T. 1—57 (Schicksalsmotiv in Dur)
Exposition: T. 58—171
1. Gr. T. 58—127: H. T. 58—66

Zwischensatz T. 82—127
2. Gr. T. 128—155: H. T. 128—135

Epilog T. 156—171
Durchführung: T. 172—295
Reprise: T. 296—435
Satz-Coda: T. 436—565 (breit angelegt; im Mittelteil Schicksalsmotiv in Dur T. 474—496)

6. SYMPHONIE
h-moll op. 74
„Pathétique“
(Wladimir Lwowitsch Dawidow)

Sätze: Adagio-Allegro non troppo/Allegro con grazia/Allegro molto vivace/ Finale (Adagio lamentoso)
Orchester: 3 Fl. (III. auch Picc.), 2 Ob., 2 Kl., 2 Fag., 4 Hr., 2 Trp., 3 Pos., 1 Bt., P., Schl., Str.
Aufführungsdauer: ca. 45 Minuten
Verlag: P. Jürgenson, Moskau; Br. & H.; Brucknerverlag (Alkor-Edition)

Geschichtliches

Die 6. Symphonie stellt nach Tschaikowskys eigenen Worten den Gipfel in seinem Schaffen dar, sie ist aber auch gleichzeitig sein Schwanengesang; denn der Komponist starb, neun Tage nach der Uraufführung des Werkes, am 25. Oktober 1893 an der Cholera. In den letzten Jahren seines Lebens befand sich Tschaikowsky auf der Höhe seines Ruhmes. Seine Konzerttätigkeit führte ihn als Dirigent nicht nur in die europäischen Hauptstädte, sondern auch nach New York. Überall wurde er gefeiert; die Universität Cambridge verlieh ihm die Würde eines Ehrendoktors (13. Juni 1893), und auch sonst wurde er mit Auszeichnungen überhäuft. Daneben waren bedeutende Werke entstanden, u. a. die Oper „Pique Dame“ und die Ballette „Dornröschen“ und „Der Nußknacker“. Aber auch Kümmernisse blieben dem Meister in dieser Zeit nicht erspart. Den größten Schmerz bereitete ihm die herbe Enttäuschung mit Nadeshda v. Meck, die im Oktober 1891 ihren über vierzehn Jahre geführten Briefwechsel plötzlich abbrach mit der Begründung, sie könne wegen der Verschlechterung ihrer Finanzen den jährlichen Zuschuß nicht mehr geben. Wie Tschaikowsky in Erfahrung bringen konnte, entsprach der Vorwand durchaus nicht den Tatsachen, und es konnte nie geklärt werden, was in Wirklichkeit die eigenwillige Dame zu ihrem Schritt veranlaßt hatte. Am 17. Mai 1892 bezog der Komponist ein Haus in Klin, das nach seinem Tod von seinem Bruder Modest angekauft und zu einem Tschaikowsky-Museum ausgestaltet wurde. Hier beschäftigte sich der Meister zunächst mit einer neuen Symphonie, die er jedoch nicht vollendete. Einen Teil des Themenmaterials verwandte er später für sein 3. Klavierkonzert in Es-dur, das ebenfalls unvollendet geblieben ist. Die Arbeit an der Pathétique begann er am 16. Februar 1893 in Klin. Das Werk wurde in der Skizze am 5. April abgeschlossen. Die Instrumentierung nahm der Komponist im August vor und Ende dieses Monats war die Partitur fertiggestellt. Tschaikowsky wollte das Werk ursprünglich „Eine Programm-Symphonie“ und dann lediglich „Symphonie Nr. 6“ betiteln. Modest schlug die Benennung „Tragische Symphonie“ vor, proponierte aber schließlich die Bezeichnung „Pathetische“, die der Meister akzeptierte. Die Sechste wurde am 16. Oktober 1893 in einem Konzert der Russischen Musikgesellschaft, St. Petersburg unter der Leitung des Komponisten uraufgeführt. Auch sie ist, ähnlich wie die Vierte und Fünfte, nicht sogleich verstanden worden; sie erzielte nicht mehr als einen Achtungserfolg. Tschaikowsky widmete das Werk seinem Neffen „Bobyk“ (Wladimir Lwowitsch Dawidow), der in den letzten Lebensjahren des Meisters neben Modest sein intimster Freund war. Die Pathétique wurde 1894 vom Verlag P. Jürgenson veröffentlicht.

Stilistische Stellung

Tschaikowsky legte auch seinem letzten symphonischen Werk die Schicksalsidee zugrunde, wenngleich bei der musikalischen Gestaltung im Gegensatz zu den beiden vorangegangenen Symphonien hier auf ein eigentliches Schicksalsthema verzichtet ist. Der Meister hat wiederholt geäußert, daß seine

Sechste ein Programm enthalte, „aber ein Programm von der Art, die jedem ein Rätsel bleibt", „ein Programm voll von subjektiven Gefühlsregungen"; „wer kann, mag es erraten", schrieb er an Bobyk. Der leidenschaftliche Kampf mit des Geschickes Mächten führt bei der Pathétique nicht, wie in der 4. und 5. Symphonie, zu einem Sieg des Willens zum Leben, sondern zu einem Resignieren im Tode. Die gewaltige Wirkung des Werkes resultiert aus einer großartigen musikalischen Erfindung einerseits und anderseits aus der kühnen und neuartigen formalen Gestaltung. Der 1. Satz mit seiner gegensätzlichen Melodik ist erfüllt von dramatischen Spannungen; auf dem Höhepunkt des symphonischen Kampfes erklingt, von Trompeten und Posaunen vorgetragen, der Choral der russischen Begräbnismesse; eine trauermarschartige Coda beschließt den Satz. Nun erfolgt eine von dem normalen Symphonie-Schema abweichende Anordnung der weiteren Sätze: zunächst kommt der sonst an dritter Stelle stehende tänzerische Satz, in Rußland der „Fünfviertel-Walzer" genannt, da er durchwegs im Fünfvierteltakt steht, und nach dem stürmischen Geschwindmarsch erklingt erst, als letzter Satz, das Adagio, das in einzigartiger Darstellung das langsame Erlöschen des diesseitigen Lebens und die Trauer des Abschieds zum Ausdruck bringt.

Formübersicht:

1. Satz (Sonatensatzform/Haupttonart h-moll—H-dur)

Einleitung: T. 1—18

Exposition: T. 19—160

1. Gr. T. 19—88: H. T. 19—23

Zwischensatz T. 50—88

2. Gr. T. 89—141: H. T. 89—100

Zwischensatz mit einem selbständigen Nebengedanken T. 101—129, anschließend Wiederholung des H.

Epilog T. 142—160

Durchführung: T. 161—244 (Choral der russischen Begräbnismesse T. 201—205)

Reprise: T. 245—334

Satz-Coda: T. 335—354

2. Satz (Dreiteilige Liedform/Haupttonart D-dur)
Hauptsatz: T. 1—56: H. T. 1—8

Mittelsatz: T. 57—95: H. T. 57—61

Rückleitung T. 81—95
Reprise des Hauptsatzes: T. 96—151
Satz-Coda: T. 152—178

3. Satz (Scherzoform/Haupttonart G-dur; Trio E-dur; Trio-Reprise G-du)
Hauptsatz: T. 1—70: H. T. 1—4

Trio: T. 71—138: H. T. 71—80

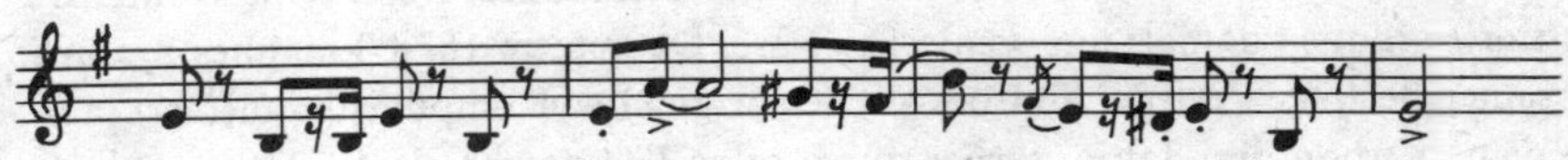

Reprise des Hauptsatzes: T. 139—228
Reprise des Trios: T. 229—315
Satz-Coda: T. 316—347

4. Satz (Dreiteilige Liedform/Haupttonart h-moll)
Hauptsatz: T. 1—36: H. T. 1—4

Mittelsatz: T. 37—89: H. T. 39—46

Reprise des Hauptsatzes: T. 90—146 (mit Steigerungswelle und Abgesang T. 108—146)
Satz-Coda: T. 147—171

ANTONÍN DVOŘÁK

* 8. September 1841 in Nelahozeves (Mühlhausen) a. d. Moldau,
† 1. Mai 1904 in Prag

Biographisches

Antonín Dvořák stammte aus beengten Verhältnissen. Sein Vater, Franz Dvořák, war Gastwirt und Metzger in dem nördlich von Prag an der Moldau gelegenen Dorf Nelahozeves. Die Mutter des Komponisten, Anna geb. Zdeněk, arbeitete dort bis zu ihrer Verheiratung als Dienstmagd auf dem Lobkowitzschen Schloß. Antonín mußte erst das Gewerbe seines Vaters erlernen. Während seiner Lehrzeit in dem Städtchen Zlonice konnte er bei dem Organisten und Lehrer Antonín Liehmann Unterricht in Klavier, Orgel und Theorie erhalten, und dieser war es auch, der Dvořáks Eltern zu bestimmen wußte, ihren hochbegabten Sohn auf die Orgelschule nach Prag zu schicken. Dort vervollkommnete Antonín 1857—59 seine musikalischen Kenntnisse bei K. Pitsch (Orgel), Fr. Blažek und J. Krejčí (Theorie). Anschließend folgten für Dvořák schwere Jahre künstlerischen und wirtschaftlichen Ringens, in denen er sich ein karges Brot als Organist, Privatmusiklehrer und als Bratscher in dem von Smetana geleiteten Orchester des Interimstheaters, des späteren Tschechischen Nationaltheaters, verdienen mußte. Denn seine Kompositionen fanden damals nur wenig Interesse. Da machte 1878 Johannes Brahms seinen Berliner Verleger Simrock auf den originellen Komponisten aufmerksam, dem er schon drei Jahre vorher durch seine Fürsprache ein Staatsstipendium von 400 Gulden verschafft hatte. Simrock veröffentlichte die von Brahms empfohlenen Duette „Klänge aus Mähren“ und bestellte bei Dvořák gleichzeitig einen Zyklus ,,Slawische Tänze“. Durch diese schicksalhafte Wendung öffnete sich dem tschechischen Komponisten das Tor zur großen Welt. Zwischen Brahms und Dvořák entwickelte sich eine dauernde und herzliche Künstlerfreundschaft. Der deutsche Meister setzte sich nachdrücklich für die Aufführung Dvořákscher Werke bei namhaften Interpreten, wie Hans v. Bülow und Joseph Joachim, ein. Dvořáks Schaffen erstreckte sich auf alle Gebiete der Tonkunst. Den gewichtigsten Teil stellen wohl seine Instrumentalkompositionen dar, unter denen hinsichtlich des künstlerischen Wertes seine neun Symphonien an der Spitze stehen. Zunächst übten auf Dvořáks symphonische Gestaltung lange Zeit die Werke der großen Meister (Haydn, Mozart, Beethoven, Schubert, Schumann, Liszt und Wagner) einen dominierenden Einfluß aus. Mit zunehmender Reife entwickelte Dvořák durch die Verbindung dieser Einwirkungen mit Elementen der heimatlichen Volksmusik einen starkprofilierten Eigenstil. Auf diese Weise ist er, der nach seinen eigenen Worten zeitlebens „ein schlichter tschechischer Musikant" geblieben ist, neben Smetana zum Begründer der national-tschechischen Kunstmusik geworden.

1. SYMPHONIE
c-moll
„Zlonitzer Glocken" [„Zlonické zvoni"]

Sätze: Allegro/Adagio molto/Allegretto/Finale (Allegretto)
Orchester: 2 Fl., 1 Picc., 2 Ob., 1 Eh., 2 Kl., 2 Fag., 4 Hr., 2 Trp., 3 Pos., P., Str.
Aufführungsdauer: ca. 40 Minuten
Verlag: Staatsverlag für Schöne Literatur, Musik und Kunst, Prag (Akkor-Edition)

Geschichtliches

Anfang der siebziger Jahre hat Dvořák in einer Zeit schöpferischer Krisen einen Teil seiner Frühwerke vernichtet. Unter den Jugendkompositionen, die erhalten geblieben sind, befinden sich auch zwei Symphonien. Die 1. Symphonie in c-moll ist in der Zeit vom 14. Februar bis 24. März 1865 entstanden. Der Partitur widerfuhr ein ungewöhnliches Schicksal. Als Dvořák sie in späteren Jahren unter seinen Manuskripten nicht auffinden konnte, glaubte er, das Werk vernichtet zu haben. Dadurch kam es, daß er bei der Zählung seiner Symphonien seine Zweite in B-dur als Symphonie Nr. 1 bezeichnet hat. Im Jahre 1882 tauchte die Partitur der c-moll-Symphonie in einem Leipziger Antiquariat auf, wo sie von dem Universitätsprofessor Dr. Rudolf Dvořák erworben wurde. Dieser war mit dem Komponisten nicht verwandt. Er verständigte ihn auch nicht von dem Kauf, so daß Antonín Dvořák von der Auffindung seiner c-moll-Symphonie keine Kenntnis erhielt. Lange nach dem Tod des Komponisten entdeckte im Jahre 1923 der Geiger J. Feld das Manuskript bei dem Sohn des Professors Dvořák. Das Werk wurde aber auch dann noch nicht veröffentlicht. Auf diese Weise ist die c-moll-Symphonie erst am 4. Oktober 1936 am Landestheater in Brünn unter Milan Sachs zur Uraufführung gekommen. Die Partitur ist nunmehr im Druck erschienen (1961), und zwar bei dem Staatsverlag für Schöne Literatur, Musik und Kunst, Prag, der seit 1954 eine Gesamtausgabe unter der Leitung der ausgezeichneten Dvořák-Kenner Otakar Šourek († 1956) und František Bartoš veranstaltet. Den Vertrieb dieser Ausgabe besorgt das Prager Außenhandelsunternehmen für Ein- und Ausfuhr von Kulturwaren ,,Artia".

Stilistische Stellung

Die 1. Symphonie ist noch stark von den Vorbildern beeinflußt. Für die Konzeption des mit jugendlich-frischer Erfindungskraft und mit musikantischem Schwung gestalteten Werkes mag dem Komponisten vor allem Beethovens 5. Symphonie Anregungen gegeben haben. Die Bezeichnung „Zlonitzer Glocken“ ist zwar in dem Autograph nicht vermerkt, stammt aber der Überlieferung nach von Dvořák selbst. Sie hat keine programmatische Bedeutung, sondern weist lediglich darauf hin, daß der musikalische Gehalt des Werkes von einer poetischen Idee bestimmt ist, die aus der Erinnerung an seelische Erlebnisse während der Jugendzeit in Zlonice geboren war.

2. SYMPHONIE

B-dur op. 4

Sätze: Allegro con moto/Poco Adagio/Scherzo (Allegro con brio)/Finale (Allegro con fuoco)

Orchester: 2 Fl., 1 Picc., 2 Ob., 2 Kl., 2 Fag., 4 Hr., 2 Trp., 3 Pos., P., Str.

Aufführungsdauer: ca. 47 Minuten

Verlag: Staatsverlag für Schöne Literatur, Musik und Kunst, Prag (Alkor-Edition)

Geschichtliches

Die 2. Symphonie wurde ebenfalls im Jahre 1865 komponiert, und zwar in der Zeit vom 1. August bis 9. Oktober. Da dem Komponisten die Partitur seiner 1. Symphonie in c-moll abhanden gekommen war und er glaubte, sie mit anderen Jugendwerken vernichtet zu haben, bezeichnete er die B-dur-Symphonie als seine Erste. Das Werk war Dvořák offenbar sehr am Herzen gelegen, denn er arbeitete es wiederholt um. Auf diese Weise erfolgte die Uraufführung erst am 11. März 1888 durch das Orchester des Tschechischen Nationaltheaters unter der Leitung von Adolf Čech am Rudolfinum in Prag. Die Symphonie wurde beifällig aufgenommen. Trotzdem ist sie zu Lebzeiten Dvořáks nicht im Druck erschienen. Sie wurde erst neuerdings (1959) im Rahmen der Gesamtausgabe bei dem Staatsverlag für Schöne Literatur, Musik und Kunst, Prag, veröffentlicht.

Stilistische Stellung

Auch bei der 2. Symphonie ist noch die Abhängigkeit von Vorbildern (Beethoven, Schubert, Richard Wagner) spürbar, wenngleich Scherzo und Finale vielfach originelle Züge aufweisen. Der Gehalt der Ecksätze ist von unbeschwertem Charakter, während die Kantilene des Langsamen Satzes Dvořáks feinen Sinn für den lyrischen Ausdruck offenbart. Durch die Fülle der musikalischen Gedanken ist das Werk ziemlich langatmig geraten, wobei Erfindungsreichtum und symphonisches Gestaltungsvermögen sich nicht immer die Waage halten.

3. SYMPHONIE
Es-dur op. 10

Sätze: Allegro moderato/Adagio molto, tempo di marcia/Finale (Allegro vivace)
Orchester: 2 Fl., 1 Picc., 2 Ob., 1 Eh., 2 Kl., 2 Fag., 4 Hr., 2 Trp., 3 Pos., 1 Bt., P., Triangel, Hrf., Str.
Aufführungsdauer: ca. 37 Minuten
Verlag: N. Simrock

Geschichtliches

Die Es-dur-Symphonie ist in der Zeit von April bis Juli 1873 entstanden. Sie gelangte am 30. März 1874 in einem Konzert der Prager Philharmonie unter der Leitung von Bedřich Smetana zur erfolgreichen Uraufführung. Darüber hinaus hat das Werk für Dvořák eine schicksalhafte Bedeutung gehabt. Das Wiener Kultusministerium erteilte seit 1863 in jedem Jahr ein Stipendium an „junge, mittellose und talentierte Künstler", an Dichter, Bildhauer und Musiker, die schon mit selbständigen Arbeiten hervorgetreten waren. Die Preisrichter, welche die eingereichten Kompositionen beurteilten, waren der Musikkritiker Dr. Eduard Hanslick, der Wiener Hofoperndirektor Johann Herbeck und Johannes Brahms. Im Jahre 1874 bewarb sich Dvořák um dieses Stipendium. Er legte die Partitur seiner 3. Symphonie der Prüfungskommission vor, die ihm hierfür einen Preis von 400 Gulden zuerkannte. Dvořák erhielt das Stipendium in den darauffolgenden Jahren noch viermal, er gewann sich aber vor allem einen Förderer und Freund in Brahms, der sich dafür einsetzte, daß der Name des böhmischen Musikers auch außerhalb der Grenzen seiner Heimat Beachtung und Geltung fand. Obwohl sich Dvořák immer wieder mit der Es-dur-Symphonie befaßt hatte, wurde sie erst 1911 aus dem Nachlaß des Komponisten vom Verlag N. Simrock veröffentlicht.

Stilistische Stellung

Erfolgreiche Aufführungen einiger seiner Werke in Prag, insbesondere die des nationalen Hymnus' „Die Erben des Weißen Berges" (Dědicové Bílé hory, März 1873) stärkten Dvořáks Vertrauen in seine Schaffenskraft. Dieser

Entwicklung ist auf symphonischem Gebiet ein bedeutendes Werk, die Es-dur-Symphonie, zu verdanken. Auch hier macht sich stellenweise bei der Thematik, vor allem aber bei der Harmonik und Instrumentation noch der Einfluß Richard Wagners geltend. Die Bezugnahme einzelner Themen auf das großangelegte Hauptthema des 1. Satzes entspricht dem zyklischen Gestaltungsprinzip Franz Liszts. Es sind aber bereits stärker als bisher eigene, nationale Züge vorhanden, die sich am eindringlichsten in der musikantischen Gestaltung des Finales der nur dreisätzigen Symphonie offenbaren.

4. SYMPHONIE
d-moll op. 13

Sätze: Allegro/Andante sostenuto e molto cantabile/Scherzo (Allegro feroce)/ Allegro con brio
Orchester: 2 Fl., 1 Picc., 2 Ob., 2 Kl., 2 Fag., 4 Hr., 2 Trp., 3 Pos., P., Schl., Hrf., Str.
Aufführungsdauer: ca. 41 Minuten
Verlag: N. Simrock

Geschichtliches

Etwa ein halbes Jahr nach Entstehung der Es-dur-Symphonie komponierte Dvořák in der Zeit vom 1. Januar bis 26. März 1874 seine 4. Symphonie. Von ihr wurde zunächst nur das Scherzo in einem Konzert des Akademischen Lesevereins, Prag, am 25. Mai 1874 unter der Leitung von Bedřich Smetana uraufgeführt. Die erste Aufführung der ganzen Symphonie erfolgte bei einem Dvořák-Abend am 6. April 1892 unter der Leitung des Komponisten in Prag. Auch die Vierte ist erst nach Dvořáks Tod aus dem Nachlaß 1912 vom Verlag N. Simrock veröffentlicht worden.

Stilistische Stellung

Die glückliche Zeit nach seiner Heirat (November 1873) mit der Altistin Anna Čermák, der Tochter eines Prager Goldschmieds, beflügelte Dvořáks Inspiration. Dazu wirkte das Schaffen Smetanas, der immer intensiver einen nationalen Stil kultivierte, befruchtend auf seine künstlerische Weiterentwicklung. So macht sich bei der vital-musikantischen ersten d-moll-Symphonie ein gewisser Stilwandel bemerkbar, der sich einerseits in einem deutlich wahrnehmbaren Abrücken von den Neuromantikern (Wagner, Liszt) und anderseits in einer klarer gegliederten formalen Gestaltungsweise im Sinne der klassisch-romantischen Richtung abzeichnet. Von frischem, vorwärtsdrängendem Charakter sind die Ecksätze; bei den Mittelsätzen steht einem harmonisch interessant gestalteten Variationensatz von melodischem Reichtum ein stürmisch bewegtes Scherzo mit einem rhythmisch energischen Marschthema im Trio gegenüber.

5. SYMPHONIE

F-dur op. 76 [ursprünglich op. 24]

(Hans v. Bülow)

Sätze: Allegro, ma non troppo/Andante con moto/Andante con moto, quasi l'istesso Tempo-Allegro scherzando/Finale (Allegro molto)

Orchester: 2 Fl., 2 Ob., 2 Kl. (II. auch Bkl.), 2 Fag., 4 Hr., 2 Trp., 3 Pos., P., Triangel, Str.

Aufführungsdauer: ca. 35 Minuten

Verlag: N. Simrock; Staatsverlag für Schöne Literatur, Musik und Kunst, Prag (Alkor-Edition)

Geschichtliches

Die F-dur-Symphonie ist in der kurzen Zeit vom 15. Juni bis 23. Juli 1875 entstanden. Das Werk wurde in einem „Slawischen Konzert" am 25. März 1879 durch das Orchester des Tschechischen Nationaltheaters unter der Leitung von Adolf Čech in Prag uraufgeführt. Es trug ursprünglich die Opuszahl 24. Bei seiner Veröffentlichung durch den Verlag Simrock im Jahre 1887 erhielt es die Bezeichnung 3. Symphonie op. 76. Der Verlag verfuhr hierbei ebenso wie bei der Drucklegung einer Reihe anderer Dvořákscher Werke: er veränderte aus geschäftlichen Gründen eigenmächtig die ursprüngliche Werkzahl in eine höhere, um zur Zeit des Erscheinens den Eindruck zu erwecken, es handle sich um das neueste Werk des Komponisten. 1960 erschien die 5. Symphonie im Rahmen der Gesamtausgabe bei dem Staatsverlag für Schöne Literatur, Musik und Kunst, Prag. Dvořák widmete seine Fünfte dem Dirigenten Hans v. Bülow, der in seinem Dankschreiben an den Komponisten bemerkte, die Widmung von ihm, „dem nächst Brahms gottbegnadetsten Tondichter der Gegenwart" sei „eine höhere Auszeichnung als irgendwelches Großkreuz seitens irgendwelches Fürsten".

Stilistische Stellung

Bei der 5. Symphonie war Dvořák gegenüber der vorangegangenen d-moll-Symphonie auf dem Weg zu einem national gefärbten persönlichen Stil wiederum einen Schritt weitergekommen. Auch sie ist in ihrer Erfindung von jugendlichem Feuer durchglüht. In den Ecksätzen wechseln kämpferische Partien mit Stellen von anmutigem, bisweilen idyllischem Charakter. Bemerkenswert ist, daß der 2. Satz, in dem ein melancholisches Hauptthema einem sonnigen zweiten Gedanken gegenübergestellt ist, den Charakter einer Dumka* hat, einer musikalischen Form, deren sich der Meister in seinem Schaffen wiederholt bedient hat. Die kurze langsame Einleitung des 3. Satzes knüpft thematisch an den 2. Satz an. Auf diese Weise scheint der Langsame Satz unmittelbar in das Scherzo überzugehen, das mit seiner pikanten Rhythmik bereits den Meister der „Slawischen Tänze" ankündigt. Das Finale fesselt nicht nur durch seinen leidenschaftlichen Ausdrucksgehalt, sondern auch durch eine Reihe interessanter Züge bei der symphonischen Gestaltung: das 1. Hauptthema wird im Verlauf einer längeren Präambel in a-moll aus einer Variante entwickelt. In der Durchführung ist das thematische Material phantasiereich verarbeitet, wobei vor allem die Klarinetten-Episode in As-dur von apartem Reiz ist. Schließlich verbindet sich zum Ausklang des Werkes das 1. Hauptthema des Finales mit dem Hauptthema-Kopf des 1. Satzes.

Formübersicht:

1. Satz (Sonatensatzform/Haupttonart F-dur)

Exposition: T. 1—192

1. Gr. T. 1—96: H. T. 1—14

Zwischensatz T. 45—96

2. Gr. T. 97—130: H. T. 97—104

Epilog T. 131—192

Durchführung: T. 195—328

Reprise: T. 329—472

Satz-Coda: T. 473—505

---

* Dumka ist eine in der kleinrussischen Musik beheimatete Liedform, die auf einer meist in Moll stehenden Volksweise mit lyrisch-elegischem Einschlag aufgebaut ist.

2. S a t z (Dreiteilige Liedform/Haupttonart a-moll)
Hauptsatz: T. 1—57: H. T. 1—11

Mittelsatz: T. 58—142: H. T. 58—65

Reprise des Hauptsatzes: T. 143—175
Satz-Coda: T. 175—201

3. S a t z (Scherzo/Haupttonart B-dur; Trio Des-dur)
Einleitung: T. 1—16
Hauptsatz: T. 17—195: H. T. 17—24

Trio: T. 196—324: H. T. 196—213

Reprise des Hauptsatzes: T. 17—195

4. S a t z (Sonatensatzform/Haupttonart F-dur)
Einleitung: T. 1—54: Th. T. 1—3 (a-moll-Variante des H. der 1. Gr.)

Exposition: T. 55—130
1. Gr. T. 55—92: H. T. 55—58

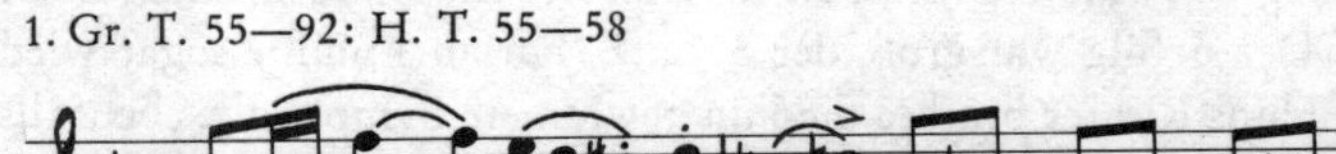

Zwischensatz T. 71—92
2. Gr. T. 93—116: H. T. 93—97

Epilog T. 117—130
Durchführung: T. 131—256
Reprise: T. 257—361
Satz-Coda: T. 362—415 (zum Abschluß die Köpfe der 1. H. des 1. und 4. Satzes kombiniert: T. 403—406)

6. SYMPHONIE
D-dur op. 60 [ursprünglich op. 58]
(Hans Richter)

Sätze: Allegro non tanto/Adagio/Scherzo, Furiant (Presto)/Finale (Allegro con spirito)
Orchester: 2 Fl. (II. auch Picc.), 2 Ob., 2 Kl., 2 Fag., 4 Hr., 2 Trp., 3 Pos., 1 Bt., P., Str.
Aufführungsdauer: ca. 40 Minuten
Verlag: N. Simrock; Staatsverlag für Schöne Literatur, Musik und Kunst, Prag (Alkor-Edition)

Geschichtliches

Gelegentlich der Aufführung seiner 3. Rhapsodie in Wien (November 1879) war Dvořák mit dem Dirigenten Hans Richter in Kontakt gekommen. Dieser gab dem Meister die Anregung, für die Wiener Philharmoniker eine Symphonie zu schreiben. Im darauffolgenden Jahr kam Dvořák Richters Wunsch nach und schrieb die Symphonie — seine Sechste — in der Zeit vom 27. August bis 15. Oktober 1880. Da die Wiener Philharmoniker jedoch nach einer Probe eine Aufführung des Werkes ablehnten, erfolgte die Uraufführung am 25. März 1881 durch das Orchester des Tschechischen Nationaltheaters unter der Leitung von Adolf Čech in einem Konzert des Akademischen Lesevereins in Prag. Der Erfolg war groß, der 3. Satz (Furiant) mußte sogar wiederholt werden. Hans Richter brachte die ihm gewidmete Symphonie, ebenfalls unter großem Beifall, am 15. Mai 1882 in London zur Aufführung, nachdem das Werk dort bereits einige Wochen vorher, am 22. April 1882, unter der Leitung von August Manns im Kristallpalast erklungen war. Auch Dvořák selbst dirigierte die Symphonie später mehrmals in England. Ende 1881 wurde die Sechste, die ursprünglich die Werkzahl 58 trug, vom Verlag Simrock als 1. Symphonie op. 60 veröffentlicht. In der Gesamtausgabe ist sie 1957 in dem Staatsverlag für Schöne Literatur, Musik und Kunst, Prag, erschienen.

Stilistische Stellung

In seiner „slawischen Periode“, d. i. die Zeit von 1878—80, in welcher neben Kammermusikwerken die drei „Slawischen Rhapsodien“ op. 45, der erste Zyklus der „Slawischen Tänze“ op. 46 und die „Tschechische Suite“ op. 39 entstanden sind, schrieb Dvořák als gewichtigste Werke das Violinkonzert in a-moll op. 53 und die D-dur-Symphonie op. 60. Letztere gehört, ähnlich wie die G-dur-Symphonie op. 88, zu den Werken des Meisters, bei denen die tschechische Folklore am stärksten ausgeprägt erscheint. Die einheitliche Ausstattung mit einer Thematik, die der heimatlichen Volksmusik entwachsen ist, sowie die Bezogenheit mancher Themen aufeinander bewirken trotz der Vielfalt der musikalischen Gedanken die organische Geschlossenheit der Symphonie. Dem Stilcharakter der „slawischen Periode“ ist am meisten das Scherzo angenähert, das in Form eines temperamentvollen Furiant* gestaltet ist. Einen wirkungsvollen Gegensatz zu den heiter beschwingten Ecksätzen schafft die feinsinnige Lyrik des Adagios mit seiner gefühlswarmen Melodik.

Formübersicht:

1. Satz (Sonatensatzform/Haupttonart D-dur)
Exposition: T. 1—190
1. Gr. T. 1—119: H. T. 6—10

Zwischensatz T. 23—119
2. Gr. T. 120—160: H. T. 120—123

Epilog T. 161—190
Durchführung: T. 191—328
Reprise: T. 329—479
Satz-Coda: T. 480—560

2. Satz (Dreiteilige Liedform/Haupttonart B-dur)
Hauptsatz: T. 1—103: H. T. 5—12

* Der Furiant ist ein böhmischer Nationaltanz in schnellem Tempo, mit scharfen Akzenten und in wechselnder Taktart.

Mittelsatz: T. 104—139
Reprise des Hauptsatzes: T. 140—182
Satz-Coda: T. 182—206
3. S a t z (Scherzo-Furiant/Haupttonart d-moll; Trio D-dur)
Hauptsatz: T. 1—153: H. T. 5—23

Trio: T. 154—288: H. T. 154—173

Reprise des Hauptsatzes: T. 289—439
4. S a t z (Sonatensatzform/Haupttonart D-dur)
Exposition: T. 1—114
1. Gr. T. 1—69: H. T. 1—7

Zwischensatz T. 48—69
2. Gr. T. 70—91: H. T. 70—73

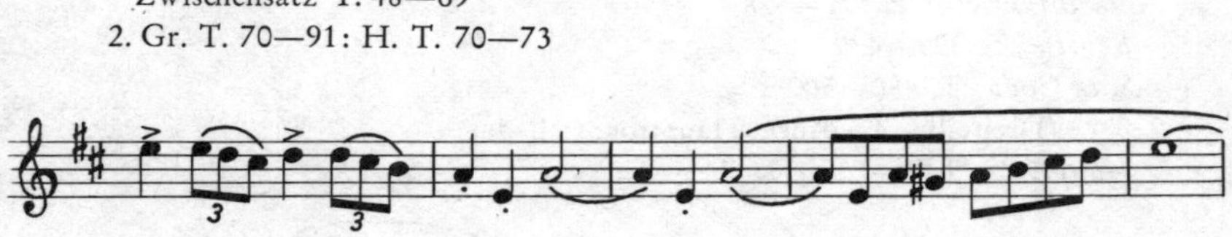

Epilog T. 92—114
Durchführung: T. 114—318
Reprise: T. 319—411
Satz-Coda: T. 411—564 (mit 1. Th. in der Vergrößerung)

7. SYMPHONIE
d-moll op. 70

Sätze: Allegro maestoso/Poco Adagio/Scherzo (Vivace)/Finale (Allegro)
Orchester: 2 Fl., 2 Ob., 2 Kl., 2 Fag., 4 Hr., 2 Trp., 3 Pos., P., Str.
Aufführungsdauer: ca. 37 Minuten
Verlag: N. Simrock; Staatsverlag für Schöne Literatur, Musik und Kunst, Prag (Alkor-Edition)

Geschichtliches

Höhepunkte in Dvořáks künstlerischer Laufbahn waren seine Konzertreisen nach England. Der Meister wurde insgesamt neunmal zu englischen Musikfesten eingeladen, wobei er nicht nur als Dirigent eigener Kompositionen großen Beifall fand, sondern ihm auch persönliche Auszeichnungen zuteil wurden, wie z. B. die Verleihung der Ehrendoktorwürde durch die Universität Cambridge (1891). Schon gleich bei seinem ersten Auftreten in London am 13. März 1884, als er sein Stabat Mater in Monsterbesetzung vor 12000 Zuhörern dirigierte, wurde er stürmisch gefeiert. Eine Woche darauf folgte im Kristallpalast eine Aufführung der D-dur-Symphonie, die Hans Richter bereits 1882 in London zu Gehör gebracht hatte. Gelegentlich seiner zweiten Englandreise dirigierte Dvořák am 11. September 1884 bei einem Musikfest in Worcester diese Symphonie nochmals. Angeregt durch die begeisterte Aufnahme des Werkes bestellte die Philharmonische Gesellschaft, London eine neue Symphonie. Dvořák schrieb sie, seine 7. Symphonie in d-moll, von Mitte Dezember 1884 bis 17. März 1885 und brachte sie am 22. April 1885 in St. James' Hall in London zur erfolgreichen Uraufführung. In Deutschland setzte sich Bülow nachdrücklich für die d-moll-Symphonie ein. Dvořák klebte auf die Titelseite des Autographs eine Photographie des Dirigenten und schrieb darunter: „Hoch! Du hast dieses Werk zum Leben erweckt." Die Siebente wurde erstmals im Jahr 1885 vom Verlag Simrock als 2. Symphonie op. 70 veröffentlicht. In der Gesamtausgabe ist sie 1955 in dem Staatsverlag für Schöne Literatur, Musik und Kunst, Prag, erschienen.

Stilistische Stellung

Die 7. Symphonie ist nach Inhalt und Ausdruck vielleicht die strengste, aber auch die künstlerisch wertvollste von den neun Symphonien des Meisters. Bindungen an das tschechische Volkslied sind hier so gut wie nicht vorhanden. Den Anreiz, sein Können auch einmal in dem pathetisch-dramatischen Stil großer Symphonik zu beweisen, dürfte dem Komponisten wohl eine Äußerung von Brahms gegeben haben, dessen Urteil und Ratschläge der böhmische Meister sehr respektierte. So schrieb er an seinen Verleger Simrock: „Die neue Symphonie beschäftigt mich schon lange, lange Zeit, aber es soll etwas Ordentliches kommen; denn ich will, daß Brahms' mir gegenüber geäußerten Worte: ‚Ich denke mir Ihre neue Symphonie noch ganz anders als die D-dur', nicht Lügen gestraft werden." In der Tat ist Dvořáks Bemühen, Brahms nachzueifern, in dem mit musikalischen Gedanken reich ausgestatteten Werk unverkennbar. Dem leidenschaftlichen Ausdruck der Ecksätze ist die blühende und gemütstiefe Melodik des romantisch gefärbten Langsamen Satzes gegenübergestellt. Von aufrüttelnder Wirkung ist der rhythmische Elan des Scherzos.

Formübersicht:

1. Satz (Sonatensatzform/Haupttonart d-moll)
Exposition: T. 1—114
1. Gr. T. 1—72: H. T. 3—7

Zwischensatz mit zwei selbständigen Nebengedanken T. 25—72
2. Gr. T. 73—96: H. T. 73—76

Epilog T. 97—114
Durchführung: T. 115—195
Reprise: T. 196—247 (verkürzt)
Satz-Coda: T. 248—314

2. Satz (Erweiterte Dreiteilige Liedform/Haupttonart F-dur)
Hauptsatz: T. 1—31: 1. Th. T. 1—8

2. Th. T. 11—16

Mittelsatz: T. 32—71: 1. Th. T. 32—35

2. Th. T. 44—48

Reprise des Hauptsatzes: T. 72—94 (ohne 1. Th.)
Satz-Coda: T. 95—110 (beginnt mit dem Kopf des 1. Th. des Hauptsatzes)

3. S a t z (Scherzo/Haupttonart d-moll; Trio G-dur)
Hauptsatz: T. 1—91: H. T. 1—8

Trio: T. 92—171: H. T. 92—96

Reprise des Hauptsatzes: T. 172—254

4. Satz (Sonatensatzform/Haupttonart d-moll)

Exposition: T. 1—147

1. Gr. T. 1—102: H. T. 1—8

Zwischensatz T. 66—102

2. Gr. T. 103—131: H. T. 103—107

Epilog T. 132—147

Durchführung: T. 148—280

Reprise: T. 281—360

Satz-Coda: T. 361—434

8. SYMPHONIE
G-dur op. 88
„Englische"

Sätze: Allegro con brio/Adagio/Allegretto grazioso/Allegro, ma non troppo

Orchester: 2 Fl. (II. auch Picc.), 2 Ob. (II. auch Eh.), 2 Kl., 2 Fag., 4 Hr., 2 Trp., 3 Pos., 1 Bt., P., Str.

Aufführungsdauer: ca. 35 Minuten

Verlag: Novello, London; Musikwissenschaftlicher Verlag, Leipzig; Staatsverlag für Schöne Literatur, Musik und Kunst, Prag (Alkor-Edition)

Geschichtliches

Dvořák arbeitete an seiner 8. Symphonie vom 26. August bis 8. November 1889. Das Werk ist auf seinem Sommersitz Vysoká bei Příbram, dem Lieblingsaufenthalt des Meisters entstanden, den er 1884 von seinem Schwager Graf Václav Kounic gekauft hatte. Der Komponist schrieb die Symphonie für seine Aufnahme in die Tschechische Kaiser-Franz-Joseph-Akademie. Die Uraufführung erfolgte bei dem 13. Populären Konzert der Künstlerresource am 2. Februar 1890 durch das Orchester des Tschechischen Nationaltheaters unter der Leitung des Komponisten am Rudolfinum in Prag. Einige Wochen später, am 24. April 1890, brachte Dvořák die G-dur-Symphonie gelegentlich seiner sechsten Englandreise durch die Philharmonic Society in London und am 7. November in einem Museums-Konzert zu Frankfurt/M. mit großem Erfolg zur Aufführung. Im darauffolgenden Jahr dirigierte der Komponist das Werk (zusammen mit seinem Stabat Mater) nochmals in England, und zwar am Abend vor seiner Promotion in Cambridge (15. Juni 1891), als Ersatz für die sonst übliche Dissertationsvorlesung. Da es zwischen Dvořák und seinem Verleger Simrock wegen Honorarstreitigkeiten vorübergehend zu einem Zerwürfnis gekommen war, hat der Meister die Achte dem Londoner Verlag Novello & Ewer überlassen, der sie 1892 als 4. Symphonie op. 88 veröffentlicht hat. Wegen seines Erscheinens in London wird das Werk manchmal als „Englische" bezeichnet. 1941 ist die Symphonie auch im Musikwissenschaftlichen Verlag, Leipzig, von Fritz Oeser herausgegeben worden. Im Rahmen der Gesamtausgabe ist sie 1956 bei dem Staatsverlag für Schöne Literatur, Musik und Kunst, Prag, erschienen.

Stilistische Stellung

Auf die hochstrebige, ernste d-moll-Symphonie ließ Dvořák mit der Achten ein Werk von unbeschwertem und beschwingtem Charakter folgen, dessen musikalische Gedanken ganz in dem Nährboden der böhmischen Volksmusik verwurzelt sind. Es nimmt gegenüber den anderen Symphonien des Meisters insofern eine Sonderstellung ein, als hier das Schema der klassischen Sonatensatzform ziemlich frei gehandhabt ist. Das melodische Element ist stark in den Vordergrund gerückt, und die Themen werden in ihrer Vielfalt, Farbigkeit und Buntheit fast in rhapsodischem Stil verarbeitet. So wird die Symphonie mit einem getragenen Thema in g-moll eröffnet, das nur an den formalen Gliederungspunkten des 1. Satzes, also jeweils zu Beginn der Exposition, der Durchführung und der Reprise, erscheint. Auch das Finale erfährt eine interessante Gestaltung durch die Kombinierung von Sonatensatz- und Variationenform, wobei das Hauptthema der 1. Gruppe bei der Reprise andersartig variiert ist als bei der Exposition. Für den Mittelteil des 3. Satzes hat Dvořák die Melodie des Liedes des Tonik aus seinem heiteren Operneinakter „Die Dickschädel" übernommen. Im Finale bringt eine zündend gesteigerte Stretta die Symphonie wirkungsvoll zum Abschluß.

Formübersicht:

1. Satz (Sonatensatzform/Haupttonart G-dur)
Einleitung: T. 1—17
Exposition: T. 18—126

1. Gr. T. 18—76: H. T. 18—22

Zwischensatz mit einem selbständigen Gedanken T. 39—76

2. Gr. T. 77—96: H. T. 77—80

Epilog T. 97—110; Epilog-Coda T. 111—126

Durchführung: T. 127—218 (beginnt mit dem Th. der Einleitung)

Reprise: T. 219—288 (beginnt mit dem Th. der Einleitung)

Satz-Coda: T. 289—318

2. S a t z (Sonatensatzform ohne Durchführung/Haupttonart c-moll — C-dur)

Exposition: T. 1—76

1. Gr. T. 1—46: H. T. 1—10

Zwischensatz T. 12—46 (mit einem selbständigen Gedanken)

2. Gr. T. 47—76: H. T. 49—56

Reprise: T. 77—148 (Zwischensatz der 1. Gr. durchführungsartig erweitert)

Satz-Coda: T. 149—170

3. S a t z (Scherzoform/Haupttonart g-moll; Trio und Coda G-dur)
Hauptsatz: T. 1—86: H. T. 1—11

Trio: T. 87—168: H. T. 87—94

Rückleitung T. 169—180
Reprise des Hauptsatzes: T. 181—267
Satz-Coda: T. 268—318

4. S a t z (Kombinierte Sonatensatz- und Variationenform/Haupttonart G-dur)
Einleitung: T. 1—25
Exposition: T. 26—188
1. Gr. T. 26—122: H. T. 26—42

1. Variation T. 43—58
2. Variation T. 59—74
3. Variation T. 75—92

Wiederholung der 2. Variation und Überleitung T. 93—122

2. Gr. T. 123—180: H. T. 123—134

Epilog T. 181—188
Durchführung: T. 189—252
Reprise: T. 253—355 (Variationen verändert und teils erweitert; 2. Gr. fehlt)
Satz-Coda: T. 356—388

9. SYMPHONIE

e-moll op. 95

„Aus der Neuen Welt" [„Z Nového světa"]

Sätze: Adagio-Allegro molto/Largo/Scherzo (Molto Vivace)/Allegro con fuoco
Orchester: 2 Fl. (II. auch Picc.), 2 Ob. (II. auch Eh.), 2 Kl., 2 Fag., 4 Hr., 2 Trp., 3 Pos., 1 Bt., P., Becken, Triangel, Str.
Aufführungsdauer: ca. 40 Minuten
Verlag: N. Simrock; Staatsverlag für Schöne Literatur, Musik und Kunst, Prag (Alkor-Edition)

Geschichtliches

Nachdem Dvořák auf Einladung Tschaikowskys, mit dem ihn seit dessen Auftreten in Prag (1888) eine herzliche Freundschaft verband, in Moskau und St. Petersburg begeistert aufgenommene Konzerte mit eigenen Werken dirigiert hatte, folgte als Krönung seiner Auslandstätigkeit ein ehrenvoller Ruf nach Amerika, wo der Meister, abgesehen von einem sommerlichen Europa-Urlaub im Jahre 1894, in der Zeit von September 1892 bis April 1895 als Dirigent und Lehrer am Nationalkonservatorium für Musik in New York wirkte. Diese Bildungsstätte war 1885 von der musikbegeisterten reichen Amerikanerin Jeanette Thurber gegründet worden mit der Absicht, hier eine junge Musikergeneration heranzubilden, die einen national-amerikanischen Musikstil entwickeln sollte. Der damals in Amerika bereits hoch im Kurs stehende Name Dvořák sollte dem künstlerischen Kredit des Nationalkonservatoriums Niveau verleihen. Daher berief Mrs. Thurber den tschechischen Meister mit einem Jahresgehalt von 15 000 Dollar als Leiter ihrer Anstalt. Dvořáks „amerikanische Periode" zeitigte zwar nicht viele neue Werke, dafür aber zwei seiner bedeutendsten Schöpfungen: seine 9. und letzte Symphonie sowie das für den Cellisten des berühmten Böhmischen Quartetts Hanuš Wihan geschriebene Violoncello-Konzert in h-moll (1895). Die 9. Symphonie in e-moll, der Dvořák den Beinamen „Aus der Neuen Welt" zulegte, ist in der Zeit vom 10. Januar bis 24. Mai 1893 entstanden. Ihre Uraufführung erfolgte am 15. Dezember 1893 in der Carnegie Hall in New York durch das Orchester der Philharmonischen Gesellschaft unter der Leitung des deutschen Dirigenten

Anton Seidl, eines ehemaligen Sekretärs Richard Wagners. Der gewaltige Erfolg des Werkes veranlaßte den Verleger Simrock, mit Dvořák wieder in Kontakt zu kommen. So ist die e-moll-Symphonie 1894 vom Verlag N. Simrock als 5. Symphonie op. 95 veröffentlicht worden. Im Rahmen der Gesamtausgabe ist sie 1955 in dem Staatsverlag für Schöne Literatur, Musik und Kunst, Prag, erschienen.

Stilistische Stellung

Die profilierte Eigenart der 9. Symphonie ist wohl in erster Linie auf zwei gewichtige Einwirkungen zurückzuführen, von denen die Inspiration des Meisters in Amerika befruchtet worden war: das gewaltige Leben und Treiben der Weltstadt New York, das in der vitalen Gestaltung der Ecksätze einen Niederschlag gefunden hat, und auf musikalischem Gebiet das Bekanntwerden mit der fremden Welt der amerikanischen Volksmusik, in Sonderheit der Indianer- und Negermusik. Unter Dvořáks Schülern am Nationalkonservatorium befanden sich auch Angehörige der schwarzen Rasse. Durch sie, insbesondere durch den jungen Negerkomponisten Harry Thacker Burleigh, war der Meister mit der Musik der amerikanischen Neger bekanntgeworden, die nur zum geringen Teil afrikanischen Ursprungs ist. Dvořáks Interesse beanspruchten vor allem die weltlichen Lieder der Plantagensklaven und die Negro-Spirituals, geistliche Gesänge, welche die Schwarzen von den weißen Herren übernommen und oft bis ins Groteske umgeformt haben. Es lag jedoch Dvořák durchaus fern, durch die Verschmelzung dieser Einflüsse mit seinem Eigenstil bei der e-moll-Symphonie so etwas wie eine arteigene amerikanische Musik schaffen zu wollen. Denn so neu und andersartig sie gegenüber den früheren Symphonien des Meisters ist, mit ihrer in der heimatlichen Volksmusik verwurzelten Tonsprache und in ihrer romantischen Grundhaltung ist auch sie unverkennbar das Werk des böhmischen Musikers. In diesem Sinn hat sich Dvořák selbst geäußert: „Aber den Unsinn, daß ich indianische oder amerikanische Motive verwendet hätte, lassen Sie aus, weil das eine Lüge ist. Ich habe nur im Geiste dieser amerikanischen Volkslieder geschrieben." Der exotische Charakter erschöpft sich in gewissen harmonischen und rhythmischen Eigentümlichkeiten. So basiert die Englischhorn-Melodie des Langsamen Satzes auf der in der Indianermusik gebräuchlichen anhemitonischen (halbtonlosen) pentatonischen (fünftönigen) Skala, d. i. der diatonischen Dur-Tonleiter ohne die 4. und 7. Stufe. Bei dem 2. Hauptthema des 1. Satzes und bei dem 1. Hauptthema des Finales werden durch die chromatisch erniedrigte 7. Stufe ähnliche fremdartige Wirkungen erzielt. In rhythmischer Hinsicht tritt die für die Negro-Spirituals typische Synkope in Erscheinung (1. und

3. Hauptthema des 1. Satzes). Daneben fehlt es aber auch nicht an heimatlichen Tönen, die z. B. bei dem gemütvollen Ländler des Scherzo-Trios oder bei dem Polka-artigen Nebengedanken der Violoncelli und des Fagotts in der Durchführung des letzten Satzes (T. 114 ff) nicht zu überhören sind. Im allgemeinen sind die Themen des Werkes von prägnanter Kürze und Plastik. Bemerkenswert ist, daß der 1. Hauptthemakopf des 1. Satzes in allen Sätzen wiederkehrt. Man könnte daher dieses Thema direkt als Motto der Symphonie bezeichnen. Im Finale sind außerdem die ersten Hauptthemen des 2. und 3. Satzes andeutungsweise verarbeitet. Schließlich haben auch dichterische Einflüsse bei der e-moll-Symphonie eine gewisse Rolle gespielt. So ließ sich Dvořák bei der Gestaltung der Mittelsätze von Teilen des Indianer-Epos' „Sang von Hiawatha" des amerikanischen Dichters Henry Wadsworth Longfellow inspirieren, und zwar im 2. Satz von „Waldbegräbnis" und im Scherzo von „Indianerhochzeit mit Tänzen".

Formübersicht:

1. Satz (Sonatensatzform/Haupttonart e-moll)
Einleitung: T. 1—23
Exposition: T. 24—176
1. Gr. T. 24—90: H. T. 24—31

Zwischensatz T. 65—90
2. Gr. T. 91—148: H. T. 91—94

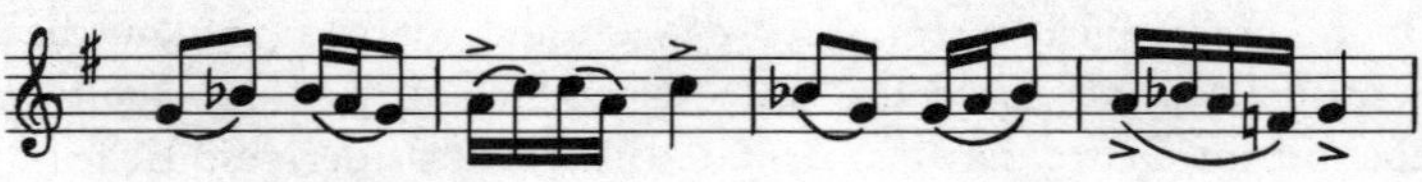

3. Gr. T. 149—170: H. T. 149—156

Epilog T. 171—176
Durchführung: T. 177—272
Reprise: T. 273—395
Satz-Coda: T. 396—448

2. Satz (Dreiteilige Liedform/Haupttonart Des-dur)

Hauptsatz: T. 1—45: H. T. 7—18

Mittelsatz: T. 46—89: 1. Th. T. 46—49

2. Th. T. 54—63

Wiederholung des 1. und 2. Th. T. 64—89

Rückleitung T. 90—100 (Engführung der 1. und 3. Th.-Köpfe aus dem 1. Satz und des 1. Th.-Beginns aus dem 2. Satz)

Reprise des Hauptsatzes: T. 101—119

Satz-Coda: T. 120—127

3. Satz (Scherzo/Haupttonart e-moll; Trio C-dur)

Hauptsatz: T. 1—141: 1. Th. T. 13—20

2. Th. T. 68—75

Zwischensatz T. 142—175

Trio: T. 176—238: H. T. 176—191

Zwischensatz T. 239—247
Reprise des Hauptsatzes: T. 1—141
Satz-Coda: T. 1—52
4. S a t z (Sonatensatzform/Haupttonart e-moll)
Exposition: T. 1—105
1. Gr. T. 1—67: H. T. 10—17

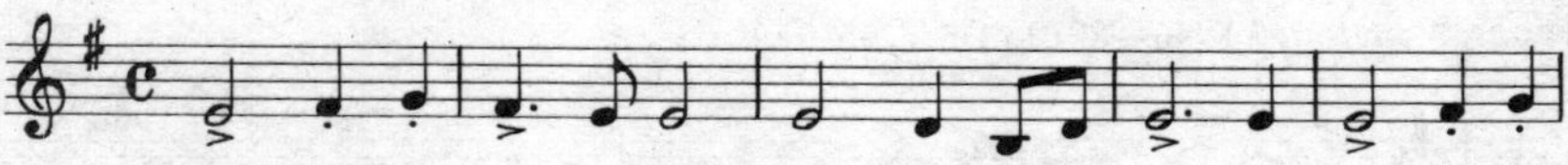

Zwischensatz T. 44—67
2. Gr. T. 68—91: H. T. 68—71

Epilog T. 92—105
Durchführung: T. 106—207
Reprise: T. 208—278
Satz-Coda: T. 279—348

LITERATUR
(Auswahl)

BEETHOVEN:

E. Bücken, Ludwig van Beethoven, Potsdam 1934.
G. Kinsky u. H. Halm, Das Werk Beethovens, München-Duisburg 1955.
K. Kobald, Beethoven, Seine Beziehungen zu Wiens Kunst und Kultur, Wien-Leipzig-Zürich 1926.
A. Leitzmann, Ludwig van Beethoven, Berichte der Zeitgenossen, Leipzig 1921.
A. Sandberger, Ausgewählte Aufsätze II zur Beethoven-Forschung, München 1924.
A. Schindler, Biographie von Ludwig van Beethoven, Münster 1840, V. Aufl. 1927.
A. Wh. Thayer, Ludwig van Beethovens Leben, Leipzig 1901—1917.

BORODIN:

T. Popova, Borodin, Moskau 1953.

BRAHMS:

M. Kalbeck, Johannes Brahms, Berlin 1912.
W. Niemann, Johannes Brahms, Berlin 1920.
H. Reimann, Johannes Brahms, Berlin 1922.
A. M. Abell, Gespräche mit berühmten Komponisten, Garmisch-Partenkirchen 1962.

BRUCKNER:

R. Haas, Anton Bruckner, Potsdam 1934.
R. Haas u. A. Orel, Kritische Gesamtausgabe, Wien und Leipzig 1930—44.
Fr. Klose, Meine Lehrjahre bei Bruckner, Regensburg 1927.
O. Lang, Anton Bruckner, München 1943.

DVOŘÁK:

A. Hořejš, Antonín Dvořák, Sein Leben und Werk in Bildern, Prag 1955.
H. Sirp, Anton Dvořák, Potsdam 1939.
O. Šourek, Antonín Dvořak, Prag 1947.

FRANCK:

V. d'Indy, César Franck, Paris 1930.

HAYDN:

K. Geiringer, Josef Haydn, Potsdam 1932.
A. van Hoboken, Joseph Haydn, Thematisch-bibliographisches Werkverzeichnis, Mainz 1957.
L. Nowak, Joseph Haydn, Wien-Leipzig-Zürich 1951.
A. Sandberger, Gesammelte Aufsätze I, München 1921.

MENDELSSOHN:

W. Dahms, Mendelssohn, Berlin 1922.
S. Hensel, Die Familie Mendelssohn, Leipzig 1924.

MOZART:

H. Abert, W. A. Mozart, Leipzig-Wiesbaden 1955.
R. Haas, W. A. Mozart, Potsdam 1933.
H. v. Hase, Der kleine Köchel, Wiesbaden 1951.
L. Ritter v. Köchel, Chronologisch-thematisches Verzeichnis sämtlicher Tonwerke W. A. Mozarts, Leipzig 1862; 6. Auflage, bearbeitet von F. Giegling, A. Weinmann, G. Sievers, Wiesbaden 1964.
E. Schenk, W. A. Mozart, Zürich-Leipzig-Wien 1955.
R. Tenschert, Mozart, Salzburg 1951.

SCHUBERT:

W. Dahms, Franz Schubert, Berlin 1923.
O. E. Deutsch, Schubert, Die Erinnerungen seiner Freunde, Wiesbaden 1957.
W. Vetter, Franz Schubert, Potsdam 1934.

SCHUMANN:

W. Dahms, Robert Schumann, Stuttgart 1925.
P. u. W. Rehberg, Robert Schumann, Zürich und Stuttgart 1954.
E. Schumann, Ein Lebensbild meines Vaters, Leipzig 1931.

TSCHAIKOWSKY:

K. Pahlen, Tschaikowsky, Stuttgart 1959.
N. van der Pals, Peter Tschaikowsky, Potsdam 1940.
H. Weinstock, Tschaikowsky, London 1943.
K. v. Wolfurt, P. I. Tschaikowsky, Zürich und Freiburg i. Br. 1952.

SACHREGISTER